Coleção
LEIS ESPECIAIS
para **concursos**

Dicas para realização de provas com questões de concursos e jurisprudência do STF e STJ inseridas artigo por artigo

Coordenação:
LEONARDO GARCIA

19

DIREITO URBANÍSTICO

Lei 6.766/1979 • Lei 10.257/2001 • MP 2.220/2001

Coleção
LEIS ESPECIAIS
para **concursos**
Dicas para realização de provas com questões de concursos e jurisprudência do STF e STJ inseridas artigo por artigo

Coordenação:
LEONARDO GARCIA

19

Fernanda Lousada Cardoso

DIREITO URBANÍSTICO

Lei 6.766/1979 • Lei 10.257/2001 • MP 2.220/2001

10ª Edição | revista atualizada ampliada

2021

EDITORA *Jus*PODIVM
www.editorajuspodivm.com.br

EDITORA
*Jus*PODIVM
www.editorajuspodivm.com.br

Rua Canuto Saraiva, 131 – Mooca – CEP: 03113-010 – São Paulo – São Paulo
Tel: (11) 3582.5757
• Contato: https://www.editorajuspodivm.com.br/sac

Copyright: Edições *Jus*PODIVM

Diagramação: Equipe *Jus*PODIVM

Capa: Ana Caquetti

D597 Direito Urbanístico / Fernanda Lousada Cardoso – 10ª ed. rev., atual. e ampl. – São Paulo: Editora JusPodivm, 2021.
240 p. (Leis Especiais para Concursos, v.19/ coordenador Leonardo de Medeiros Garcia)

ISBN 978-65-5680-647-1

1. Direito Urbanístico. 2. Política Urbana. I. Garcia, Leonardo de Medeiros. II. Cardoso, Fernanda Lousada. III. Título.

CDD 341.374

À Letícia e à Isabel,
razões do meu viver

Proposta da Coleção Leis Especiais para Concursos

A Coleção *Leis Especiais para Concursos* tem como objetivo preparar os candidatos para os principais certames do país.

Pela experiência adquirida ao longo dos anos, dando aulas nos principais cursos preparatórios do país, percebi que a grande maioria dos candidatos apenas lê as leis especiais, deixando os manuais para as matérias mais cobradas, como constitucional, administrativo, processo civil, civil etc. Isso ocorre pela falta de tempo do candidato ou porque faltam no mercado livros específicos (para concursos) em relação a tais leis.

Nesse sentido, a Coleção Leis Especiais para Concursos tem a intenção de suprir uma lacuna no mercado, preparando os candidatos para questões relacionadas às leis específicas, que vêm sendo cada vez mais contempladas nos editais.

Em vez de somente ler a lei seca, o candidato terá dicas específicas de concursos em cada artigo (ou capítulo ou título da lei), questões de concursos mostrando o que os examinadores estão exigindo sobre cada tema e, sobretudo, os posicionamentos do STF, STJ e TST (principalmente aqueles publicados nos informativos de jurisprudência). As instituições que organizam os principais concursos utilizam os informativos e as notícias (publicados na página virtual de cada tribunal) para elaborar as questões de concursos. Por isso, a necessidade de se conhecer (e bem!) a jurisprudência dos tribunais superiores.

Assim, o que se pretende com a presente coleção é preparar o leitor, de modo rápido, prático e objetivo, para enfrentar as questões de prova envolvendo as leis específicas.

Boa sorte!

Leonardo Garcia

Coordenador da coleção

Como estas leis são cobradas em concursos?

Esta é uma obra para uso diário. Não pretende inovar ou dirimir por completo discussões presentes no Direito Urbanístico. Tem o intuito de ser prática. Seu objetivo é organizar, seguindo a disposição das normas de direito objetivo, os conceitos, institutos e princípios presentes no Direito Urbanístico.

O tema tratado não é exaurido. É apenas esquematizado, buscando o diálogo entre os diplomas aqui comentados com as demais leis que abordam o assunto, trazendo ainda a interpretação jurisprudencial atualizada pertinente.

Os objetos de estudo são as Leis 6.766/79 e 10.257/01, assim como a Medida Provisória 2.220/01. A Lei 6.766 recebeu modificações trazidas pelas Leis 13.786, na parte de contratos, 13.913 e 14.118, ambas incidentes nas regras de loteamento. A cada edição, constatam-se as contínuas alterações das normas aqui estudadas, o que só reforça a importância e atualidade dos temas por elas regulados.

Mais de vinte anos separam as duas leis urbanísticas comentadas. No entanto, a *mens legis* em ambas é a mesma: definir meios para a ordenação do espaço urbano, dever maior da municipalidade que, para tanto, poderá intervir nas propriedades urbanas, buscando sempre a efetivação de sua função social.

Esta décima edição foi elaborada sob o ambiente da pandemia provocada pelo coronavírus. Nesse período, se tornou evidente o poder dos Ente Municipais no estabelecimento de normas quanto ao funcionamento de atividades e estabelecimentos e regras sobre a circulação de pessoas. O fundamento jurídico, por evidente, é o direito sanitário, mas de toda a forma evidencia a importância e o impacto em nossas vidas do zoneamento bem estabelecido de uma cidade, tema eminentemente urbanístico, como se verá na leitura dessa obra.

Em relação à Lei 6.766/79, destacamos como mais cobrados os artigos 2º, 3º, 4º, 13, 18, 22, 25, 26, 36-A e 40. No que toca ao Estatuto da Cidade, são mais frequentes em provas os artigos 2º, 4º, 5º, 7º, 8º, 9º, 10, 21, 25, 26, 28, 32, 36 a 42. Já na Medida Provisória, é bastante pedido em concurso o conhecimento sobre o art. 1º, MP 2.220/01. Atenção redobrada nos artigos que tiveram a redação recentemente alterada como já indicado acima. As questões em geral envolvem ou o texto direto da lei ou a comparação entre os institutos regulados pelas leis. Em alguns casos, há a aplicação da lei no caso concreto, com a questão pedindo para identificar qual instituto seria cabível. Também é cobrada a jurisprudência sobre a aplicação dos artigos.

Nesse período recente, houve um incremento significativo da produção de decisões proferidas pelas Cortes Nacionais que enfrentam as normas urbanísticas, em especial aquelas previstas no Estatuto da Cidade. É muito gratificante constatar que diretrizes e instrumentos estão definitivamente saindo do papel e influenciando positivamente na organização das cidades. Também verificamos algumas mudanças de orientações jurisprudenciais, o que exige do candidato acompanhamento dos temas indicados.

Trazemos, ainda, de forma breve, definições e esclarecimentos sobre eventuais conflitos de norma, além de posicionamentos defendidos na doutrina nacional.

Houve também a preocupação em selecionar questões de concurso que abordassem as temáticas aqui estudadas. Por ser multidisciplinar, encontramos questões de Direito Urbanístico em provas de Direito Civil, em exames de Direito Administrativo ou em seções destacadas como as de tutela coletiva ou legislação especial. O Direito Urbanístico é muito exigido em provas de Procuradorias Municipais e do Estado, além de Ministério Público, órgão que tem ampla atuação no controle de suas normas por meio das ações civis públicas.

É com prazer que verificamos ter o Direito Urbanístico ultrapassado as fronteiras jurídicas, para também ser exigido em concursos para cargos de arquitetos, engenheiros, auditores, e demais carreiras não jurídicas.

O estudo do ordenamento da cidade impõe-se nos dias atuais, sendo cada vez mais presente em provas públicas. É preciso conhecer a urbe para melhor viver em nosso habitat, alcançando a tão sonhada qualidade de vida.

É importante destacar que os artigos mais cobrados estão destacados em pontilhado nos boxes cinza, como no exemplo abaixo:

> Art. 2º.– O parcelamento do solo urbano poderá ser feito mediante loteamento ou desmembramento, observadas as disposições desta Lei e as das legislações estaduais e municipais pertinentes.

Espero que todos tenham bom proveito da leitura!

SUMÁRIO

Lei do Parcelamento do Solo Urbano
Lei nº 6.766, de 19 de dezembro de 1979

Art. 1º.– O parcelamento do solo para fins urbanos será regido por esta Lei.

Parágrafo único. Os **Estados, o Distrito Federal e os Municípios** poderão estabelecer **normas complementares** relativas ao parcelamento do solo municipal para adequar o previsto nesta Lei às peculiaridades regionais e locais.

1. **Diferença entre solo urbano e solo rural.** A Lei 6.766/79 traz regras sobre o parcelamento do solo urbano. A primeira grande questão é saber distinguir o solo urbano do solo rural. A identificação da área como urbana ou rural definirá a normativa aplicável, bem como o ente federativo competente para legislar sobre a matéria.

   A definição da área como urbana ou rural é de grande importância na seara tributária. Por isso mesmo, o Código Tributário Nacional delega à lei municipal a definição de solo urbano, na forma do art. 32, § 1º. Traz, no entanto, a exigência do critério da oferta de serviços públicos para qualificar o solo como urbano e, por consequência, determinar a incidência de IPTU.

   Assim, caso o terreno seja servido de dois dos cinco serviços públicos elencados na lei, ele será considerado urbano e, portanto, objeto de IPTU. A jurisprudência também adota o critério da destinação econômica para definir o imóvel como rural ou urbano.

   O art. 32, §2º, CTN traz o conceito de área de expansão urbana ou urbanizável. Este dispositivo viabiliza a aplicação da legislação urbanística em zonas rurais que interfiram no agrupamento urbano regulado. A Lei 13.240/2015, que dispõe sobre bens imóveis federais, também prevê em seu art. 8, § 2º situações nas quais a área pode ser considerada urbana consolidada, indicando dentre os critérios a oferta de serviços públicos, a situação geográfica e implantação de planejamento urbano.

A Lei 13.465/17 estabeleceu normas gerais sobre a regularização fundiária urbana – Reurb, excluindo em seu art. 70 a aplicação de parte da Lei 6.766/79 ao novo instituto. Tal medida se justifica vez que se pretende regularizar terrenos densamente ocupados que não atenderiam aos requisitos urbanísticos previstos no diploma legal ora em análise.

► **Aplicação pelo STJ.**

A jurisprudência do STJ indica dois critérios para definição da área como urbana. A primeira delas, demonstrada na Tese 174 – STJ, privilegia a destinação dada ao imóvel para defini-lo como rural ou urbano. A segunda orientação segue a existência de lei municipal reconhecendo a área como urbana para definir o imóvel como tal, como asseverado nos acórdãos AgInt no AREsp 1197346/SP, Rel. Min. Assusete Magalhães, DJ 15/05/2018, AgInt no REsp 1576548/SP, Rel. Min. Napoleão Nunes Maia Filho, DJe 03/08/2017, AgInt no AREsp 883490/MT, Rel. Min. Assusete Magalhães, DJ 23/08/2016.

Tese 174 - Não incide IPTU, mas ITR, sobre imóvel localizado na área urbana do Município, desde que comprovadamente utilizado em exploração extrativa, vegetal, agrícola, pecuária ou agroindustrial (art. 15 do DL 57/1966).

Ademais, para considerar como urbano, o STJ não exige que o imóvel seja servido da infraestrutura urbana prevista no art. 32, §1º, CTN, na forma da Súmula 626. RESp 1903076/SP, Rel. Min. Assusete Magalhães, DJe 02/03/2021.

Súmula 626: A incidência do IPTU sobre imóvel situado em área considerada pela lei local como urbanizável ou de expansão urbana não está condicionada à existência dos melhoramentos elencados no art. 32, §1º, do CTN.

Ainda sobre a cobrança de IPTU, a Corte Nacional reconheceu sua incidência em área de preservação permanente, vez que a limitação administrativa incidente sobre o imóvel não afasta o fato gerador do tributo, consistente na propriedade do bem. AgInt no AREsp 1544906/SP, Rel. Min. Herman Benjamin, DJe 25/05/2020.

2. **Parcelamento do solo para fins urbanos.** A finalidade urbana do imóvel é o que determina a aplicação da Lei 6766/79, na forma do art. 1. As quatro funções primordiais do solo urbano são, segundo a doutrina, mo-

radia, circulação, lazer e trabalho. Para melhor alcançar a funcionalidade do espaço urbano, o Poder Público ordena sua ocupação, de modo a preservar os interesses da população.

A legislação agrária define o solo rural com base na natureza das terras, próprias para a agricultura e pecuária, não se importando com a finalidade a ser dada aos novos lotes. Por esta razão, é possível que o mesmo loteamento seja urbano, por conta de seu uso, e também rural, em razão da natureza da terra, na forma do art. 61, § 2º, Lei 4504/64. Nesta hipótese, o parcelamento deve observar as normas da Lei 6766/79 e ser submetido ao crivo do INCRA.

3. **Histórico legislativo.** A Lei 6766/79 é lei federal que estabelece normas gerais de parcelamento do solo urbano. Revogou parcialmente os Decretos-lei 58/37 e 271/67 e inovou ao tratar o parcelamento do solo urbano sob a ótica pública. A Lei 6766/79 reconheceu o Estado como sujeito interessado na adequada ocupação do espaço urbano, imputando-lhe deveres e direitos na dinâmica firmada com o proprietário privado e a coletividade, moradora e usuária da região.

4. **Competência legislativa**. A Constituição da República estabeleceu a competência concorrente de União, Estados e Distrito Federal para legislar sobre Direito Urbanístico, conforme o art. 24, I, CRFB. No mesmo passo, conferiu aos Municípios competência para legislar sobre assuntos de interesse local, na forma do art. 30, I, CRFB.

   Assim, por exemplo, compete aos entes municipais estabelecer o zoneamento de cada região e as limitações administrativas incidentes no solo urbano. Na ausência de lei municipal tratando sobre o tema, aplicar-se-á o estabelecido pela lei geral, Lei 6766/79. A complementariedade prevista no parágrafo único deste artigo deve ser entendida à luz dos dispositivos constitucionais hoje em vigor, preservando a harmonia e independência federativa.

   ► **Aplicação pelo STF.**

   O candidato deve estar atento quanto ao entendimento do STF no alcance da competência municipal para regular sobre a instalação de equipamentos de telecomunicações, como torres de telefonia, antenas transmissoras e estações de rádio base. Elencamos aqui três decisões recentes que indicam entendimentos contraditórios, cabendo o acompanhamento da solidificação da diretriz jurisprudencial. Enquanto isso não ocorre, em eventual prova, vale mencionar a divergência até aqui existente. Senão, vejamos:

Até 2019 vigia o entendimento, já plasmado em edições anteriores do livro, caber ao Município legislar sobre uso e ocupação do solo urbano, aí incluído os locais de possível instalação de antena de telefonia, com base na reiterada jurisprudência em especial da Min. Rosa Weber, por todos, cito RE 981825 AgR, DJ 25/10/2019.

"DIREITO CONSTITUCIONAL E URBANÍSTICO. RECURSO EXTRAORDINÁRIO INTERPOSTO SOB A ÉGIDE DO CPC/1973. **TORRE DE TELEFONIA MÓVEL. USO E OCUPAÇÃO DO** *SOLO URBANO*. **COMPETÊNCIA MUNICIPAL**. PRECEDENTES. CONSONÂNCIA DA DECISÃO RECORRIDA COM A JURISPRUDÊNCIA CRISTALIZADA NO SUPREMO TRIBUNAL FEDERAL. NEGATIVA DE PRESTAÇÃO JURISDICIONAL. ART. 93, IX, DA CONSTITUIÇÃO DA REPÚBLICA. NULIDADE. INOCORRÊNCIA. RAZÕES DE DECIDIR EXPLICITADAS PELO ÓRGÃO JURISDICIONAL. RECURSO EXTRAORDINÁRIO QUE NÃO MERECE TRÂNSITO. AGRAVO MANEJADO SOB A VIGÊNCIA DO CPC/2015. 1. O entendimento da Corte de origem, nos moldes do assinalado na decisão agravada, não diverge da jurisprudência firmada no Supremo Tribunal Federal. **A Constituição da República confere aos municípios competência para legislar sobre assuntos de interesse local, neles compreendidos o uso e a ocupação do** *solo urbano* **no seu território**. Precedentes. 2. Inexiste violação do art. 93, IX, da Constituição Federal. A jurisprudência do Supremo Tribunal Federal é no sentido de que o referido dispositivo constitucional exige a explicitação, pelo órgão jurisdicional, das razões do seu convencimento. Enfrentadas todas as causas de pedir veiculadas pela parte capazes de, em tese, influenciar o resultado da demanda, fica dispensado o exame detalhado de cada argumento suscitado, considerada a compatibilidade entre o que alegado e o entendimento fixado pelo órgão julgador. 3. As razões do agravo regimental não se mostram aptas a infirmar os fundamentos que lastrearam a decisão agravada. 4. Agravo regimental conhecido e não provido."

No entanto, em recente acórdão, da mesma Primeira Turma, foi afastada a competência municipal para legislar sobre antenas transmissoras de ondas eletromagnéticas, reconhecendo a competência privativa da União para legislar sobre telecomunicações. ARE 1258908, Rel. Min. Alexandre de Moraes, DJ 25/11/2020.

"CONSTITUCIONAL E ADMINISTRATIVO. **NORMAS PARA INSTALAÇÃO E OPERAÇÃO DE ANTENAS TRANSMISSORAS DE ONDAS ELETROMAGNÉTICAS. INVASÃO DA COMPETÊNCIA PRIVATIVA DA UNIÃO PARA LEGISLAR SOBRE TELECOMUNICAÇÕES**. 1. No exame da ADI 3110 (Min. EDSON FACHIN, DJ de 10/6/2020), o Plenário desta CORTE julgou inconstitucional lei local que tratava da instalação de antenas transmissoras de telefonia celular, por invadir a competência privativa da União para legislar sobre telecomunicações, exercida por meio das Leis 9.472/1997 e 11.934/2009. 2. No julgamento do ARE 929.378 AgR (Min. LUIZ FUX, DJ de 4/9/2020), a Primeira Turma assentou que "**a promoção do adequado ordenamento territorial, mediante planejamento e controle do uso, do parcelamento e da ocupação do solo urbano, e a proteção do patrimônio histórico-cultural local não autorizam os municípios a dispor sobre matérias que a própria Constituição Federal reserva às competências legislativa e material da União**". 3. Agravo Interno a que se nega provimento. Na forma do art. 1.021, §§ 4º e 5º, do Código de Processo Civil de 2015, em caso de votação unânime, fica condenado o agravante a pagar ao agravado multa de um por cento do valor atualizado da causa, cujo depósito prévio passa a ser condição para a interposição de qualquer outro recurso (à exceção da Fazenda Pública e do beneficiário de gratuidade da justiça, que farão o pagamento ao final)." Grifos nossos

Veja-se que no mesmo dia da publicação do precedente referido no acórdão anterior, do Min. Fux, houve publicação de decisão, agora da Segunda Turma reconhecendo a competência municipal para legislar sobre licenciamento e instalação de estações de radio base, como se afere da ementa do RE 976587 ED- segundos AgR, Rel. Min. Ricardo Lewandowski, DJe 04/09/2020.

"AGRAVO REGIMENTAL NOS SEGUNDOS EMBARGOS DE DECLARAÇÃO NO RECURSO EXTRAORDINÁRIO. ADMINISTRATIVO. LICENCIAMENTO E INSTALAÇÃO. ESTAÇÕES DE RÁDIO BASE - ERB. COMPETÊNCIA PARA LEGISLAR DO MUNICÍPIO. ASSUNTO DE INTERESSE LOCAL. ADI 3.110/SP. INCONSTITUCIONALIDADE DA LEI 10.995/2001. AGRAVO REGIMENTAL A QUE SE NEGA PROVIMENTO, COM APLICAÇÃO DE MULTA. I - As razões do agravo regimental são inaptas para desconstituir os fundamentos da decisão agravada, que, por isso, se mantêm hígidos. II - **A decisão proferida pelo Tribunal de origem está alinhada à jurisprudência do Supremo Tribunal Federal no sentido de que a competência para legislar sobre licenciamento e instalação de Estações de Rádio Base (ERB) é municipal, porque diz respeito ao uso e ocupação do *solo urbano*, matéria de interesse local**. Precedentes. III - Agravo regimental a que se nega provimento, com aplicação da multa prevista no art. 1.021, § 4°, do CPC." Grifei

Assim, como exposto inicialmente, é fundamental o leitor acompanhar a evolução dos julgamentos pela Suprema Corte do tema aqui tratado.

5. **Competência Administrativa.** O art. 21, XX, CRFB confere à União competência para instituir diretrizes para o desenvolvimento urbano. O art. 23, IX, CRFB prevê a competência comum dos três níveis da federação para promover a melhorias de habitação e saneamento básico. Em razão deste dispositivo, é possível ver programas federais, estaduais e municipais de regularização fundiária.

Capítulo I
Disposições Preliminares

Art. 2º.– O **parcelamento** do solo urbano **poderá ser feito mediante loteamento ou desmembramento**, observadas as disposições desta Lei e as das legislações estaduais e municipais pertinentes.

§ 1º – Considera-se **loteamento** a **subdivisão de gleba em lotes** destinados a edificação, **com abertura de novas vias de circulação, de logradouros públicos** ou prolongamento, modificação ou ampliação das vias existentes.

§ 2º – considera-se **desmembramento a subdivisão de gleba em lotes** destinados a edificação, **com aproveitamento do sistema viário existente**, desde que não implique na abertura de novas vias e logradouros públicos, nem no prolongamento, modificação ou ampliação dos já existentes.

§ 3º (VETADO)

§ 4º Considera-se **lote o terreno servido de infra-estrutura básica** cujas dimensões atendam aos índices urbanísticos definidos pelo plano diretor ou lei municipal para a zona em que se situe.(Incluído pela Lei nº 9.785, 29.1.99)

§ 5º A **infraestrutura básica** dos parcelamentos é constituída pelos **equipamentos urbanos de escoamento das águas pluviais, iluminação pública, esgotamento sanitário, abastecimento de água potável, energia elétrica pública e domiciliar e vias de circulação**. (Redação dada pela Lei nº 11.445, de 2007).

§ 6º A **infraestrutura básica** dos parcelamentos **situados nas zonas habitacionais declaradas por lei como de interesse social (ZHIS)** consistirá, no mínimo, de: (Incluído pela Lei nº 9.785, 29.1.99)

I – **vias de circulação**; (Incluído pela Lei nº 9.785, 29.1.99)

II – **escoamento das águas pluviais**; (Incluído pela Lei nº 9.785, 29.1.99)

III – **rede para o abastecimento de água potável**; e (Incluído pela Lei nº 9.785, 29.1.99)

IV – **soluções para o esgotamento sanitário** e para a energia elétrica domiciliar. (Incluído pela Lei nº 9.785, 29.1.99)

7º O **lote** poderá ser constituído **sob a forma de imóvel autônomo ou de unidade imobiliária integrante de condomínio de lotes**. (Incluído pela Lei nº 13.465, de 2017)

§ 8º Constitui **loteamento de acesso controlado** a modalidade de loteamento, definida nos termos do § 1º deste artigo, cujo **controle de acesso será regulamentado por ato do poder público Municipal, sendo vedado o impedimento de acesso a pedestres ou a condutores de veículos**, não residentes, devidamente identificados ou cadastrados. (Incluído pela Lei nº 13.465, de 2017)

1. **Áreas de estudo do Direito Urbanístico.** O parcelamento do solo urbano é uma das áreas de estudo do Direito Urbanístico, juntamente com o zoneamento, a polícia edilícia e o planejamento urbano. Todas elas envolvem normas e princípios dirigidos à organização dos espaços habitáveis.

   O parcelamento consiste na divisão do solo em porções juridicamente autônomas e só deve ser promovido pelo proprietário ou coproprietário da área.

2. **Espécies de parcelamento.** A redação deste artigo aproveitou a ideia presente no Decreto-Lei 271/67 para distinguir as espécies de parcelamento. O loteamento e o desmembramento são espécies de parcelamento. A diferença entre eles está na criação de espaços públicos. Enquanto o loteamento cria ruas, praças, alterando o desenho urbano da região, o desmembramento apenas divide o espaço privado em unidades menores, não alterando a configuração da cidade. Ambos são meios de dividir o solo urbano.

   O loteamento só surge voluntariamente, ao passo que o desmembramento pode ocorrer por força de decisão judicial, como ocorre na hipótese de partilha ou arrematação de bens. Nesses casos, não é necessária a elaboração de projeto a ser submetido à Prefeitura e levado a registro, por se tratar de formas mais singelas de parcelar o solo urbano.

   O loteamento é objeto de registro público, ao passo que o desmembramento é averbado, na forma do art. 167, III, 4, Lei 6015/73.

   As espécies de parcelamento são assunto recorrente nas provas de concurso, sempre explorando a distinção entre loteamento e desmembramento. Com o advento da Lei 13465/2017, passaram a ser cobradas também as hipóteses de lote e a forma de loteamento de acesso controlado.

Aplicação em concurso

- *Quadrix - 2020 - IDURB - Analista de Desenvolvimento Urbano e Fundiário - Arquiteto e Urbanista*

  Segundo a Lei nº 6766/79, julgue o item relativo a parcelamento do solo.

  O parcelamento do solo é regido pela Lei Federal nº 6766/79, mas permite particularidades regionais/locais por meio de normas complementares.

- Certo
- Errado

  Gabarito: Certo. O art. 2 se remete a leis estaduais e municipais.

- *MP-MS – 2018 – MP-MS – Promotor de Justiça – Substituto*

  "Sobre Direito Urbanístico, assinale a alternativa **incorreta**.

a) É vedado vender ou prometer vender parcela de loteamento ou de desmembramento urbano não registrado.

b) Considera-se loteamento urbano a subdivisão de gleba em lotes destinados à edificação, com aproveitamento do sistema viário existente, desde que não implique na abertura de novas vias e logradouros públicos, nem no prolongamento, modificação ou ampliação dos já existentes; enquanto se considera desmembramento urbano a subdivisão da gleba em lotes destinados à edificação, com abertura de novas vias de circulação, de logradouros públicos ou prolongamento, modificação ou ampliação das vias existentes.

c) De acordo com o STJ, o Estatuto da Cidade (art. 12, § 2º) estabelece de forma relativa a presunção de hipossuficiência em ação de usucapião especial urbano, no que tange aos benefícios da justiça e da assistência judiciária gratuita, inclusive perante o cartório de registro de imóveis

d) Os núcleos urbanos informais existentes sem oposição há mais de cinco anos e cuja área total dividida pelo número de possuidores seja inferior a duzentos e cinquenta metros quadrados por possuidor são suscetíveis de serem usucapidos coletivamente, desde que os possuidores não sejam proprietários de outro imóvel urbano ou rural.

e) A elaboração do estudo de impacto de vizinhança (EIV) não substitui a elaboração e a aprovação de estudo prévio de impacto ambiental (EIA), requeridas nos termos da legislação ambiental.

Gabarito: letra B

- *VUNESP – 2017 – Câmara de Barretos – SP – Advogado*

  "O parcelamento do solo urbano destina-se a ordenar o espaço urbano para habitação. Sua divisão ou redivisão deve obedecer aos parâmetros da legislação específica. Em relação a essa legislação, que dispõe sobre o parcelamento do solo urbano, é correto afirmar:

a) o parcelamento do solo urbano poderá ser feito mediante loteamento ou desmembramento, observadas as disposições da Lei de Parcelamento do Solo Urbano e das legislações estaduais e municipais pertinentes

b) considera-se loteamento as glebas de terras em área maior, destinadas a edificação, com abertura de novas vias de circulação, de logradouros públicos ou prolongamento, modificação ou ampliação das vias existentes.

c) considera-se desmembramento a unificação de lotes em glebas destinadas a edificação, com aproveitamento do sistema viário existente, desde que implique na abertura de novas vias e logradouros públicos, encerrando o prolongamento, modificação e ampliação das já existentes.

d) considera-se lote o terreno aquele ainda não servido de infraestrutura básica, cujas dimensões atendam ou não aos índices urbanísticos definidos pelo plano diretor ou lei municipal para a zona em que se situe.

e) para efeito de loteamento urbano, a infraestrutura básica dos parcelamentos ainda não deve estar constituída pelos equipamentos urbanos de escoamento das águas pluviais, iluminação pública, esgotamento sanitário, abastecimento de água potável, energia elétrica pública e domiciliar ou vias de circulação."

Gabarito: letra A

- *CONSULPLAN – 2017 – TRF – 2ª REGIÃO – Analista Judiciário*

  "A Lei nº 6.766/79, em seu Art. 2º do Capítulo I – das Disposições Preliminares, define as maneiras como poderá ser feito o parcelamento do solo urbano. Uma destas modalidades de parcelamento refere-se à "subdivisão de gleba em lotes destinados à edificação, com aproveitamento do sistema viário existente, desde que não implique na abertura de novas vias e logradouros públicos, nem no prolongamento, modificação ou ampliação dos já existentes". A qual tipo de subdivisão se refere a descrição apresentada anteriormente?

a) Desdobro

b) Loteamento

c) Remembramento

d) Desmembramento

Gabarito: letra D

- *CESPE – 2017-Prefeitura de Fortaleza – CE – Procurador*

  A respeito de parcelamento do solo, impacto de vizinhança, regularização fundiária de interesse social, desapropriação e tombamento, julgue o item a seguir com base na legislação urbanística.

  "No âmbito do parcelamento do solo urbano, desmembramento corresponde à subdivisão de gleba em lotes destinados à edificação, com abertura de novas vias de circulação e criação de logradouros públicos."

A afirmativa está errada. O desmembramento é modalidade de parcelamento com aproveitamento do sistema viário, sem alteração do desenho urbano, conforme o art. 2, §2º, Lei 6766/79.

- *PUC-PR – 2017 – TJ-MS – Analista Judiciário*

  Sobre o parcelamento do solo urbano, em conformidade com a Lei nº 6.766/1979, leia as assertivas a seguir e, depois, assinale a alternativa **CORRETA**.

I. O lote poderá ser constituído sob a forma de imóvel autônomo ou de unidade imobiliária integrante de condomínio de lotes.

II. Se um determinado lote situar-se em mais de uma circunscrição, caberá ao interessado processar simultaneamente, perante as diferentes circunscrições, diferentes pedidos de registro do mesmo loteamento.

III. São irretratáveis os compromissos de compra e venda, devidamente registrados, que atribuam direito à adjudicação compulsória e confiram direito real oponível a terceiros.

IV. Nas desapropriações, não serão considerados como loteados ou loteáveis, para fins de indenização, os terrenos ainda não vendidos ou compromissados, objeto de loteamento ou desmembramento não registrado.

V. É permita a venda ou a promessa de venda de parcela de loteamento ou desmembramento não registrado, desde que haja expressa menção do fato no contrato.

a) Apenas as assertivas I, III e IV estão corretas.

b) Apenas as assertivas I, II, III estão corretas.

c) Apenas as assertivas I, III e V estão corretas.

d) Apenas as assertivas II, IV e V estão corretas.

e) Apenas as assertivas III, IV e V estão corretas.

Gabarito: letra A

- *VUNESP – 2016 – Pref. de Presidente Prudente-SP – Procurador Municipal*

  "O parcelamento do solo urbano poderá ser feito mediante loteamento ou desmembramento, nos termos da Lei nº 6.766/1979, com suas devidas atualizações. Sobre esse tema, é correto afirmar que

a) a infraestrutura básica dos parcelamentos é constituída pelos equipamentos urbanos de escoamento das águas pluviais, iluminação pública, esgotamento sanitário, exceto abastecimento de água potável, energia elétrica pública e domiciliar e vias de circulação

b) se considera desmembramento a subdivisão de gleba em lotes destinados a edificação, com abertura de novas vias de circulação, de logradouros públicos ou prolongamento, modificação ou ampliação das vias existentes

c) se considera loteamento a subdivisão de gleba em lotes destinados a edificação, com aproveitamento do sistema viário existente, desde que não implique na abertura de novas vias e logradouros públicos, nem no prolongamento, modificação ou ampliação dos já existentes

d) se considera lote o terreno servido de infraestrutura básica cujas dimensões atendam aos índices urbanísticos definidos pelo plano diretor ou lei municipal para a zona em que se situe

e) somente será admitido o parcelamento do solo para fins urbanos em zonas urbanas, de expansão urbana ou de urbanização específica, assim definida pelo plano diretor ou aprovadas por lei estadual"

Gabarito: letra D

- *VUNESP. – 2016 – Pref. de Alumínio – SP – .Procurador Jurídico*

"Sobre o parcelamento do solo, considera-se

a) loteamento: a subdivisão de gleba em lotes destinados a edificação, com abertura de novas vias de circulação e logradouros públicos, desde que não implique na modificação ou ampliação das vias existentes.

b) desmembramento: a subdivisão de gleba em lotes destinados a edificaçao, com aproveitamento do sistema viário existente, ainda que implique na abertura parcial de novas vias e logradouros públicos

c) lote: o terreno servido de infraestrutura básica cujas dimensões atendam aos índices urbanísticos definidos pelo plano diretor ou lei municipal para a zona em que se situe.

d) infraestrutura básica: os equipamentos urbanos de escoamento das águas pluviais; iluminação pública e das áreas comuns; esgotamento sanitário; abastecimento de água potável; energia elétrica pública, das áreas comuns e domiciliar; e vias de circulação.

e) de interesse público: os parcelamentos vinculados a planos ou programas habitacionais de iniciativa das Prefeituras Municipais, da União, dos Estados e do Distrito Federal, em especial as regularizações de parcelamentos e de assentamentos."

Gabarito: letra C

3. **Loteamento de acesso controlado**. A Lei 13.465/2017 alterou e incluiu dispositivos na Lei 6.766/79. Nessa passagem acrescentou o parágrafo oitavo para criar modalidade de loteamento, qual seja, loteamento de acesso controlado. Nessa espécie, é possível o controle de acesso ao loteamento, a ser regulamentado pelo Poder Público Municipal, impedindo o ingresso de pedestres ou veículos não cadastrados ou identificados. A matéria já vinha sendo ordenada em âmbito municipal com leis e decretos que tratavam da colocação e manutenção de guaritas e cancelas em ruas.

4. **Remembramento**. É o oposto do desmembramento. Consiste na união de duas unidades, criando uma área maior. Assim como o desmembramento, não cria espaço público.

5. **Desdobro**. O desdobro é a repartição do lote, sem necessidade de urbanização ou venda por oferta pública. Não gera alteração no desenho urbano da cidade, nem representa a criação de um novo aglomerado populacional. Difere do desmembramento por incidir apenas sobre o lote e não necessariamente se destinar à edificação.

6. **Conceito de lote**. A Lei 13.465/2017 acrescentou parágrafo sétimo a esse artigo ampliando o conceito de lote. Agora não só imóvel autônomo, como disposto pelo art. 2, §4º, Lei 6.766/79, mas também a unidade imobiliária de condomínio de lotes será denominada lote.

7. **Aplicação da Lei 6766/79**. A produção dos diversos documentos e a submissão ao controle da Prefeitura só serão exigidas quando o proprietário do imóvel realizar oferta pública dos terrenos, tendo uma finalidade comercial nesta alienação. As normas aqui comentadas não se aplicam, por exemplo, quando se pretende desfazer um condomínio, com a alienação do todo a terceiro, ou ainda quando houver divisão em razão de decisão judicial.

   Do mesmo modo, quando o terreno a ser loteado possui algum valor ambiental, como cobertura de florestas, deverão ser observadas as normas ambientais pertinentes, não bastando a aplicação da lei aqui comentada.

8. **Veto ao parágrafo terceiro**. O parágrafo terceiro foi vetado por definir gleba como todo o terreno que não tenha sido objeto de parcelamento aprovado ou regularizado e registrado em cartório. Com tal conceito, seria possível a prática de desdobro de lotes pelos particulares, sem a observância dos requisitos da Lei 6766/79, que então se aplicaria apenas à subdivisão de glebas em lotes e não a desdobro destes.

   A ausência de um conceito de gleba não deixa a lei incompleta, porquanto em seu parágrafo quarto há a conceituação de lote, instituto complementar à gleba.

9. **Competência constitucional**. Especificamente em relação ao parcelamento, há a previsão do art. 30, VIII, CRFB, que dá competência administrativa aos municípios para ordenarem seus territórios.

10. ZEIS. As zonas especiais de interesse social, também conhecidas como áreas de especial interesse social (AEIS), são estabelecidas em regiões onde o adensamento populacional já é intenso, com a divisão desordenada do solo urbano, como ocorre em favelas e invasões. Nesses casos, a lei exige, em razão da situação fática já consolidada, menos requisitos para a regularização e implantação do loteamento urbano. O art.18, §1º, Lei 13465/2017, traz uma definição das zonas especiais de interesse social – ZEIS .

Aplicação em concurso

- *MPE-SC. – 2016 – Promotor de Justiça Substituto-Fase vespertina.*

  "Segundo a Lei n. 6.766/79, a infraestrutura básica dos parcelamentos situados nas zonas habitacionais declaradas por lei como de interesse social (ZHIS) consistirá, no mínimo, de: vias de circulação; escoamento das águas pluviais; rede para o abastecimento de água potável; soluções para o esgotamento sanitário e para a energia elétrica domiciliar; sistema de iluminação pública"

( ) Verdadeiro

( ) Falso

A afirmativa é falsa. O art. 2, §6º não inclui sistema de iluminação pública na infraestrutura básica de ZHIS.

- *MPE-GO.-2016-.Promotor de Justiça.*

  "No tocante à Lei Federal n° 6.766/79 (Lei do Parcelamento do Solo), assinale a alternativa falsa

a) os espaços livres de uso comum, as vias e praças, as áreas destinadas a edifícios públicos e outros equipamentos urbanos, constantes do projeto e do memorial descritivo, não poderão ter sua destinação alterada pelo loteador, desde a aprovação do loteamento, salvo as hipóteses de caducidade da licença ou desistência do loteador, sendo, neste caso, observadas as exigências legais

b) A existência de protestos, de ações pessoais ou de ações penais, exceto as referentes a crime contra o patrimônio e contra a administração, não impedirá o registro do loteamento se o requerente comprovar que esses protestos ou ações não poderão prejudicar os adquirentes dos lotes. Se o oficial do registro de imóveis julgar insuficiente a comprovação feita, suscitará a dúvida perante o juiz competente

c) a infraestrutura básica dos parcelamentos situados nas zonas habitacionais declaradas por lei como de interesse social (ZHIS) consistirá, no mínimo, dentre outros requisitos, solução para o esgotamento sanitário e para energia elétrica pública e domiciliar

d) a lei municipal definirá os prazos para que um projeto de parcelamento apresentado seja aprovado ou rejeitado e para que as obras executadas sejam aceitas ou recusadas e, transcorridos os prazos sem a manifestação do Poder Público, o projeto será considerado rejeitado ou as obras recusadas, assegurada a indenização para eventuais danos derivados da omissão.

Gabarito: letra C

Art. 2º-A. Considera-se **empreendedor**, para fins de parcelamento do solo urbano, **o responsável pela implantação do parcelamento**, o qual, além daqueles indicados em regulamento, poderá ser: (Incluído pela Lei nº 14.118, de 2021)

a) o **proprietário** do imóvel a ser parcelado; (Incluída pela Lei nº 14.118, de 2021)

b) o **compromissário comprador, cessionário** ou promitente cessionário, ou o foreiro, **desde que o proprietário expresse sua anuência** em relação ao empreendimento e **sub-rogue-se nas obrigações** do compromissário comprador, cessionário ou promitente cessionário, ou do foreiro, em caso de extinção do contrato; (Incluída pela Lei nº 14.118, de 2021)

c) o **ente da administração pública direta** ou indireta habilitado a promover a desapropriação com a finalidade de implantação de **parcelamento habitacional ou de realização de regularização fundiária** de interesse social, **desde que tenha ocorrido a regular imissão na posse**; (Incluída pela Lei nº 14.118, de 2021)

d) a **pessoa física ou jurídica** contratada pelo proprietário do imóvel a ser parcelado ou pelo poder público para **executar o parcelamento** ou a regularização fundiária, em forma de parceria, **sob regime de obrigação solidária**, devendo **o contrato ser averbado na matrícula** do imóvel no competente registro de imóveis; (Incluída pela Lei nº 14.118, de 2021)

e) a **cooperativa habitacional ou associação de moradores, quando autorizada pelo titular do domínio**, ou associação de proprietários ou compradores que assuma a responsabilidade pela implantação do parcelamento. (Incluída pela Lei nº 14.118, de 2021)

1. **Alteração legislativa**. A Lei 14118/21, que instituiu o programa Casa Verde e Amarela, alterou a Lei 6766/79 para incluir o conceito de empreendedor, prevendo cinco categorias para tal classificação. Tal rol não é exaustivo, considerando que o *caput* admite previsão em regulamento diverso.

Importante observar que em todas as modalidades há a exigência da autorização/sub-rogação do proprietário, não bastando para o reconhecimento como empreendedor a posição de compromissário, construtor ou possuidor.

2. **Promissário comprador**. Para ser considerado empreendedor, o promissário comprador necessitará da autorização do proprietário para o empreendimento e sua sub-rogação das obrigações assumidas.
3. **Ente Público.** O expropriante poderá ser considerado empreendedor, a partir da imissão na posse do terreno onde pretenda realizar o parcelamento. Nessa modalidade, a lei restringe o conceito de empreendedor às hipóteses de parcelamento habitacional ou realização de regularização fundiária de interesse social.
4. **Empresa contratada**. A sociedade responsável pela execução do parcelamento também poderá ser considerada empreendedora, desde que o contrato seja averbado no registro de imóveis, havendo solidariedade entre esta e o proprietário do bem.
5. **Cooperativa habitacional ou associação de moradores**. O coletivo pode ser considerado empreendedor desde que autorizado pelo proprietário, tal como ocorre nas demais hipóteses. É cada vez mais comum a execução da obra ser assumida pela associação de moradores.

Art. 3º.– Somente será admitido o parcelamento do solo para fins urbanos **em zonas urbanas**, de expansão urbana ou de urbanização específica, assim definidas pelo plano diretor ou aprovadas por lei municipal. (NR) (Redação dada pela Lei nº 9.785, 29.1.99)

Parágrafo único. **Não será permitido** o parcelamento do solo:

I – **em terrenos alagadiços** e sujeitos a inundações, antes de tomadas as providências para assegurar o escoamento das águas;

II – em **terrenos** que tenham sido **aterrados** com material nocivo à saúde pública, sem que sejam previamente saneados;

III – em **terreno com declividade igual ou superior a 30%** (trinta por cento), salvo se atendidas exigências específicas das autoridades competentes;

IV – em **terrenos onde as condições geológicas não aconselham a edificação;**

V – em **áreas de preservação ecológica** ou naquelas onde a poluição impeça condições sanitárias suportáveis, até a sua correção.

1. **Área Rural.** Mais uma vez a lei utiliza a distinção entre área rural e urbana para vedar o parcelamento de áreas rurais, adequadamente divididas em glebas e não em lotes. O loteamento de área rural é capitulado como crime, previsto no art. 50 desta lei.

   A lei igualmente veda o loteamento de áreas de risco à saúde de seus ocupantes e de regiões de preservação ambiental. Tal artigo propicia o embate entre o desenvolvimento das cidades e a preservação do meio ambiente, assim como o conflito entre regras urbanísticas municipais e ambientais de nível federal e estadual.

2. **Área de preservação ecológica**. Enquanto definida como tal a área de preservação ecológica, ainda que situada em área urbana, não poderá ser objeto de parcelamento. Os Tribunais têm se debruçado sobre normas de direito intertemporal sobre o tema, quando, em razão de expansão de área urbana, o imóvel deixa de ser de preservação ambiental.

   ► **Aplicação pelo STJ.**

   O STJ, interpretando a Lei 6766/79 em conjunto com o Código Florestal, seu art. 19, já definiu que a proteção ao meio ambiente natural se impõe tanto ao imóvel situado em área urbana, como aquele situado em área rural, aplicando-se ainda a Súmula 613, STJ. A distinção entre ambos os imóveis para fins de proteção ambiental só será relevante quando a norma dispuser de maneira expressa, categórica e inequívoca. No caso concreto a extinção de reserva legal ambiental só será extinta quando concomitantemente for aprovado registro de parcelamento do solo da área para fins urbanos, de acordo com a legislação específica. AREsp 1066063/MG, Rel. Min. Benedito Gonçalves, DJe 29/09/2020, REsp 1737014/MG, Rel. Min. Herman Benjamin, DJe 15/09/2020.

   A jurisprudência do STJ entende que a área de 100 metros em torno de lagos formados por hidrelétricas, por força de lei, é considerada de preservação permanente. AgRg no REsp 1183018/MG, Rel. Min. Eliana Calmon, DJe 15/05/2013.

   Há julgado que reconhece a possibilidade de imposição de normas supervenientes protetoras do meio ambiente a loteamento já aprovado. REsp 1316.477, Rel. Min. Herman Benjamin, DJe 19/12/2016.

Aplicação em concurso

- *XXXI MP-RJ – Direito Civil e Empresarial*

  A Associação de Adquirentes de Imóveis e Mutuários da Região dos Lagos propõe ação civil pública em face da sociedade empresária Viver Bem, em razão dos seguintes fatos:

  Sessenta pessoas adquiriram terrenos em determinado empreendimento, sendo alegado na inicial que: a) os terrenos vendidos se encontravam em área de proteção ambiental; b) os terrenos vendidos eram menores do que os permitidos pela legislação c) a propaganda relatava a existência de infraestrutura já instalada no local, o que era inverídico, d) a ocorrência de dano ambiental. Por tais motivos pede: a paralisação das construções; ressarcimento de danos materiais; dano moral coletivo; demolição das edificações já construídas, paralisação da comercialização dos lotes e revitalização da área degradada.

  Em sua defesa, a empresa alega que 1) a gleba está devidamente registrada 2) não existe gravame incidente sobre a gleba, além da anotação da existência da APA – Área de Proteção Ambiental e do seu zoneamento 3) não houve concretização da venda dos terrenos, em razão da ausência de averbação dos contratos no registro de imóveis 4) somente existem contratos particulares de promessa de compra e venda 5) inexistem danos ambientais.

  Em fase de provas, ficou demonstrado que: a) a venda continuava a ser anunciada por meio de folhetos e rádio; b) que o projeto de loteamento ainda não havia sido aprovado pelo Município, que o processo ainda estava tramitando e que a gleba estava registrada em nome do réu, c) que os terrenos estavam inseridos na APA, em zona de conservação onde a ocupação e proibida; d) os terrenos possuíam metragem menor daquela prevista no projeto que ainda não havia sido aprovado e) não havia construção feita pelos adquirentes, nem infraestrutura, apenas o início de abertura de arruamento que gerou dano ambiental, f) memorial descritivo do loteamento não estava registrado.

  Após a manifestação das partes, o processo foi ao MP para apresentação de manifestação final. Indique os aspectos que merecem ser abordados na sua peça.

  Gabarito: A questão envolve a área que pode ser loteada – áreas de preservação ambiental não podem – art. 3, V. Ademais, o loteamento narrado na questão é irregular, vez que não foi aprovado pelo Ente Municipal – art. 16, sem ter infraestrutura que deve ser provida pelo loteador, além de não observar as metragens mínimas nos lotes, art, 4, II. Importante descrever o processo de loteamento, só sendo possível a venda de lotes com o registro público do loteamento.

  Também é possível falar sobre o condomínio de lotes previsto na Lei 13465/17.

- *VUNESP - 2019 - Prefeitura de São José do Rio Preto - SP - Procurador do Município*

  A respeito do parcelamento do solo urbano, nos termos do que define a Lei nº 6.766/1979, é correto afirmar que

(a) não será permitido o parcelamento do solo em terrenos que tenham sido aterrados com material nocivo à saúde pública, sem que sejam previamente saneados.

(b) somente será admitido o parcelamento do solo para fins urbanos em zonas que já sejam consideradas urbanizadas e detenham toda a infraestrutura pública básica, assim definidas pelo plano diretor ou aprovadas por lei municipal.

(c) se considera lote o terreno servido de infraestrutura básica cujas dimensões não sejam inferiores a 50 metros quadrados.

(d) se consideram comunitários os equipamentos públicos de abastecimento de água, serviços de esgotos, energia elétrica, coletas de águas pluviais, rede telefônica e gás canalizado.

(e) se considera desmembramento a subdivisão de gleba em lotes destinados a edificação, com abertura de novas vias de circulação, de logradouros públicos ou prolongamento, modificação ou ampliação das vias existentes.

Gabarito: letra A

- *OBJETIVA - 2019 - Prefeitura de Portão - RS - Arquiteto*

  De acordo com a Lei nº 6.766/1979 - Parcelamento do Solo Urbano, não será permitido o parcelamento do solo, além de outros, em:

I. Terrenos alagadiços e sujeitos a inundações, antes de tomadas as providências para assegurar o escoamento das águas.

II. Terrenos que tenham sido aterrados com material nocivo à saúde pública, sem que sejam previamente saneados.

III. Áreas de preservação ecológica ou naquelas onde a poluição impeça condições sanitárias suportáveis, até a sua correção.

Estão CORRETOS:

(a) Somente os itens I e II.

(b) Somente os itens I e III

(c) Somente os itens II e III

(d) Todos os itens.

Gabarito: letra D

- *IBFC – 2017 – Polícia Científica – PR – Perito Criminal*

"Assinale a alternativa correta, considerando as disposições da Lei Federal nº 6.766, de 19/12/1979, sobre o parcelamento de solo em terrenos alagadiços e sujeitos a inundações.

a) Não será permitido o parcelamento do solo em hipótese alguma

b) Não será permitido o parcelamento do solo exceto para edificações especiais

c) Não será permitido o parcelamento do solo antes de tomadas as providências para assegurar o escoamento das águas

d) Será permitido o parcelamento de solo que preservar as áreas alagadas

e) Será permitido o parcelamento do solo de forma livre ficando a cargo do loteador informar os futuros proprietários sobre as peculiaridades do local"

Gabarito: letra C

- *CESPE/Prefeitura de Belo Horizonte-MG/2017/Procurador do Município*

Chamado para analisar projetos de parcelamento de solo urbano em áreas impróprias, determinado procurador municipal verificou hipótese de proibição absoluta.

Com base nas disposições da Lei n.º 6.766/1979, é correto afirmar tratar-se, na situação, de parcelamento do solo em terrenos

a) onde as condições geológicas não aconselham a edificação

b) alagadiços e sujeitos a inundações

c) aterrados com material nocivo à saúde pública

d) com declividade igual ou superior a 30%.

Gabarito: letra A

- *COPESE.UFT – 2016 .Pref. De Palmas-TO. Procurador Municipal*

"Considerando o estabelecido na Lei de Parcelamento do solo urbano (Lei Federal n° 6.766/1979), analise as afirmativas a seguir.

I. Considera-se loteamento a subdivisão de gleba em lotes destinados a edificação, com abertura de novas vias de circulação, de logradouros públicos ou prolongamento, modificação ou ampliação das vias existentes.

II. Considera-se ainda loteamento a subdivisão de gleba em lotes destinados a edificação, com aproveitamento do sistema viário existente, desde que não implique na abertura de novas vias e logradouros públicos, nem no prolongamento, modificação ou ampliação dos já existentes.

III. Somente será admitido o parcelamento do solo para fins urbanos em zonas urbanas, de expansão urbana ou de urbanização específica, assim definidas pelo plano diretor ou aprovadas por lei municipal.

IV. Em terrenos com declividade igual ou superior a 30%, salvo se atendidas exigências específicas das autoridades competentes e em terrenos onde as condições geológicas não aconselham a edificação, não será permitido o parcelamento do solo."

a) Somente as afirmativas I, II e III estão corretas

b) Somente as afirmativas II, III e IV estão corretas

c) Somente as afirmativas I, II e IV estão corretas

d) Somente as afirmativas I, III e IV estão corretas

Gabarito: letra D

- *PGM-RJ – 7 Concurso – Prova Específica*

"Particular ergue obra em área particular, sem licença prévia. A construção não é passível de ser legalizada, conforme normas urbanísticas em vigor. A Edilidade notifica o particular para que realize voluntariamente a demolição do que construiu, sob pena desta mesma demolição ser conduzida pelos agentes municipais, no prazo de 48 horas. O particular ajuíza interdito proibitório contra o Município, alegando que seus direitos de posse e de moradia estão sendo ameaçados pela prometida ação de polícia do governo local. O juízo defere liminar para impedir a demolição. Você é o Procurador do Município encarregado da defesa do ato local:

a) indique as linhas básicas quanto ao mérito de sua manifestação no processo, em prol do ato municipal, sendo dispensada a abordagem específica das medidas processuais cabíveis;

b) exponha como enfrentaria a alegação fundada na invocação da tutela do mínimo essencial, ponderando esse valor com o da tutela do ordenamento urbano-ambiental;

c) analise a extensão e a oponibilidade do instituto da posse contra ato de polícia;

d) aponte os requisitos formais a serem observados pelo agente público na prática do ato em questão;

e) qual seria a sua tese, nesse contexto, contra a invocação, pelo particular, do princípio da inviolabilidade do domicílio."

O Município tem o poder dever de combater as construções erigidas irregularmente, cabendo a ele a tutela da ordem urbana e ambiental tanto nas áreas públicas, como nas áreas particulares. Deve ser suscitada pelo candidato a presunção de legitimidade/legalidade dos atos administrativos, bem como sua autoexecutoriedade. O direito difuso de meio ambiente saudável se sobrepõe ao direito individual de moradia no caso em análise. Todos os munícipes se submetem ao poder de polícia que, para ser regularmente exercido, deve observar o devido processo legal administrativo. O

exercício de qualquer direito real, seja posse, seja propriedade, deve se dar em observância aos regulamentos administrativos, na forma prevista pelo próprio Código Civil.

- *MP-RJ – XXVII Concurso – Prova Específica*

  "Através de lei de política urbana um Município proibiu edificações em quadras de um loteamento, em razão dessas terras constantemente se verem alagadas com o transbordamento de um rio, sendo vedada à concessão de licenças de obras. O proprietário de um lote, sem obter a licença para edificar construiu em seu terreno uma habitação e quando a obra já se encontrava em acabamento nela passou a morar com a família. O Município embargou administrativamente obstando a finalização da construção, e a sua Procuradoria ingressou com ação visando obter autorização judicial para demolir a casa. O Juiz julgou extinto o processo entendendo faltar ao Município interesse, já que a demolição decorreria do poder de polícia da própria administração municipal. Responda fundamentando justificadamente:

a) Pode o município administrativamente impedir ao proprietário de construir?

b) Quanto à demolição quem tem razão, o juiz ou o município?

O Município tem o poder-dever de exercer seu poder de polícia edilícia administrativamente e impedir a construção em área cujo parcelamento é vedado. Os atos administrativos são dotados de autoexecutoriedade e por esta razão não possui o Município necessidade de recorrer ao Judiciário para realizar aquilo a Constituição lhe determinou como dever, na forma do art. 30, VIII, CRFB. Por tal motivo, o juiz tem razão em sua decisão.

Capítulo II
Dos Requisitos Urbanísticos para Loteamento

Art. 4º.– Os **loteamentos deverão atender**, pelo menos, aos seguintes requisitos:

I – as **áreas destinadas** a sistemas de **circulação**, a implantação de **equipamento urbano e comunitário**, bem como a **espaços livres** de uso público, serão proporcionais à densidade de ocupação prevista pelo plano diretor ou aprovada por lei municipal para a zona em que se situem. (Redação dada pela Lei nº 9.785, 29.1.99)

II – os **lotes terão área mínima de 125 m2** (cento e vinte e cinco metros quadrados) e **frente mínima de 5 (cinco) metros, salvo** quando a legislação estadual ou municipal determinar **maiores exigências**, ou quando o loteamento se destinar a urbanização específica ou edificação de conjuntos habitacionais de interesse social, previamente aprovados pelos órgãos públicos competentes;

III – ao longo **das faixas de domínio público das rodovias**, a reserva de **faixa não edificável de, no mínimo, 15 (quinze) metros de cada lado poderá ser reduzida por lei municipal ou distrital** que aprovar o instrumento do planejamento territorial, **até o limite mínimo de 5 (cinco) metros** de cada lado. (Redação dada pela Lei nº 13.913, de 2019)

III-A. – ao longo das águas correntes e dormentes e da faixa de **domínio das ferrovias**, será obrigatória a reserva de uma **faixa não edificável de, no mínimo, 15 (quinze) metros** de cada lado; (Incluído pela Lei nº 13.913, de 2019)

IV – as **vias de loteamento deverão articular-se com as vias adjacentes** oficiais, existentes ou projetadas, e harmonizar-se com a topografia local.

§ 1º A **legislação municipal definirá**, para cada zona em que se divida o território do Município, **os usos permitidos e os índices urbanísticos de parcelamento e ocupação do solo**, que incluirão, obrigatoriamente, as áreas mínimas e máximas de lotes e os coeficientes máximos de aproveitamento. (Redação dada pela Lei nº 9.785, 29.1.99)

§ 2º Consideram-se comunitários os equipamentos públicos de educação, cultura, saúde, lazer e similares.

§ 3º Se necessária, a reserva de faixa não-edificável vinculada a dutovias será exigida no âmbito do respectivo licenciamento ambiental, observados critérios e parâmetros que garantam a segurança da população e a proteção do meio ambiente, conforme estabelecido nas normas técnicas pertinentes. (Incluído pela Lei nº 10.932, de 2004)

§ 4° No caso de **lotes integrantes de condomínio de lotes**, poderão ser **instituídas limitações administrativas e direitos reais sobre coisa alheia em benefício do poder público**, da população em geral e da proteção da paisagem urbana, tais como servidões de passagem, usufrutos e restrições à construção de muros. (Incluído pela Lei nº 13.465, de 2017)

§ 5º **As edificações localizadas nas áreas contíguas às faixas de domínio público dos trechos de rodovia que atravessem perímetros urbanos** ou áreas urbanizadas passíveis de serem incluídas em perímetro urbano, desde que **construídas até a data de promulgação deste parágrafo, ficam dispensadas da observância da exigência** prevista no inciso III do caput deste artigo, **salvo por ato devidamente fundamentado do poder público municipal** ou distrital. (Incluído pela Lei nº 13.913, de 2019)

1. **Área pública.** Cabe ao loteador doar um percentual da área a ser parcelada para o ente municipal afetar a serviços públicos, tais como escola e hospital.

Aplicação em concurso

- ***Cespe – Procurador Municipal – Pref. de João Pessoa – PB/2018***

Um proprietário de determinada área urbana de quarenta hectares abriu novas vias e designou pequenas parcelas do terreno para venda a terceiros, com a finalidade de construção de moradias em sistema de condomínio.

Nessa situação hipotética, esse proprietário realizou

A) o loteamento da sua propriedade, que deverá conter lotes de, no mínimo, 125 m2.

B) o desmembramento da sua propriedade, que deverá conter lotes de, no mínimo, 125 m2.

C) o loteamento da sua propriedade, que deverá conter lotes de, no máximo, 125 m2.

D) o desmembramento de sua propriedade, devendo solicitar à prefeitura local a definição de diretrizes para uso do solo, mediante apresentação da planta do imóvel, que deverá conter as divisas da gleba desmembrada.

E) o loteamento de sua propriedade, devendo solicitar à prefeitura local a aprovação do projeto, mediante apresentação da planta do imóvel, que deverá conter a indicação das vias existentes e dos loteamentos próximos.

Gabarito: Letra A

- ***FCC – 2018 – SABESP – Advogado***

"Considere os seguintes requisitos:

I. Os lotes terão área mínima de 100 m^2 e frente mínima de 3 metros, salvo quando o loteamento se destinar a urbanização especifica ou edificação de conjuntos habitacionais de interesse social, previamente aprovados pelos órgãos públicos competentes.

II. Ao longo das águas correntes e dormentes e das faixas de domínio público das rodovias e ferrovias, será obrigatória a reserva de uma faixa não edificável de 15 metros de cada lado, salvo maiores exigências da legislação específica.

III. As vias de loteamento deverão articular-se com as vias adjacentes oficiais, existentes ou projetadas, e harmonizar-se com a topografia local.

De acordo com a Lei n° 6.766/79 (Parcelamento de Solo), os loteamentos deverão atender, dentre outros, os requisitos indicados APENAS em

a) I e II

b) II e III

c) I e III

d) I

e) III

Gabarito: letra B

- *IBFC – 2017 – Polícia Científica – PR – Perito Criminal*

“Assinale a alternativa correta, considerando as disposições da Lei Federal nº 6.766, de 19/12/1979, sobre requisitos urbanísticos para loteamento.

a) Os lotes terão área mínima de 125m² (cento e vinte e cinco metros quadrados) e frente mínima de 5 (cinco) metros, salvo quando o loteamento se destinar à urbanização específica ou à edificação de conjuntos habitacionais de interesse social, previamente aprovados pelos órgãos públicos competentes

b) Os lotes terão área mínima de 125m² (cento e vinte e cinco metros quadrados) e frente mínima de 5 (cinco) metros, inclusive quando o loteamento se destinar à urbanização específica ou à edificação de conjuntos habitacionais de interesse social, previamente aprovados pelos órgãos públicos competentes

c) Os lotes terão área mínima de 150m² (cento e cinquenta metros quadrados) e frente mínima de 5 (cinco) metros, salvo quando o loteamento se destinar à urbanização específica ou à edificação de conjuntos habitacionais de interesse social, previamente aprovados pelos órgãos públicos competentes

d) Os lotes terão área mínima de 100m² (cem metros quadrados) e frente mínima de 4 (quatro) metros, salvo quando o loteamento se destinar à urbanização específica ou à edificação de conjuntos habitacionais de interesse social, previamente aprovados pelos órgãos públicos competentes

e) Os lotes terão área mínima de 150m² (cento e cinquenta metros quadrados) e frente mínima de 5 (cinco) metros, inclusive quando o loteamento se destinar à urbanização específica ou à edificação de conjuntos habitacionais de interesse social, previamente aprovados pelos órgãos públicos competentes”

Gabarito: letra A

- *CONSULPLAN – 2017-TRF-2º REGIÃO – Analista Judiciário*

A Lei nº 6.766, de 19 de dezembro de 1979, “dispõe sobre o Parcelamento do Solo Urbano e dá outras Providências”. É um importante marco na legislação urbanística brasileira. Seu Artigo 4º (Capítulo II – dos Requisitos Urbanísticos para Loteamento) estabelece os requisitos mínimos que os loteamentos deverão atender. Considerando os requisitos mínimos para loteamento, definidos pela Lei nº 6.766/79, assinale a afirmativa correta.

a) Ao longo das águas correntes e dormentes e das faixas de domínio público das rodovias e ferrovias, será obrigatória a reserva de uma faixa não edificável de trinta metros de cada lado, salvo maiores exigências da legislação específica.

b) As vias de loteamento deverão articular-se com as vias adjacentes oficiais, existentes ou projetadas, e harmonizar-se com a topografia local; os equipamentos públicos de educação, cultura, saúde, lazer e similares são considerados comunitários.

c) Os lotes terão área mínima de 250 m² e frente mínima de dez metros, salvo quando o loteamento se destinar a urbanização específica ou edificação de conjuntos habitacionais de interesse social, previamente aprovados pelos órgãos públicos competentes.

d) As áreas destinadas a sistemas de circulação, a implantação de equipamento urbano e comunitário, bem como a espaços livres de uso público deverão integrar um mínimo de 60% da densidade de ocupação prevista pelo plano diretor ou aprovada por lei municipal para a zona em que se situem.

Gabarito: letra B

- *VUNESP – 2016 – Câmara Municipal de Poá – SP – Procurador Jurídico*

"Assinale a alternativa que traz corretamente um dos requisitos urbanísticos que devam ser atendidos para ser feito um loteamento, nos termos da Lei nº 6.766/79.

a) As áreas destinadas a sistemas de circulação, a implantação de equipamento urbano e comunitário, bem como a espaços livres de uso público, serão proporcionais à densidade de ocupação prevista pelo plano diretor ou aprovada por lei municipal para a zona em que se situem.

b) Os lotes terão área mínima de 125 m² (cento e vinte e cinco metros quadrados) e frente mínima de 6 (seis) metros, salvo quando o loteamento destinar-se a urbanização específica ou edificação de conjuntos habitacionais de interesse social, previamente aprovados pelos órgãos públicos competentes.

c) Ao longo das águas correntes e dormentes e das faixas de domínio público das rodovias e ferrovias, será obrigatória a reserva de uma faixa não edificável de 10 (dez) metros de cada lado, salvo maiores exigências da legislação específica.

d) As vias de loteamento não necessariamente deverão articular-se com as vias adjacentes oficiais, existentes ou projetadas, mas com elas devem harmonizar-se.

e) A legislação estadual definirá, para cada zona em que se divida o território do Município, os usos permitidos e os índices urbanísticos de parcelamento e ocupação do solo, que incluirão, obrigatoriamente, as áreas mínimas e máximas de lotes e os coeficientes máximos de aproveitamento.

Gabarito: letra A

2. **Tamanho do lote.** A Lei 6766/79 é expressa ao reconhecer a competência municipal para definir a metragem dos lotes urbanos. Em uma mesma cidade é possível estabelecer mais de um tamanho de lote, de modo a estimular determinada destinação econômico-social do imóvel, bem como maior ou menor adensamento demográfico.

3. **Usucapião de área mínima.** Vem aumentando a demanda junto ao Judiciário do reconhecimento de aquisição da propriedade imobiliária por usucapião de área menor que o lote mínimo definido por lei para a região. São situações em que o ocupante tem a posse dos fundos de um terreno ou de apenas um corredor de um grande lote. Nesses casos há o conflito entre o direito de propriedade e o dever do Ente Público em ordenar o espaço urbano. A matéria já foi pacificada pelo STF, no julgamento do RExtra 422349/RS, que concluiu pela possibilidade de usucapião de área cuja dimensão seja menor que o lote mínimo.

► Aplicação pelo STF

> "Recurso extraordinário. Repercussão geral. Usucapião especial urbana. **Interessados que preenchem todos os requisitos exigidos pelo art. 183 da Constituição Federal.** Pedido indeferido com fundamento em **exigência** supostamente **imposta pelo plano diretor** do município em que localizado o imóvel. Impossibilidade. A **usucapião especial urbana** tem raiz constitucional e seu implemento **não pode ser obstado com fundamento em norma hierarquicamente inferior** ou em interpretação que afaste a eficácia do direito constitucionalmente assegurado. Recurso provido. 1. Módulo mínimo do lote urbano municipal fixado como área de 360 m^2. Pretensão da parte autora de usucapir porção de 225 m^2, destacada de um todo maior, dividida em composse. 2. Não é o caso de declaração de inconstitucionalidade de norma municipal. 3. Tese aprovada: **preenchidos os requisitos do art. 183 da Constituição Federal, o reconhecimento do direito à usucapião especial urbana não pode ser obstado por legislação infraconstitucional que estabeleça módulos urbanos na respectiva área em que situado o imóvel (dimensão do lote)**. 4. Recurso extraordinário provido." (STF, RExtra 422349, Rel. Min. Dias Toffoli, DJ 05/08/2015).

4. **Condomínio de lotes.** Nessa modalidade de ocupação, as vias de circulação não integram patrimônio público, sendo de copropriedade dos adquirentes dos lotes. A lei, no entanto, autoriza a instituição de limitação administrativa ou direito real em favor do Poder Público, de modo a legitimar sua atuação no local, com a devida prestação de serviços públicos.

5. **Limitações Administrativas.** O inciso III estabelece áreas onde não é possível construir. Trata-se de uma espécie de limitação administrativa, modalidade de intervenção do Estado na propriedade.

As limitações administrativas diferem dos direitos de vizinhança por tutelarem interesse público, diversamente das restrições civis que visam a preservar o interesse particular reciprocamente considerado.

Justamente por envolverem interesse público, as limitações administrativas não são passíveis de transação, são imprescritíveis e irrenunciáveis. Por outro lado, os direitos de vizinhança podem ser acordados, se sujeitam a prazo prescricional e são passíveis de renúncia por seus titulares.[1]

Por se tratar de matéria civil, as restrições de vizinhança são reguladas apenas pela União; já as limitações urbanísticas se inserem na competência concorrente de União e Estados (art. 24, I, CRFB) e dos Municípios, (art. 30, I, CRFB).

6. **Lei 13913/2019**. O inciso III teve sua redação alterada pela Lei 13.913/19, para permitir, na hipótese de faixas de domínio público de rodovias, que os municípios possam prever faixa não edificável de menor largura que os quinze metros definidos na lei federal, respeitado o piso de cinco metros.

No entanto, tal possibilidade não foi aberta ao longo das faixas de domínio de ferrovias e águas correntes, abrangidos no inciso III-A. Nesses casos, a lei federal impõe o limite mínimo de quinze metros em cada lado.

7. **Direito intertemporal**. Vale a leitura atenta do parágrafo quinto inserido no art. 4º pela Lei 13913/2019. Tal dispositivo permite a dispensa de observância do limite da reserva de faixa inedificável para edificações erigidas até a data da promulgação da norma, situadas em áreas contíguas às faixas de domínio público dos trechos de rodovia em perímetro urbano, salvo ato fundamentado da municipalidade em sentido contrário, ou seja, fazendo observar faixa sem edificação.

1. MEIRELLES. **Direito de construir.** 4. ed. atual., São Paulo: Revista dos Tribunais, 1983, p. 69.

► Aplicação pelo STJ

1) A fixação da largura das áreas inedificáveis ao longo de cursos d'água foi objeto de regulação pela Lei 6766/79 e pelo Código Florestal, sendo que na lei de parcelamento do solo o limite mínimo de sua largura é de quinze metros. A lei ambiental, ao qualificar as faixas marginais como área de preservação permanente, estabeleceu como limites de largura mínima valores entre quinhentos e trinta metros. A flagrante divergência entre as normas legais já chegou aos Tribunais, tendo o STJ editado tema ainda pendente de definição, extraído do ProAfR no REsp 1770760/SC, Rel. Des. Benedito Gonçalves, DJe 07/05/2019.

   Tema 1010 - Extensão da faixa não edificável a partir das margens de cursos d'água naturais em trechos caracterizados como área urbana consolidada: se corresponde à área de preservação permanente prevista no art. 4°, I, da Lei n. 12.651/2012 (equivalente ao art. 2°, alínea 'a', da revogada Lei n. 4.771/1965), cuja largura varia de 30 (trinta) a 500 (quinhentos) metros, ou ao recuo de 15 (quinze) metros determinado no art. 4°, caput, III, da Lei n. 6.766/1979.

2) O limite de quinze metros das áreas inedificáveis limítrofes às linhas férreas abrange também a implantação de ruas, e não apenas edificações. Esse foi o entendimento do STJ no julgamento do REsp 1513502/MA, Rel. Napoleão Nunes Maia Filho, DJe 18/11/2019.

3) A área inedificável abrange as margens da rodovia e também seu interior, onde se localizam, em regra, os canteiros centrais. Esse entendimento foi confirmado REsp 1781151/DF, Rel. Min. Herman Benjamin, DJe 11/09/2020.

   O STJ tem entendimento de que a existência de limitações administrativas não impossibilita a aquisição da propriedade imobiliária por usucapião. Essa foi a conclusão do REsp 1349757/MG, Rel. Min. Herman Benjamin, DJe 16/12/2017.

► Aplicação pelo STF

O STF confirmou a competência municipal para dispor sobre trânsito de composição ferroviária, em hipótese em que a lei local transferiu tal tráfego para fora do perímetro urbano do município. A Corte Suprema entendeu estar o tema inserido na competência de organização e ocupação do solo urbano, ratificando a norma municipal. ARE 1144305, Rel. Min. Roberto Barroso, DJe 03/09/2019.

Aplicação em concurso

- *OAB/SP – 35 Exame.*

  "As limitações administrativas constituem medidas previstas em lei com fundamento no poder de polícia do Estado, gerando para os proprietários obrigações positivas ou negativas, com o fim de condicionar o exercício do direito de propriedade ao bem–estar social."

  A afirmativa está correta.

- *OAB/SP – 33 Exame.*

  "As limitações administrativas:

  a) conferem sempre direito à indenização.

  b) têm caráter individualizado sobre determinado imóvel.

  c) têm efeito geral e, em regra, não geram direito a indenização.

  d) só podem ser instituídas por sentença."

  Gabarito: letra C

- *PGR – 22 Concurso.*

  "Sobre a temática das limitações e servidões administrativas, assinale a alternativa incorreta:

  a) Pode-se afirmar que, em geral, a limitação administrativa implica uma obrigação de não fazer imposta ao titular do direito de propriedade, ao passo que a servidão se refere a um ônus de tolerância que se impõe ao bem do particular.

  b) A instituição da servidão administrativa se faz por acordo judicial ou sentença judicial, precedida sempre de ato declaratório, redundando no direito à indenização do particular que sofrer prejuízo em sua propriedade.

  c) A limitação administrativa, por consubstanciar verdadeira redução da vocação econômica da propriedade, deve ser sempre acompanhada de indenização, preservando-se o direito do proprietário do bem submetido ao regime jurídico limitador.

  d) O impedimento de construção ou de desmatamento que atingir a maior parte da propriedade ou sua totalidade deixa de ser limitação administrativa, passando a ser considerado interdição do uso da propriedade, com as consequências daí decorrentes."

  Gabarito: letra C

As limitações administrativas condicionam o uso da propriedade. São estabelecidas genericamente e sua instituição não gera indenização para o proprietário do imóvel, a não ser que reduzam o conteúdo econômico da propriedade, fato devidamente comprovado pelo interessado.

► **Aplicação pelo STJ.**

A Corte Superior só reconhece direito à indenização em razão da incidência de limitação administrativa sobre imóvel nos casos que comprovado o prejuízo causado ao proprietário da área, afastando-a ainda na hipótese em que a imposição da limitação foi anterior à aquisição do bem pelo proprietário, (REsp 1126525, Rel. Min. Castro Meira, DJ 25/05/2010, REsp 750050/SC, Rel. Min. Luiz Fux, DJ 07/11/2006).

8. **Arruamento**. É o traçado definidor das vias públicas e espaços livres da cidade, sendo requisito prévio para o loteamento. As ruas são as vias de circulação, que permitem a integração entre as diversas regiões da urbe. Consistem em bens de uso comum do povo, cuja propriedade pertence à municipalidade. No condomínio de lotes, as vias de circulação serão de propriedade de todos os condôminos, como já exposto.
9. **Zoneamento.** A legislação municipal determina não só a divisão do solo, ou seja, seu parcelamento, como também o zoneamento das regiões da cidade. O zoneamento define a destinação social das áreas urbanas, fixando zonas residenciais, comerciais, industriais, mistas, etc.

O zoneamento é um instrumento de intervenção do Estado na ordem econômica e na propriedade, visando ao interesse coletivo. Os critérios e diretrizes para definição das modalidades de uso devem ser estabelecidos por lei. Já a fixação das regiões e zonas poderá ser feita por meio de decreto, visando a atender a mobilidade socioeconômica da cidade.

A observância do zoneamento é constatada pelo exercício do poder de polícia municipal que expede licença de funcionamento das atividades nos estabelecimentos materializada no alvará.

No período da pandemia provocada pelo coronavírus, testemunhamos a edição de diversas normas municipais atinentes a zoneamento, autorizando ou proibindo, com base em razões sanitárias, o funcionamento de diversos estabelecimentos e indústrias nas cidades. É a evidência maior da modulação do Direito Urbanístico na vida das pessoas.

O zoneamento determinará os usos conformes, desconformes e tolerados. O uso conforme é aquele indicado para a região onde se situa o imóvel, gerando direito subjetivo para seu titular. O uso desconforme é incompatível para o local, segundo definição prévia de zoneamento e, por isso, não pode ser exercido pelo ocupante do imóvel. Caso haja insistência pelo particular, a municipalidade pode encerrá-lo, no exercício do poder de polícia, sem pagar qualquer indenização. É hipótese de uso desconforme estabelecer uma indústria numa zona exclusivamente residencial.

Nesta seara, o que gera mais discussão são os usos tolerados que consistem naqueles que anteriormente eram conformes e por posterior alteração de zoneamento passaram a não ser a destinação ideal para a região. Nesses casos, podem ocorrer duas situações:

a) o uso se torna desconforme, não podendo conviver com a nova vocação da região, devendo ser encerrado. Em razão de prévio direito subjetivo do particular, haverá pagamento de indenização pelo Poder Público em razão do encerramento da atividade;

b) o uso não é mais estimulado pelo Poder Público, mas é admitida sua permanência, sem degradar a região. Assim, a atividade continua, de forma precária, mas não poderá se expandir, nem novos estabelecimentos com tal destinação poderão existir no local. Em razão da fragilidade da situação, o alvará expedido será de autorização e não de licença, não gerando direito subjetivo. Na hipótese do uso tolerado não há indenização ao particular enquanto lhe é permitida a continuação do uso do imóvel.

10. Uso misto. É possível a adoção num mesmo imóvel de mais de um uso, desde que sejam compatíveis.

É importante destacar que o zoneamento trata da destinação, da atividade desenvolvida no imóvel, não interferindo no aspecto físico do bem, seja quanto à sua área ou construção. Estes elementos serão definidos por outras áreas do urbanismo.

► Aplicação pelo STJ

A restrição de zoneamento imposta por disposição convencional foi afastada pelo STJ em hipótese em que legislação municipal posterior abrandava tal restrição, permitindo, assim, o uso pretendido pelo particular. REsp 1774818/SP, Rel. Min. Nancy Andrighi, DJe 25/05/2020.

O direito de construir é regulado pela legislação municipal, não sendo garantida a licença de construir com a aprovação do loteamento. A licença exige análise específica pelo órgão competente, com base na legislação vigente, na forma do decidido no REsp 1374109, Rel. Min. Humberto Martins, DJ 26/06/2015.

Art. 5º.– O **Poder Público** competente poderá complementarmente **exigir**, em cada loteamento, a **reserva de faixa *non aedificandi*** destinada a equipamentos urbanos.

Parágrafo único. Consideram-se **urbanos** os **equipamentos públicos de abastecimento de água, serviços de esgotos, energia elétrica, coletas de águas pluviais, rede telefônica e gás canalizado**.

1. **Área Urbana.** Como já dito, o que difere a área urbana da rural é a oferta de serviços públicos que existe na primeira. Por esta razão, o solo urbano é mais valorizado, já que recebe intenso investimento público. Nesta linha, também se justifica uma maior intervenção do Poder Público na ordenação do espaço urbano em comparação à área rural.

Aplicação em concurso

- *Cespe/TJ/DFT/Cartórios/Ingresso/2014*

  Incluem-se entre os equipamentos urbanos que, de acordo com a Lei n. 6.766/1979, constituem a infraestrutura básica dos parcelamentos os de

a) energia elétrica.

b) saúde.

c) lazer.

d) educação.

e) cultura.

Gabarito: letra A

Capítulo III
Do Projeto De Loteamento

Art. 6º.– **Antes** da elaboração do **projeto** de loteamento, **o interessado** deverá **solicitar à Prefeitura** Municipal, ou ao Distrito Federal quando for o caso, que **defina as diretrizes para o uso do solo**, **traçado dos lotes, do sistema viário, dos espaços livres** e das áreas reservadas para equipamento urbano e comunitário, **apresentando**, para este fim, requerimento e **planta do imóvel** contendo, pelo menos:

I – as divisas da gleba a ser loteada;

II – as curvas de nível a distância adequada, quando exigidas por lei estadual ou municipal;

III – a localização dos cursos d'água, bosques e construções existentes;

IV – a indicação dos arruamentos contíguos a todo o perímetro, a localização das vias de comunicação, das áreas livres, dos equipamentos urbanos e comunitários, existentes no local ou em suas adjacências, com as respectivas distâncias da área a ser loteada;

V – o tipo de uso predominante a que o loteamento se destina;

VI – as características, dimensões e localização das zonas de uso contíguas.

1. **Processo de loteamento.** A partir deste artigo a lei se ocupa de regular o processo de loteamento de um imóvel, procedimento formal que apresenta dois importantes sujeitos: o Poder Público Municipal e o particular. É preciso que o proprietário decline à municipalidade suas pretensões na área e a descrição exata do imóvel para que o órgão municipal, por sua vez, passe as informações necessárias à elaboração do PAL (projeto aprovado de loteamento), como descreve o artigo seguinte da lei.

   O percurso a ser trilhado pelo loteador é a apresentação da documentação à Prefeitura para competente aprovação. Num momento posterior, leva-se o projeto aprovado ao RGI para ser registrado. Somente a partir deste momento haverá um loteamento regular.

2. **Destinação do loteamento.** O inciso V prevê a necessidade do projeto de loteamento estabelecer seu uso predominante, finalidade que não poderá ser alterada depois. O uso deverá estar de acordo com o zoneamento da região e, com base nele, será definida a dimensão dos lotes a serem alienados.

Art. 7º.– A **Prefeitura** Municipal, ou o Distrito Federal quando for o caso, **indicará**, nas plantas apresentadas junto com o requerimento, de acordo com as diretrizes de planejamento estadual e municipal:

I – as **ruas ou estradas** existentes ou projetadas, que compõem o sistema viário da cidade e do Município relacionadas com o loteamento pretendido e a serem respeitadas;

II – o **traçado básico** do sistema viário principal;

III – a **localização aproximada dos terrenos destinados a equipamento urbano e comunitário e das áreas livres de uso público**;

IV – as **faixas sanitárias** do terreno necessárias ao escoamento das águas pluviais e as **faixas não edificáveis**;

V – a zona ou **zonas de uso predominante da área**, com indicação dos usos compatíveis.

Parágrafo único. As diretrizes expedidas vigorarão pelo **prazo** máximo **de quatro anos**. (Redação dada pela Lei nº 9.785, 29.1.99)

1. **Integração à cidade.** Para que a ocupação do solo urbano se dê ordenadamente, é fundamental que haja a integração entre as áreas que sur-

gem e a estrutura urbana já existente, fundada basicamente na oferta de serviços públicos. O loteador terá um ganho expressivo ao transformar sua gleba em lotes, mas para isso deverá transferir terras à municipalidade, investir na infraestrutura e respeitar o desenho urbano já traçado para a região.

2. **Prazo**. Para acompanhar as novas configurações da ordem urbana e demandas sociais, o Direito Urbanístico deve ser dinâmico. Por isso, é frequente a fixação de prazos de validade de documentos e de realização de atos administrativos. Nesta hipótese, caso o Município não se manifeste dentro do prazo legal, o loteador poderá prosseguir com seu processo, não sendo prejudicado pelas eventuais deficiências do corpo técnico administrativo municipal.

Também em razão do dinamismo do Direito Urbanístico, não é comum reconhecer direitos adquiridos ao particular. O direito primeiro a ser preservado é o da coletividade, o qual prevalece sobre os demais interesses particulares por ventura envolvidos.

Art. 8º.– Os **Municípios com menos de cinquenta mil habitantes** e aqueles cujo plano diretor contiver diretrizes de urbanização para a zona em que se situe o parcelamento **poderão dispensar, por lei, a fase de fixação de diretrizes previstas nos arts. 6º e 7º** desta Lei. (Redação dada pela Lei nº 9.785, 29.1.99).

1. **Normas gerais**. A Lei 6766/79 tem por escopo trazer normas gerais urbanísticas a serem utilizadas pelas municipalidades como parâmetros. Consciente da grande diversidade entre os municípios do nosso país, a lei, em várias passagens, afasta requisitos administrativos para a implantação de loteamentos e desmembramentos em pequenas cidades, no intuito de facilitar a rotina das administrações locais que não possuam aparato técnico robusto para tal tarefa. No mesmo sentido, há a preocupação do legislador em diminuir ao máximo o número de atos normativos disciplinadores do processo de loteamento.

Art. 9º.– Orientado pelo traçado e diretrizes oficiais, quando houver, o **projeto**, contendo desenhos, memorial descritivo e cronograma de execução das obras com duração máxima de quatro anos, **será apresentado à Prefeitura** Municipal, ou ao Distrito Federal, quando for o caso, **acompanhado de certidão atualizada** da matrícula da gleba, expedida pelo Cartório de Registro de Imóveis competente, de **certidão negativa de tributos municipais** e do competente **instrumento de garantia**, ressalvado o disposto no § 4º do art. 18. (Redação dada pela Lei nº 9.785, 29.1.99)

§ 1º – Os **desenhos conterão** pelo menos:

I – a **subdivisão das quadras em lotes**, com as respectivas dimensões e numeração;

II – o **sistema de vias** com a respectiva hierarquia;

III – as **dimensões** lineares e angulares do projeto, com raios, cordas, arcos, ponto de tangência e ângulos centrais das vias;

IV – os **perfis** longitudinais, e transversais de todas as vias de circulação e praças;

V – a **indicação dos marcos** de alinhamento e nivelamento localizados nos ângulos de curvas e vias projetadas;

VI – a **indicação em planta** e perfis de todas as linhas de escoamento das águas pluviais.

§ 2º – O **memorial descritivo** deverá conter, obrigatoriamente, pelo menos:

I – a **descrição sucinta do loteamento**, com as suas características e a fixação da zona ou zonas de uso predominante;

II – as **condições urbanísticas** do loteamento e as limitações que incidem sobre os lotes e suas construções, além daquelas constantes das diretrizes fixadas;

III – a **indicação das áreas públicas** que passarão ao domínio do Município no ato de registro do loteamento;

IV – a **enumeração dos equipamentos urbanos**, comunitários e dos serviços públicos ou de utilidade pública, já existentes no loteamento e adjacências.

§ 3º Caso se constate, a qualquer tempo, que a **certidão da matrícula** apresentada como atual **não tem mais correspondência com os registros** e averbações cartorárias do tempo da sua apresentação, além das consequências penais cabíveis, **serão consideradas insubsistentes tanto as diretrizes expedidas anteriormente, quanto as aprovações** consequentes. (Incluído pela Lei nº 9.785, 29.1.99)

1. **Exigências legais.** O projeto de loteamento deve ser acompanhado de outros documentos que demonstrem a regularidade fundiária e fiscal do bem, assim como a viabilidade de implantação do projeto. Com isso, quer-se evitar ação de grileiros, conformando o processo de urbanização como um instrumento de verificação da adequação registral e tributária do imóvel. Os desenhos apresentados devem ser assinados por engenheiro, exigência expressamente prevista pelo Decreto-Lei 58/37.

2. **Exceção.** A exceção legal trata da hipótese em que os imóveis serão destinados a parcelamento popular, estando ainda em curso processo de desapropriação para aquisição pelo Poder Público ou seus agentes delegados. Nesses casos, por evidente, o proprietário constante no registro público não será ainda o loteador, o que justifica o tratamento diferenciado da lei.

3. **Divisão da terra.** A gleba é primeiramente dividida em quadras e cada quadra, em lotes. Os limites das quadras são dados pelas ruas e áreas públicas assim definidas.

4. **Alinhamento.** É a divisão entre a propriedade pública e a privada. Define até onde vai a calçada e o limite de início do lote, de domínio particular. O alinhamento é determinado pela Prefeitura por meio do PAA (projeto aprovado de alinhamento). Para o início de determinada construção, é exigido o alvará de alinhamento.

   Posterior alteração do alinhamento pode gerar indenização ao particular, caso haja a diminuição da área privada. Esta redução importa em verdadeira desapropriação que impõe o pagamento prévio de indenização.

   Caso a mudança do alinhamento gere sobras de terrenos não afetos a serviços públicos ou circulação, estes poderão ser alienados pela municipalidade. Em regra, as sobras não alcançam a metragem mínima para constituir o lote, o que determina o interesse em sua aquisição apenas pelo proprietário lindeiro. A aquisição desta sobra de terreno é chamada pela doutrina por investidura e diante da ausência de concorrência de interesses, é hipótese de licitação dispensada, na forma do art. 17, I, d, Lei 8666/93.

5. **Nivelamento**. Consiste na correspondência de determinados pontos das edificações com o logradouro, de modo a adequar, por exemplo, entrada e saída de veículos com postes de luz. O nivelamento visa a preservar o acesso aos imóveis testeiros e a circulação nas vias. Quando do início de construções, é expedido um alvará de nivelamento.

6. **Memorial descritivo**. Documento que deve ser apresentado pelo proprietário do imóvel, contendo todas as restrições que incidirão no terreno. Haverá restrições urbanísticas, definidas em prol da possibilidade de moradia e circulação do terreno, conforme o plano diretor. Haverá também restrições civis que visam a garantir aos adquirentes dos lotes a legitimidade da propriedade transferida.

   Também é possível estabelecer restrições convencionais, a critério do loteador, desde que estas não contrariem as restrições legais. As restrições convencionais devem ser levadas a registro e expressas nas escrituras de compra e venda, de modo vincular os adquirentes e a garantir as características originais do loteamento, como melhor especificado no art. 26.

7. **Afastamento.** Além da definição do domínio público e da propriedade privada, o memorial descritivo também deverá trazer a limitação ao exercício do direito de construir, nomeado pela doutrina de afastamento. A linha do afastamento estabelece dentro do lote a área que poderá ser edificada, definindo as faixas não edificáveis laterais, frontal e de fundos. Estas áreas se situam entre a divisa do lote e o limite máximo de edificação.

8. **Recuo.** Trata-se da faixa frontal não edificável; é a área ao longo da testada do lote privado que deve permanecer sem construção. Tal limitação deve ser ilustrada no memorial descritivo.

   O estabelecimento do recuo é realizado de forma unilateral por parte do Poder Público, não gerando indenização ao particular, já que típico exemplo de limitação administrativa, fixada de forma genérica. Este gravame deve ser objeto de registro junto ao RGI do imóvel.

   O projeto que fixa o recuo de determinada região não se sujeita à prescrição. É possível que haja alteração nas metragens de recuo. Neste caso, as novas construções devem observar tais limites, não se impondo às antigas edificações a demolição das mesmas. Caso a ampliação do recuo obstaculize a edificação no lote, esvaziando economicamente a propriedade, é possível a cobrança de indenização do Poder Público Municipal.

   O recuo, apesar de livre de construções, integra a propriedade privada e, portanto, é passível de ter sua titularidade adquirida por usucapião.

Aplicação em concurso

- *OAB/RJ 33 Exame – Segunda fase.*

  "Tem o proprietário direito a reparação de danos em virtude da perda patrimonial decorrente do recuo imposto na legislação municipal para a construção de calçadas nas vias públicas? Fundamente sua resposta."

  Não. O recuo consiste em limitação administrativa e como tal é genérico e gratuito, não ensejando indenização ao particular.

9. **Drenagem.** O projeto de loteamento deve indicar as linhas de escoamento das águas pluviais, de modo a viabilizar a drenagem do solo. Com as grandes enchentes e desastres naturais decorrentes das chuvas de verão, a drenagem ganha cada vez mais importância dentre os serviços públicos.

10. **Limitações de higiene e salubridade.** São assim consideradas as faixas não edificáveis e a fixação de zoneamento do imóvel, informação que também deve constar do memorial descritivo. As áreas livres permitem a ventilação da região, bem como adequada iluminação natural. Já o zoneamento veda que indústrias e atividades comerciais que produzam poluição física e/ou sonora sejam implantadas em áreas residenciais.

11. **Áreas transferidas ao Poder Público.** Outro dado relevante a constar do memorial descritivo são as áreas que serão transferidas à municipalidade, por meio de concurso voluntário, instituto mais atentamente comentado no art. 22 desta lei.

Capítulo IV
Do Projeto de Desmembramento

Art. 10. Para a **aprovação de projeto de desmembramento**, o interessado apresentará **requerimento à Prefeitura** Municipal, ou ao Distrito Federal quando for o caso, **acompanhado de certidão atualizada** da matrícula da gleba, expedida pelo Cartório de Registro de Imóveis competente, ressalvado o disposto no § 4º do art. 18, e de planta do imóvel a ser desmembrado contendo: (Redação dada pela Lei nº 9.785, 29.1.99)

I – a indicação das **vias existentes** e dos loteamentos próximos;

II – a indicação do tipo de **uso predominante** no local;

III – a indicação da **divisão de lotes** pretendida na área.

Art. 11. Aplicam-se ao desmembramento, no que couber, as **disposições urbanísticas vigentes** para as regiões em que se situem ou, na ausência destas, as disposições urbanísticas para os loteamentos. (NR) (Redação dada pela Lei nº 9.785, 29.1.99)

Parágrafo único. O **Município**, ou o Distrito Federal quando for o caso, **fixará os requisitos exigíveis** para a aprovação de desmembramento de lotes decorrentes de loteamento cuja destinação da área pública tenha sido inferior à mínima prevista no § 1º do art. 4º desta Lei.

1. **Processo de desmembramento.** Mais simplificado que o de loteamento, por não gerar espaços públicos, o processo de desmembramento tem tratamento legal sucinto. O Ente Municipal atuará mais efetivamente nos casos enunciados no parágrafo único do art. 11, que tratam dos desmembramentos de terrenos situados em loteamentos que não observaram a regra do art. 4º, §1º, Lei 6766/79.

Aplicação em concurso

- *Quadrix - 2020 - IDURB - Analista de Desenvolvimento Urbano e Fundiário - Arquiteto e Urbanista*

  Segundo a Lei n.º 6.766/1979, julgue o item, relativo a parcelamento do solo.

  A aprovação do projeto de loteamento e desmembramento compete ao Governo Federal, assim como a estipulação do prazo para sua execução, que deve ser obedecido, sob pena de caducidade da aprovação.

- Certo
- Errado

  Gabarito: Errado. A aprovação do projeto de loteamento e desmembramento cabe ao Município.

Capítulo V
Da Aprovação do Projeto
de Loteamento e Desmembramento

Art. 12. O projeto de loteamento e desmembramento deverá ser aprovado pela Prefeitura Municipal, ou pelo Distrito Federal quando for o caso, a quem compete também a fixação das diretrizes a que aludem os arts. 6º e 7º desta Lei, salvo a exceção prevista no artigo seguinte.

§ 1º O projeto aprovado **deverá ser executado no prazo** constante do cronograma de execução, **sob pena de caducidade** da aprovação. (Incluído pela Lei nº 12608, de 2012).

§ 2º Nos Municípios inseridos no cadastro nacional de municípios com áreas suscetíveis à **ocorrência de deslizamentos** de grande impacto, inundações bruscas ou processos geológicos ou hidrológicos correlatos, a **aprovação do projeto** de que trata o caput ficará **vinculada ao atendimento** dos requisitos constantes da **carta geotécnica** de aptidão à urbanização (Vide Lei nº 12.608, de 2012)

§ 3º É **vedada a aprovação de projeto** de loteamento e desmembramento **em áreas de risco** definidas como não edificáveis, no plano diretor ou em legislação dele derivada. (Incluído pela Lei nº 12.608, de 2012)

1. **Aprovação do PAL.** Entregue toda a documentação cabível pelo particular, cabe ao órgão municipal a aprovação do projeto. Uma vez aprovado, a lei exige prazo para execução do projeto, sob pena de necessitar de nova avaliação junto à Prefeitura. A limitação temporal é justificada pelo já referido dinamismo do Direito Urbanístico.

2. **Áreas de risco.** A Lei 12608/2012 acrescentou parágrafos ao dispositivo, trazendo regra específica aos municípios com áreas propícias a desabamentos de grande impacto, exigindo nestes casos observância à carta geotécnica de possibilidade de urbanização do local.

O parágrafo terceiro veda o parcelamento em áreas de risco inedificáveis. Tal norma se justifica vez que o parcelamento visa a ordenar a ocupação do solo urbano, o que deve ser evitado nas hipóteses de áreas de risco.

A Lei 12608/2012 foi promulgada em virtude das grandes enchentes ocorridas no início do ano de 2011, que atingiram especialmente o Estado do Rio de Janeiro.

Art. 13. Aos Estados caberá disciplinar a aprovação pelos Municípios **de loteamentos** e desmembramentos nas seguintes condições: (Redação dada pela Lei nº 9.785, 29.1.99)

I – quando **localizados em áreas de interesse especial**, tais como as de proteção aos mananciais ou ao patrimônio cultural, histórico, paisagístico e arqueológico, assim definidas por legislação estadual ou federal;

II – quando o loteamento ou desmembramento **localizar-se em área limítrofe do Município, ou que pertença a mais de um Município**, nas regiões metropolitanas ou em aglomerações urbanas, definidas em lei estadual ou federal;

III – quando o **loteamento abranger área superior a 1.000.000 m2** (um milhão de metros quadrados).

Parágrafo único. No caso de loteamento ou desmembramento localizado em **área de Município integrante de região metropolitana**, o exame e a anuência prévia à **aprovação do projeto caberão à autoridade metropolitana.**

Art. 14. Os **Estados definirão**, por decreto, **as áreas de proteção especial**, previstas no inciso I do artigo anterior.

Art. 15. Os **Estados estabelecerão, por decreto, as normas** a que deverão submeter-se os projetos de loteamento e desmembramento nas áreas previstas no art. 13, observadas as disposições desta Lei.

Parágrafo único. Na regulamentação das normas previstas neste artigo, o Estado procurará atender às exigências urbanísticas do planejamento municipal.

1. **Competência estadual.** Em hipóteses previstas na lei, caberá aos estados-membros disciplinar o processo de aprovação de loteamento e desmembramento, devendo sempre observar a política urbanística traçada

pelos municípios. A transferência de competência se justifica em empreendimentos de grande porte ou naqueles situados em locais que demandem atenção especial.

Aplicação em concurso

- *VUNESP - 2019 - Câmara de São Miguel Arcanjo - SP - Procurador Legislativo*

Foi apresentado um projeto de loteamento de uma área superior a 1.000.000 m2, abrangendo terreno que está localizado em mais de um município. O pedido foi apresentado em 01/01/2019. Pode-se corretamente afirmar que

(a) a aprovação do referido loteamento deverá ser realizada pelo Estado

(b) a aprovação do loteamento deverá ser realizada pelo Município que primeiro receber o pedido de aprovação.

(c) a aprovação deverá ocorrer em cada um dos municípios, na forma da disciplina feita pelo Estado.

(d) a aprovação deverá ocorrer no Município onde se localizar a maior porção do terreno.

(e) se a legislação dos municípios for omissa, o prazo de aprovação será de até 90 (noventa) dias, e o silêncio equivalerá à aprovação tácita.

Gabarito: letra C

- *IBFC - 2019 - FSA-SP - Advogado I*

Assinale a alternativa que apresenta corretamente uma hipótese em que caberá ao Estado disciplinar, a aprovação pelos municípios, de loteamentos e desmembramentos.

(a) Quando os loteamentos ou desmembramentos forem localizados em áreas de interesse especial, tais como as de proteção aos mananciais ou ao patrimônio cultural, histórico, paisagístico e arqueológico, assim definidas por legislação estadual ou federal

(b) Quando os loteamentos ou desmembramentos forem localizados em municípios de grande porte

(c) Quando os loteamentos ou desmembramentos forem localizados em área superior a 1000 m² (mil metros quadrados)

(d) Quando os loteamentos ou desmembramentos forem localizados em áreas definidas pela legislação municipal como regiões metropolitanas ou em aglomerações urbanas

Gabarito: letra A

- *FCC – 2017 - TRT – 24 ª REGIÃO (MS) – Analista Judiciário – Área Engenharia*

"Da aprovação do Projeto de Loteamento e Desmembramentos, aos Estados caberá disciplinar a aprovação pelos Municípios de loteamentos e desmembramentos, quando localizados em áreas de interesse

a) público definidas por legislação federal (áreas de risco, áreas de proteção ambiental e áreas de expansão urbana); quando localizados em área dentro dos limites municipais, definidas em lei estadual ou federal e quando o loteamento abranger área superior a 5.000.000 $m^{2.}$

b) privado definidas por legislação estadual ou federal (áreas destinadas a portos, aeroportos, rodovias e ferrovias); quando localizados em área limítrofe do município ou que pertença a mais de um município, nas regiões metropolitanas ou em aglomerações urbanas, definidas em lei estadual ou federal e quando o loteamento abranger área superior a 10.000 $m^{2.}$

c) especial definidas por legislação federal (áreas de proteção ambiental, florestal e marítima); quando localizados em áreas da União e quando o loteamento abranger área superior a 500.000 $m^{2.}$

d) privado definidas por legislação municipal (áreas de expansão urbana); quando localizados em área limítrofe do município e quando o loteamento abranger área superior a 100.000 $m^{2.}$

e) especial definidas por legislação estadual ou federal (proteção manancial ou patrimônio cultural, histórico, paisagístico e arqueológico); quando localizados em área limítrofe do município ou que pertença a mais de um município, nas regiões metropolitanas ou em aglomerações urbanas, definidas em lei estadual ou federal e quando o loteamento abranger área superior a 1.000.000 m^2.

Gabarito: letra E

- *VUNESP.– 2016 – Pref. de Presidente Prudente-SP. Procurador Municipal.*

"Ao Estado caberá, nos termos da Lei nº 6.766/79, disciplinar a aprovação pelo Município de loteamentos e desmembramentos

a) quando o loteamento abranger área superior a 1.000 m^2

b) quando localizados em áreas de interesse especial, assim definidas no Plano Diretor, tais como as de proteção aos mananciais ou ao patrimônio cultural, histórico, paisagístico e arqueológico

c) quando o loteamento ou desmembramento localizar-se em área limítrofe do Estado, ou que pertença a mais de um município, nas regiões metropolitanas ou em aglomerações urbanas, definidas no Plano Diretor

d) quando localizados em áreas de interesse especial, tais como as de proteção aos mananciais ou ao patrimônio cultural, histórico, paisagístico e arqueológico, assim definidas por legislação estadual ou federal

e) quando o loteamento ou desmembramento abranger área superior a 1.000 m² e localizar-se em área limítrofe do município, ou que pertença a mais de um município, nas regiões metropolitanas ou em aglomerações urbanas, definidas em lei estadual ou federal"

Gabarito: letra D

► **Aplicação pelo STJ.**

O STJ admite a interferência do Estado nos casos de loteamento em áreas de especial interesse, seja de forma repressiva ou preventiva, conforme entendimento do REsp 333056/SP, Rel. Min. Castro Meira, DJ 06/02/2006.

Art. 16. A **lei municipal definirá os prazos** para que um **projeto** de parcelamento apresentado **seja aprovado ou rejeitado** e para que as obras executadas sejam aceitas ou recusadas.(Redação dada pela Lei nº 9.785, 29.1.99)

§ 1º **Transcorridos os prazos sem a manifestação do Poder Público**, o projeto **será considerado rejeitado** ou as obras recusadas, assegurada a indenização por eventuais danos derivados da omissão. (Incluído pela Lei nº 9.785, 29.1.99)

§ 2º Nos Municípios cuja **legislação for omissa**, os **prazos serão de noventa dias** para a aprovação ou rejeição e de sessenta dias para a aceitação ou recusa fundamentada das obras de urbanização." (Incluído pela Lei nº 9.785, 29.1.99)

1. **Limitação temporal.** Nesta passagem a lei federal deixou de estabelecer prazos para a manifestação municipal, delegando a questão para legislação municipal específica. A indefinição legal não afasta a responsabilidade de edilidade caso a demora do Poder Público traga prejuízos ao particular, cabendo a este indenização pelos danos gerados.

2. **Disposição supletiva.** Respeitando a competência municipal, a lei nacional traz a definição dos prazos a serem seguidos, na hipótese de omissão na legislação local. As normas gerais aqui previstas são de grande valia para os municípios que sofrem da falta de aparato técnico necessário à produção legislativa urbanística.

Aplicação em concurso

- *VUNESP – 2016 – Câmara de Marília – SP – Procurador Jurídico*

  Sobre a legislação federal que dispõe sobre o parcelamento do solo, é correto afirmar que

a) se considera desmembramento a subdivisão de gleba em lotes destinados a edificação, com abertura de novas vias de circulação, de logradouros públicos ou prolongamento, modificação ou ampliação das vias existentes.

b) a legislação estadual definirá, para cada zona em que se divida o território dos Municípios, os usos permitidos e os índices urbanísticos de parcelamento e ocupação do solo, que incluirão, obrigatoriamente, as áreas mínimas e máximas de lotes e os coeficientes máximos de aproveitamento.

c) nos Municípios cuja legislação for omissa, os prazos serão de noventa dias para a aprovação ou rejeição de um projeto de parcelamento e de sessenta dias para a aceitação ou recusa fundamentada das obras de urbanização executadas.

d) é possível que um mesmo lote situe-se em mais de uma circunscrição.

e) é permitida a venda ou promessa de venda de parcela de loteamento ou desmembramento ainda que não registrado.

Gabarito: letra C

Art. 17. Os **espaços livres de uso comum**, as vias e praças, as áreas destinadas a edifícios públicos e outros equipamentos urbanos, constantes do projeto e do memorial descritivo, **não poderão ter sua destinação alterada pelo loteador, desde a aprovação do loteamento**, **salvo** as hipóteses de **caducidade da licença ou desistência do loteador**, sendo, neste caso, observadas as exigências do art. 23 desta Lei.

1. **Definição do projeto**. O artigo traz um dos efeitos da aprovação do projeto de loteamento: a imutabilidade unilateral de seus desenhos e das áreas a serem destinadas ao uso comum. Havendo necessidade de alteração no loteamento, o loteador deverá submeter o projeto a um novo processo de aprovação do mesmo.

Aplicação em concurso

- *VUNESP - 2019 - Prefeitura de São José dos Campos - SP - Analista em Gestão Municipal - Direito*

Tendo em vista o que dispõe a legislação que disciplina o parcelamento do solo urbano, pode-se corretamente afirmar que os espaços livres de uso comum, as vias e praças, as áreas destinadas a edifícios públicos e outros equipamentos urbanos dos loteamentos.

(a) não poderão ter sua destinação alterada no caso de desistência do loteador.

(b) desde a data da implantação do loteamento, passam a integrar o domínio do Município.

(c) não poderão ter sua destinação alterada pelo loteador, desde a aprovação do loteamento, salvo no caso de anulação da licença.

(d) poderão ser alterados no caso de caducidade da licença.

(e) desde a data do registro, passam a integrar o domínio do Estado

Gabarito: letra D

Capítulo VI
Do Registro do Loteamento e Desmembramento

Art. 18. Aprovado o projeto de loteamento ou de desmembramento, o **loteador deverá submetê-lo ao Registro Imobiliário dentro de 180 (cento e oitenta) dias, sob pena de caducidade** da aprovação, acompanhado dos seguintes documentos:

I – título de propriedade do imóvel ou certidão da matrícula, ressalvado o disposto nos §§ 4º e 5º; (NR) (Redação dada pela Lei nº 9.785, 29.1.99)

II – histórico dos títulos de propriedade do imóvel, abrangendo os últimos 20 (vinte) anos, acompanhado dos respectivos comprovantes;

III – certidões negativas:

a) de tributos federais, estaduais e municipais incidentes sobre o imóvel;

b) de ações reais referentes ao imóvel, pelo período de 10 (dez) anos;

c) de ações penais com respeito ao crime contra o patrimônio e contra a Administração Pública;

IV – certidões:

a) dos Cartórios de Protestos de Títulos, em nome do loteador, pelo período de 10 (dez) anos;

b) de ações pessoais relativas ao loteador, pelo período de 10 (dez) anos;

c) de ônus reais relativos ao imóvel;

d) de ações penais contra o loteador, pelo período de 10 (dez) anos;

V – cópia do **ato de aprovação do loteamento e comprovante do termo de verificação**, pelo Município ou pelo Distrito Federal, da execução das obras exigidas pela legislação municipal, que incluirão, no mínimo, a execução das vias de circulação do loteamento, demarcação dos lotes, quadras e logradouros e das obras de escoamento das águas pluviais ou da aprovação de **um cronograma, com a duração máxima de 4 (quatro) anos**, prorrogáveis por mais 4 (quatro) anos, acompanhado de competente instrumento de garantia para a execução das obras; (Redação dada pela Lei nº 14.118, de 2021)

VI – exemplar do contrato-padrão de promessa de venda, ou de cessão ou de promessa de cessão, do qual constarão obrigatoriamente as indicações previstas no art. 26 desta Lei;

VII – declaração do cônjuge do requerente de que consente no registro do loteamento.

§ 3º – A declaração a que se refere o inciso VII deste artigo não dispensará o consentimento do declarante para os atos de alienação ou promessa de alienação de lotes, ou de direitos a eles relativos, que venham a ser praticados pelo seu cônjuge.

§ 4º – O **título de propriedade será dispensado** quando se tratar de **parcelamento popular, destinado as classes de menor renda**, em **imóvel declaração de utilidade pública, com processo de desapropriação** judicial em curso e imissão provisória na posse, desde que promovido pela União, Estados, Distrito Federal, Municípios ou suas entidades delegadas, autorizadas por lei a implantar projetos de habitação. (Incluído pela Lei nº 9.785, 29.1.99)

§ 5º No caso de que trata o § 4º, o pedido de registro do parcelamento, além dos documentos mencionados nos incisos V e VI deste artigo, será instruído com cópias autênticas da decisão que tenha concedido a imissão provisória na posse, do decreto de desapropriação, do comprovante de sua publicação na imprensa oficial e, quando formulado por entidades delegadas, da lei de criação e de seus atos constitutivos. (Incluído pela Lei nº 9.785, 29.1.99)

1. **Fixação de prazo.** A pena de caducidade é fixada no caso de o loteador não observar o prazo legal de apresentação do projeto aprovado junto ao RGI. Trata-se, portanto, de prazo decadencial.

O dinamismo dos centros urbanos exige dos seus agentes a brevidade na prática dos atos que integram o processo de loteamento do solo. Ultrapassado o prazo legal, o projeto restará caduco, sendo então possível a alteração das áreas destinadas a espaços públicos.

Para aproveitamento do antigo projeto, deve ser solicitada a revalidação do ato administrativo de aprovação, podendo ser exigidas novas formalidades.

Aplicação em concurso

- **FCC – 2018 – SABESP – Advogado**

  "Após cumpridas as exigências legais e aprovado o projeto de loteamento, o loteador deverá submetê-lo, de acordo com a Lei n° 6.766/79 (Parcelamento do Solo Urbano),

a) ao registro imobiliário dentro de 30 dias e, examinada a documentação e encontrada em ordem, o Oficial do Registro de Imóveis encaminhará comunicação à Prefeitura e fará publicar, em resumo e com pequeno desenho de localização da área, edital do pedido de registro em 5 dias consecutivos, podendo este ser impugnado no prazo de 15 dias contados da data da última publicação.

b) à Prefeitura, dentro de 180 dias, que analisará a documentação e, encontrada em ordem, fará publicar, em resumo e com pequeno desenho de localização da área, edital do pedido de registro em 3 dias consecutivos, podendo este ser impugnado no prazo de 15 dias contados da data da última publicação, enviando após o registro imobiliário para que proceda ao registro.

c) ao registro imobiliário dentro de 180 dias e, examinada a documentação e encontrada em ordem, o Oficial do Registro de Imóveis encaminhará comunicação à Prefeitura e fará publicar, em resumo e com pequeno desenho de localização da área, edital do pedido de registro em 3 dias consecutivos, podendo este ser impugnado no prazo de 15 dias contados da data da última publicação.

d) ao Ministério Público, dentro de 180 dias, para que analise a documentação apresentada e se manifeste no prazo de 5 dias, enviando após o registro imobiliário para que proceda ao registro e em seguida à Prefeitura que fará publicar, em resumo e com pequeno desenho de localização da área, edital do pedido de registro em 3 dias consecutivos.

e) ao Ministério Público, dentro de 30 dias, para que analise a documentação apresentada e se manifeste no prazo de 15 dias, enviando após o registro imobiliário para que proceda ao registro e, em seguida, à Prefeitura, que fará publicar, em resumo e com pequeno desenho de localização da área, edital do pedido de registro em 5 dias consecutivos.

Gabarito: letra C

2. **Finalidade da documentação**. Os documentos exigidos por lei para registro do PAL visam a evitar que se divida e transfira a terceiros imóveis que já estejam comprometidos com dívidas ou que não pertençam ao loteador.

De acordo com o parágrafo segundo, apenas as condenações em ilícitos contra o patrimônio e a administração pública impedem o registro do loteamento. As demais condenações só obstaculizarão o registro do loteamento se restar provadas que elas poderão prejudicar os adquirentes dos lotes. A análise quanto a esta questão cabe ao oficial do registro público.

Aplicação em concurso

- *MPE-SC.2016 Promotor de Justiça Substituto*

"De acordo com a Lei n. 6.766/79, a existência de protestos, de ações pessoais ou de ações penais, com a única exceção dos crimes contra o patrimônio, não impedirá o registro do loteamento se o requerente comprovar que esses protestos ou ações não poderão prejudicar os adquirentes dos lotes"

( ) Verdadeiro

( ) Falso

Gabarito: A afirmativa é falsa. A existência de ações penais de crimes contra o patrimônio em nome do loteador impede o registro da área, na forma prevista no art. 18, III, c.

3. **Lei 14.118/2021.** A lei que institui o Programa Casa Verde e Amarela alterou a redação do inciso V para possibilitar a prorrogação do prazo de cronograma de obras de infraestrutura do loteamento. Agora, o prazo de quatro anos poderá ser prorrogado por mais quatro.

4. **Outorga uxória**. Diante da natureza real do direito que será transferido, a lei exige a outorga uxória não apenas para a o registro do loteamento, mas também em todos os demais atos futuros de alienação.

   A falta de autorização do cônjuge não inquina o ato de nulo, apenas possibilita ao consorte a resolução do negócio jurídico já estabelecido, na forma prevista nos arts. 1645 e 1650, CC. O STJ não exige a notificação do cônjuge para a constituição em mora do contratante.

5. **Loteamento legalizado**. O RGI não aceita projetos que não tenham sido aprovados pela Prefeitura. Loteamento legal é aquele que é aprovado pela Prefeitura e levado a registro público. A aprovação de loteamento é ato privativo da municipalidade, não podendo ser substituído por nenhum outro ente da federação. É possível que a União e Estados–Membros tragam preceitos a serem observados pelos municípios, mas o ato executivo é do Ente Municipal.

   Há duas modalidades de loteamentos ilegais: os irregulares e os clandestinos.

   Os irregulares são aqueles que aprovados pela Prefeitura, não são objeto de registro público. Também são qualificados como irregulares os loteamentos que são implantados de forma diversa daquela aprovada pela Prefeitura e registrada no RGI.

   Os loteamentos clandestinos são aqueles implantados sem nem receber a aprovação da Prefeitura. É dever do Poder Público Municipal usar seu poder de polícia para coibir os loteamentos ilegais, impondo a ordem urbana em toda a cidade.

► **Aplicação pelo STJ.**

O STJ reconhece a legitimidade do Ministério Público para propor ação civil pública questionando a implantação de loteamentos clandestinos (REsp 743678, Rel. Min. Mauro Campbell Marques, DJ 28/09/2009). Admite ainda a inclusão de todos os compradores de lotes do empreendimento irregular no pólo passivo em ação que busque a responsabilização pelo dano ambiental e urbanístico, por reconhecer a existência de responsabilidade objetiva solidária. (REsp 901.422/SP, Segunda Turma, DJe 14.12.2009, EDcl no REsp 843978/SP, Rel. Min. Herman Benjamin, DJ 26/06/2013)

Uma das características dos loteamentos clandestinos é a propriedade de uma só pessoa com várias construções e divisões fáticas do terreno como exposto no AgRg no AREsp 273897 / SP, Rel. Min. Herman Benjamin, DJ 27/11/2014.

6. **Efeitos do registro do PAL**. O processo de loteamento do solo urbano tem dois grandes momentos: o de aprovação pela Prefeitura e o de registro junto ao Ofício de Imóveis competente. Com a conclusão dos registros, os lotes já poderão ser regularmente negociados.

Já se referiu também ser efeito do registro do loteamento a impossibilidade de sua mudança de modo unilateral, precisando, para tanto, da concordância das partes interessadas. Além disso, as áreas destinadas à afetação pública, já referidas no art. 4, I, têm sua propriedade transferida com o registro para o Ente Municipal, como melhor especificado no art. 22.

► **Aplicação pelo STJ.**

O STJ reconhece o registro público da área como fundamental para aferir a regularidade do loteamento. (REsp 247261/SP, Rel. Min. Francisco Peçanha Martins, DJ 16/06/2003)

7. **Desapropriação**. Quando o terreno a ser loteado está sendo objeto de ação judicial de desapropriação, a lei dispensa os documentos relativos à propriedade e exige outros referentes ao processo judicial. Os dispositivos se referem especificamente às desapropriações judiciais, já que nas amigáveis a transferência da propriedade se dá anteriormente ao loteamento, cabendo, assim, a exigência ordinária das certidões referentes à titularidade.

► **Aplicação pelo STJ.**

O STJ admite a previsão no contrato de que os compradores dos lotes sejam os responsáveis pelo pagamento de contas de serviços públicos. REsp. 205901/SP, Rel. Min. Luis Felipe Salomão, DJ 08/09/2008, REsp. 191907/SP, Rel. Min. Aldir Passarinho, DJ 25/05/2004.

Art. 19. Examinada a documentação e encontrada em ordem, **o oficial do registro de imóveis** encaminhará comunicação à Prefeitura e **fará publicar**, em **resumo e com pequeno desenho** de localização da área, **edital do pedido de registro** em 3 (três) dias consecutivos, podendo este ser impugnado no prazo de 15 (quinze) dias contados da data da última publicação.

§ 1º – Findo o prazo sem impugnação, será feito imediatamente o registro. Se houver **impugnação de terceiros**, o **oficial** do registro de imóveis **intimará o requerente e a Prefeitura Municipal**, ou o Distrito Federal quando for o caso, para que sobre ela se manifestem no prazo de 5 (cinco) dias, sob pena de arquivamento do processo. Com tais manifestações **o processo será enviado ao juiz** competente para decisão.

§ 2º – **Ouvido o Ministério Público** no prazo de 5 (cinco) dias, **o juiz decidirá de plano** ou após instrução sumária, devendo remeter ao interessado as vias ordinárias caso a matéria exija maior indagação.

§ 3º – Nas capitais, a publicação do edital se fará no Diário Oficial do Estado e num dos jornais de circulação diária. Nos demais Municípios, a publicação se fará apenas num dos jornais locais, se houver, ou, não havendo, em jornal da região.

§ 4º – O oficial do registro de imóveis que efetuar o registro em desacordo com as exigências desta Lei ficará sujeito a multa equivalente a 10 (dez) vezes os emolumentos regimentais fixados para o registro, na época em que for aplicada a penalidade pelo juiz corregedor do cartório, sem prejuízo das sanções penais e administrativas cabíveis.

§ 5º – **Registrado o loteamento, o oficial de registro comunicará**, por certidão, **o seu registro à Prefeitura**.

1. **Impugnação judicial**. A doutrina indica que a oposição apresentada por terceiro deve se fundar em direito real, havendo prova segura do alegado. Também se admite oposição pautada na defesa do patrimônio público e do meio ambiente. Neste caso, a questão será dirimida no juízo cível ou ainda no de registros públicos, nas comarcas que tenham esta especialização. A publicidade do registro do PAL se dá em razão dos efeitos *erga omnes* próprios dos registros públicos.

2. **Responsabilidade do oficial**. O parágrafo quarto prevê a responsabilidade do oficial de registros públicos que promover o ato de registro dos loteamentos que não observem as normas urbanísticas fixadas pelo Ente Municipal.

Aplicação em concurso

- *VUNESP - 2019 - Prefeitura de São José dos Campos - SP - Procurador*

  Sobre o Parcelamento do Solo Urbano, tutelado pela Lei no 6.766/79, é certo afirmar que

(a) é permitido o parcelamento do solo em terrenos alagadiços e sujeitos a inundações, mesmo antes de serem tomadas as providências para assegurar o escoamento das águas.

(b) compete à legislação Estadual definir, para cada zona em que se divida o território dos seus Municípios, os usos permitidos e os índices urbanísticos de parcelamento e ocupação do solo, que incluirão, obrigatoriamente, as áreas mínimas e máximas de lotes e os coeficientes máximos de aproveitamento.

(c) consideram-se comunitários os equipamentos públicos de abastecimento de água, serviços de esgotos, energia elétrica, coletas de águas pluviais, rede telefônica e gás canalizado.

(d) aprovado o projeto de loteamento ou de desmembramento, o loteador deverá submetê-lo ao registro imobiliário dentro de 120 (cento e vinte) dias, sob pena de caducidade da aprovação.

(e) o Oficial do Registro de Imóveis que efetuar o registro em desacordo com as exigências desta Lei ficará sujeito a multa equivalente a 10 (dez) vezes os emolumentos regimentais fixados para o registro, na época em que for aplicada a penalidade pelo juiz corregedor do cartório, sem prejuízo das sanções penais e administrativas cabíveis.

Gabarito: letra E

Art. 20. O **registro do loteamento será feito**, por extrato, **no livro próprio.**

Parágrafo único. No Registro de Imóveis far-se-á o registro do loteamento, com uma indicação para cada lote, a averbação das alterações, a abertura de ruas e praças e as áreas destinadas a espaços livres ou a equipamentos urbanos.

1. **Registro do PAL.** Haverá um registro próprio para o projeto de loteamento e a partir dele poderão ser estabelecidas matrículas imobiliárias específicas para cada lote a ser alienado. Pelo registro do PAL será possível verificar as áreas indicadas para destinação pública, as ruas e os espaços livres.

As áreas públicas em geral não constituem lotes, são áreas definidas pelo PAL. Só serão lotes com matrícula, tal como ocorre na propriedade privada, quando sua aquisição pelo Poder Público se der em momento posterior ao loteamento, seja por meio de desapropriação ou de compra e venda ordinária.

2. **Fiscalização.** Realizado o registro do loteamento, o oficial do registro deverá enviar uma certidão à Prefeitura, de modo a viabilizar a fiscalização do órgão público na implantação do parcelamento.
3. **Incorporações imobiliárias.** As incorporações consistem nos condomínios em edifícios. Para que haja a regular alienação das unidades, o incorporador deverá arquivar no registro de imóveis os documentos previstos no art. 32, Lei 4591/64, dentre eles a incorporação do empreendimento.

Art. 21. Quando a **área loteada estiver situada em mais de uma circunscrição imobiliária**, o registro será requerido **primeiramente perante aquela em que estiver localizada a maior parte da área loteada**. Procedido o registro nessa circunscrição, o interessado requererá, **sucessivamente, o registro do loteamento em cada uma das demais**, comprovando perante cada qual o registro efetuado na anterior, até que o loteamento seja registrado em todas. **Denegado o registro** em qualquer das circunscrições, **essa decisão será comunicada, pelo oficial do registro de imóveis**, às demais para efeito de cancelamento dos registros feitos, salvo se ocorrer a hipótese prevista no § 4º deste artigo.

§ 1º – **Nenhum lote poderá situar-se em mais de uma circunscrição.**

§ 2º – É **defeso** ao interessado **processar simultaneamente**, perante diferentes circunscrições, **pedidos de registro do mesmo loteamento**, sendo nulos os atos praticados com infração a esta norma.

§ 3º – Enquanto **não procedidos todos os registros** de que trata este artigo, **considerar-se-á o loteamento como não registrado** para os efeitos desta Lei.

§ 4º – O **indeferimento do registro do loteamento** em uma circunscrição **não determinará o cancelamento do registro** procedido em outra, **se o motivo do indeferimento naquela não se estender à área** situada sob a competência desta, e **desde que o interessado requeira a manutenção do registro obtido**, submetido o remanescente do loteamento a uma aprovação prévia perante a Prefeitura Municipal, ou o Distrito Federal quando for o caso.

1. **Loteamento intermunicipal**. O artigo regula o processo de registro de loteamento que abranja mais de um município. Cabe ao loteador buscar o registro no município onde se localiza a maior parte do empreendimento, regularizando do maior para o menor, respeitando esta ordem

sucessiva. A simultaneidade de registros é punida pela lei com nulidade dos atos assim praticados. Apenas após o último registro, o loteamento estará regularizado.

O loteamento pode ser intermunicipal, já o lote, não, este se situará sempre em apenas um município.

Art. 22. Desde a **data de registro do loteamento, passam a integrar o domínio do Município as vias e praças, os espaços, livres e as áreas destinadas a edifícios públicos** e outros equipamentos urbanos, constantes do projeto e do memorial descritivo.

Parágrafo único. Na hipótese de **parcelamento do solo implantado e não registrado, o Município poderá requerer**, por meio da apresentação de planta de parcelamento elaborada pelo loteador ou aprovada pelo Município e de declaração de que o parcelamento se encontra implantado, **o registro das áreas destinadas a uso público**, que passarão dessa forma a integrar o seu domínio. (Incluído pela Lei nº 12.424, de 2011)

1. **Concurso voluntário**. Assim é chamada a transferência de áreas destinadas a logradouro público ao município. A doutrina também fala em doação legal. O dispositivo define um dos efeitos do registro do PAL. A incorporação de áreas ao patrimônio público é um dos requisitos exigidos pela lei para aprovar o loteamento.

O ato translativo de domínio é o registro do PAL e não da área em espécie. A transferência, portanto, independe de título aquisitivo e de transcrição. Sendo tais áreas de natureza pública, sobre elas não é possível haver usucapião.

Aplicação em concurso

- *MPE-SC* ***Prova****: Instituto Consulplan - 2019 - MPE-SC - Promotor de Justiça - Vespertina*

A Lei Federal n. 6.766/1979 estabelece a percentagem mínima de áreas públicas de 35% (trinta e cinco por cento) do total da gleba, para os parcelamentos do solo, cabendo à legislação municipal definir as áreas mínimas e máximas de lotes e os coeficientes máximos de aproveitamento.

- **Certo**
- **Errado**

Gabarito: Errado. A norma não prevê percentual mínimo para doação das terras ao Ente Municipal. Essa previsão já existiu, mas foi revogada.

- *FUNDATEC. – 2016 – Pref. de Porto Alegre-RS. Procurador Municipal*

  "Sobre o parcelamento do solo urbano e tendo por base a Lei n° 6.766/1979, analise as assertivas abaixo e assinale V, se verdadeiras, ou F, se falsas.

  ( ) Considera-se loteamento a subdivisão de gleba em lotes destinados à edificação, com abertura de novas vias de circulação, de logradouros públicos ou prolongamentos, modificação ou ampliação das vias existentes.

  ( ) A responsabilidade pela execução da infraestrutura básica dos parcelamentos é do empreendedor, que deverá reservar 35% de área do parcelamento para equipamentos públicos.

  ( ) Os espaços livres de uso comum, as vias e praças, as áreas destinadas a edifícios públicos e outros equipamentos urbanos constantes do projeto e do memorial descritivo poderão ter sua destinação alterada pelo loteador, após a aprovação do projeto, desde que ocorra prévia publicidade e informação aos adquirentes dos lotes.

  ( ) A transferência para o domínio do Município das vias, das praças, dos espaços livres, das áreas destinadas a edifícios públicos e de outros equipamentos públicos denomina-se concurso voluntário.

  ( ) Mediante termo de compromisso firmado com o Município e mediante o pagamento de contrapartidas, o empreendedor poderá promover o parcelamento do solo em áreas gravadas pelo Plano Diretor como Áreas de Proteção do Ambiente Natural – APAN.

  A ordem correta de preenchimento dos parênteses, de cima para baixo, é

  a) V-F-F-V-F

  b) V-F-V-V-F

  c) F-V-F-F-V

  d) F-V-V-F-F

  e) V-V-F-V-V

  Gabarito: letra A

► **Aplicação pelo STJ.**

O STJ já decidiu pela impossibilidade de tornar edificável área destinada ao Município por força do art. 22. (REsp 1391271, Rel Min. Herman Benjamin,DJ 28/09/2016)

2. **Loteamentos ilegais**. O parágrafo único acrescido pela Lei 12424/2011 possibilita o registro das áreas destinadas ao uso comum em favor da municipalidade, mesmo que inseridas em loteamentos ilegais. Para tanto, basta apresentar ao Ofício de RGI a planta aprovada do loteamento e declaração de que o mesmo já se encontra implantado.

Tal providência viabiliza a propriedade municipal dessas áreas, legitimando o investimento de verba pública no local. O registro em favor do Poder Público possibilita a atuação estatal sem a caracterização de desapropriação indireta, muitas vezes alegada pelo proprietário do loteamento ilegal.

3. **Norma procedimental**. A Lei 6015/76, reguladora da atividade notarial, foi alterada pela Lei 12424/2011 que lhe acrescentou o art. 195-A. O dispositivo, em consonância com o art. 22, pu aqui comentado elenca os requisitos necessários para a obtenção do registro de propriedade pública.

   Nesta hipótese, há a dispensa do contrato de doação firmado entre o loteador e a edilidade. O terreno incorporado ao patrimônio público terá matrícula própria, distinguindo seu registro das áreas públicas decorrentes de loteamentos formais. A lei avança no sentido de regularizar espaços efetivamente utilizados pela coletividade, devendo, por isso, serem titularizados pelo Poder Público Municipal.

► **Aplicação pelo STJ.**

A jurisprudência do STJ é no sentido de que a aprovação do loteamento transfere automaticamente os bens destinados ao uso comum ou ao uso especial da municipalidade para o domínio público, independente de registro. REsp 1137710/PR, Rel. Min. Castro Meira, DJ 21/06/2013, REsp. 900873/SP, Rel. Min. Mauro Campbell, DJe 15/10/2010, REsp 746487/RS, Rel. Min. Luiz Fux, DJ 11/09/2008.

Art. 23. O **registro do loteamento só poderá ser cancelado**:

I – por **decisão judicial**;

II – a **requerimento do loteador, com anuência da Prefeitura**, ou do Distrito Federal quando for o caso, **enquanto nenhum lote houver sido objeto de contrato**;

III – a **requerimento conjunto do loteador e de todos os adquirentes** de lotes, **com anuência da Prefeitura**, ou do Distrito Federal quando for o caso, e do Estado.

§ 1º – A **Prefeitura** e o Estado **só poderão se opor** ao cancelamento **se disto resultar inconveniente** comprovado para o desenvolvimento urbano ou se já se tiver realizado qualquer melhoramento na área loteada ou adjacências.

§ 2º – Nas hipóteses dos incisos II e III, o **oficial do registro de imóveis fará publicar**, em resumo, **edital do pedido de cancelamento**, podendo este ser impugnado no prazo de 30 (trinta) dias contados da data da última publicação.

Findo esse prazo, com ou sem impugnação, o **processo será remetido ao juiz competente para homologação** do pedido de cancelamento, ouvido o Ministério Público.

§ 3º – A homologação de que trata o parágrafo anterior será precedida de vistoria judicial destinada a comprovar a inexistência de adquirentes instalados na área loteada.

1. **Efeito do registro do PAL**. Além do concurso voluntário, é também efeito do registro público do PAL a impossibilidade de alteração unilateral do mesmo. Para haver mudança no projeto após seu registro impõe-se a anuência de todos os interessados ou de outorga judicial. A modificação exige a publicidade dos atos para preservação dos direitos de terceiros, tudo reiterado no art. 28.

Aplicação em concurso

- *VUNESP - 2019 - DAEM - Procurador Jurídico*

Pedro obteve o registro de um loteamento. Após a venda de 50 lotes, muito abaixo do que ele esperava vender, decidiu cancelar o registro do loteamento. Face ao exposto, é correto afirmar:

(a) a Prefeitura poderá se opor ao cancelamento se já se tiver realizado qualquer melhoramento na área loteada ou adjacências.

(b) em razão da realização de vendas de alguns lotes, não mais será possível o cancelamento do loteamento, salvo mediante prévia autorização judicial.

(c) a requerimento de Pedro, com anuência da Prefeitura, o loteamento poderá ser cancelado, desde que restituídos os valores recebidos dos compradores, não sendo necessária a anuência destes.

(d) se todos os adquirentes dos lotes anuírem, poderá ser cancelado o loteamento, independentemente de anuência da Prefeitura.

(e) o cancelamento perante o município e o Cartório de Registro de Imóveis, se atendidas as exigências legais, independe de homologação judicial.

Gabarito: letra A

- *Vunesp/CM/Sumaré/Procurador/2017*

O registro de loteamento poderá ser cancelado:

a) a pedido de qualquer adquirente de um lote.

b) por decisão judicial.

c) por homologação.

d) por requerimento do loteador, antes da venda de todos os lotes.

e) por decisão do Registro Imobiliário.

Gabarito: letra B

Art. 24. O **processo de loteamento e os contratos** depositados em cartório **poderão ser examinados por qualquer pessoa**, a qualquer tempo, independentemente do pagamento de custas ou emolumentos, ainda que a título de busca.

Capítulo VII
Dos Contratos

Art. 25. São **irretratáveis os compromissos de compra e venda, cessões e promessas de cessão**, os que atribuam **direito a adjudicação compulsória** e, estando registrados, confiram direito real oponível a terceiros.

1. **Matéria civil**. A Lei 6766/79 inovou ao tratar do parcelamento do solo a partir de uma visão publicista. No entanto, não abandonou os aspectos civis do tema como a alienação dos lotes e os direitos de terceiros adquirentes. Este artigo inaugura o capítulo que aborda a matéria, prevendo a estabilidade dos contratos que tenham por objeto direito real. O Código Civil elenca o direito do promitente comprador como direito real, na forma do art. 1225, VII.

2. **Promessa de compra e venda**. O contrato de compra e venda de imóvel é tão relevante que o Código Civil regulou especificamente seu contrato preliminar, qual seja, a promessa de compra e venda. Ao fazê-lo, atribuiu o promitente comprador direito real à aquisição do imóvel, tal como previsto nos seus arts. 1417 e 1418.

3. **Adjudicação compulsória**. Antes da regulação pelo Código Civil de 2002, o Código de Processo Civil de 1973 já previa em seu art. 639, depois revogado pela Lei 11232/2005, o procedimento específico de adjudicação compulsória, hipótese em que a sentença judicial substitui a vontade da parte que se nega a celebrar o contrato definitivo de compra e venda. Neste caso, o título hábil a ser registrado é a sentença judicial.

   A matéria atualmente está regulamentada pelo art. 501 do Código de Processo Civil de 2015.

A doutrina ainda discute sobre a necessidade de registro público da promessa de compra e venda para que o promitente comprador tenha direito à adjudicação compulsória. Nos tribunais, a matéria restou pacificada com a Súmula 239 do STJ.

► **Aplicação pelo STJ.**

> **Súmula 239** – "O **direito à adjudicação compulsória não se condiciona ao registro** do compromisso de compra e venda no cartório de imóveis."

4. **Semelhança com a compra e venda**. Com natureza jurídica de direito real e a possibilidade de adjudicação compulsória, a promessa de compra e venda passou a produzir os mesmos efeitos que a compra e venda definitiva.

   A diferença resta na hipótese de não haver o pagamento do preço do bem. No caso da promessa de compra e venda, a rescisão do contrato determina a recuperação do bem pelo promitente vendedor. No contrato de compra e venda definitivo, já tendo ocorrido a transferência do bem sem reserva de domínio, ele permanece com o comprador inadimplente e os prejuízos serão resolvidos em perdas e danos.

5. **Arrependimento**. Diante da redação deste artigo, o arrependimento do promitente vendedor só será possível na hipótese de inadimplemento do preço pelo promitente comprador. O art. 1417, CC admite a previsão de cláusula de arrependimento no contrato de promessa de compra e venda, hipótese em que o promitente comprador não poderá lançar mão da adjudicação compulsória.

Art. 26. Os **compromissos de compra e venda, as cessões ou promessas de cessão poderão ser feitos por escritura pública ou por instrumento particular**, de acordo com o modelo depositado na forma do inciso VI do art. 18 e conterão, pelo menos, as seguintes indicações:

I – nome, registro civil, cadastro fiscal no Ministério da Fazenda, nacionalidade, estado civil e residência dos contratantes;

II – denominação e situação do loteamento, número e data da inscrição;

III – descrição do lote ou dos lotes que forem objeto de compromissos, confrontações, área e outras características;

IV – preço, prazo, forma e local de pagamento bem como a importância do sinal;

V – taxa de juros incidentes sobre o débito em aberto e sobre as prestações vencidas e não pagas, bem como a cláusula penal, nunca excedente a 10%

(dez por cento) do débito e só exigível nos casos de intervenção judicial ou de mora superior a 3 (três) meses;

VI – indicação sobre a quem incumbe o pagamento dos impostos e taxas incidentes sobre o lote compromissado;

VII – declaração das restrições urbanísticas convencionais do loteamento, supletivas da legislação pertinente.

§ 1º – O contrato deverá ser firmado em três vias ou extraído em três traslados, sendo um para cada parte e o terceiro para arquivo no registro imobiliário, após o registro e anotações devidas.

§ 2º – Quando o contrato houver sido firmado por procurador de qualquer das partes, será obrigatório o arquivamento da procuração no Registro Imobiliário.

§ 3º – Admite-se, **nos parcelamentos populares**, a **cessão da posse** em que estiverem ***provisoriamente imitidas*** a União, Estados, Distrito Federal, Municípios e suas entidades delegadas, o que poderá ocorrer por **instrumento particular**, ao qual se atribui, para todos os fins de direito, caráter de escritura pública, **não se aplicando a disposição do** inciso II do art. 134 do Código Civil.§ 4º A cessão da posse referida no § 3º, cumpridas as obrigações do cessionário, constitui crédito contra o expropriante, de aceitação obrigatória em garantia de contratos de financiamentos habitacionais. (Incluído pela Lei nº 9.785, 29.1.99)

§ 5º Com o **registro da sentença que, em processo de desapropriação, fixar o valor da indenização, a posse referida no § 3º converter-se-á em propriedade** e a sua cessão, em compromisso de compra e venda ou venda e compra, conforme haja obrigações a cumprir ou estejam elas cumpridas, circunstância que, demonstradas ao Registro de Imóveis, serão averbadas na matrícula relativa ao lote. (Incluído pela Lei nº 9.785, 29.1.99)

§ 6º Os compromissos de compra e venda, as cessões e as promessas de cessão valerão como título para o registro da propriedade do lote adquirido, quando acompanhados da respectiva prova de quitação. (Incluído pela Lei nº 9.785, 29.1.99).

1. **Aspecto formal.** O artigo traz as exigências formais para a validade do contrato de promessa de compra e venda. Tanto o art. 26 como o art. 1417, CC admitem não só a escritura pública mas também a particular para celebrar o pré-contrato aqui comentado.

   Como já previsto no art. 18, VI, a minuta do contrato deverá ser apresentada pelo loteador quando do registro do PAL. Trata-se, pois, de um contrato de adesão.

   A promessa, juntamente com a comprovação da quitação do preço, é título hábil ao registro definitivo da propriedade, como dispõe o parágrafo sexto.

Aplicação em concurso

- *IBFC – Polícia Científica – PR – Perito Criminal – 2017*

Assinale a alternativa correta, considerando as disposições da Lei Federal nº 6.766, de 19/12/1979, sobre os compromissos de compra e venda, cessões e promessas de cessão.

a) São retratáveis e só poderão ser feitos por escritura pública

b) São irretratáveis e só poderão ser feitos por instrumento particular.

c) São retratáveis e poderão ser feitos por escritura pública ou por instrumento particular.

d) São retratáveis e só poderão ser feitos por instrumento particular.

e) São irretratáveis e poderão ser feitos por escritura pública ou por instrumento particular

Gabarito: letra E

2. Restrições urbanísticas. A lei autoriza que as partes estabeleçam exigências mais restritivas daquelas previstas nas normas urbanísticas locais vigentes, na forma do art. 26, VII. Há, portanto, um espaço de atuação da vontade privada que será validada desde que conforme o espírito da lei de tutelar o bem com da ordem urbana.

► **Aplicação pelo STJ.** A Corte Superior admite a imposição de regras mais restritivas pelo loteador do que a lei municipal vigente, como concluiu o julgado AgInt no AREsp 224127/SP, Rel. Min. Raul Araújo, DJe 10/02/2017, REsp 302906/SP, Rel. Min. Herman Benjamin, DJ 01/12/2010.

3. Medida Provisória 700. O ato normativo teve sua vigência encerrada em 17 de maio de 2016, voltando a viger a redação antiga do parágrafo terceiro que se remetia ao Código Civil de 1916.

► **Aplicação pelo STJ.**

Cobrança de taxas de manutenção de condomínios

A jurisprudência do STJ admite a cobrança de taxas de manutenção feita por administradora de loteamentos se o vínculo foi estabelecido pelo loteador em contrato levado a registro no cartório no qual aderiu o adquirente. (AgInt no REsp 1349713/SP, Rel. Min. Raul Araújo, DJe 29/06/2017, Ag Int no REsp 1656338/SP, Rel. Min. Ricardo Villas Boas Cueva, DJe 23/11/2017).

Essa situação difere daquela enfrentada pelos REsp 1280871/SP e 1439163/SP que gerou o Tema 882. Nesse caso, não há adesão do condômino e a cobrança é feita por associação de moradores.

Tema 882 – As taxas de manutenção criadas por associações de moradores não obrigam os não associados ou que a elas não anuíram.

O art. 36-A da Lei 6766/79 trata da matéria definida pelo tema

4. **Rol não taxativo**. A lei traz o conteúdo mínimo presente na minuta do contrato de promessa de compra e venda. As partes podem ajustar outros itens referentes ao loteamento, como por exemplo, a assunção dos recursos necessários às obras de infraestrutura.

   Há na doutrina quem entenda abusiva a previsão de transferência aos adquirentes dos custos da urbanização do loteamento. Tal prática violaria o art. 51, X, Lei 8078/90, podendo equiparar o promitente vendedor ao fornecedor.

5. **Cláusula penal**. O inciso V prevê cláusula penal no caso de inadimplência parcial do contrato. Caso a relação seja sujeita ao Código de Defesa do Consumidor, a multa deve ser restrita a dois por cento, na forma do art. 52, § 1º, Lei 8078/90.

   A norma aqui comentada é de ordem pública, não podendo as partes ajustarem de forma diversa.

6. **Cessão de posse**. Juntamente com a transferência de propriedade, o artigo prevê a transmissão de posse dos terrenos objetos de desapropriação, onde serão implantados parcelamentos populares. A norma legal expressamente admite a posse como garantia nos contratos de financiamento habitacional, medida que vem sendo adotada pelo Poder Público no intuito de viabilizar a construção de casas populares. O art. 134, II do Código Civil de 1916 hoje vem previsto no art. 108 do atual Código.

7. **Conversão de posse em propriedade**. O parágrafo quinto prevê a mutação de posse em propriedade em razão do registro público da sentença do processo de desapropriação que fixa o valor da indenização. Confere, assim, maior garantia aos ocupantes do terreno.

Art. 26-A. Os **contratos de compra e venda, cessão ou promessa de cessão de loteamento** devem ser iniciados por quadro-resumo, que deverá conter, além das indicações constantes do art. 26 desta Lei: (Incluído pela Lei nº 13.786, de 2018)

I - o preço total a ser pago pelo imóvel; (Incluído pela Lei nº 13.786, de 2018)

II - o valor referente à corretagem, suas condições de pagamento e a identificação precisa de seu beneficiário; (Incluído pela Lei nº 13.786, de 2018)

III - a forma de pagamento do preço, com indicação clara dos valores e vencimentos das parcelas; (Incluído pela Lei nº 13.786, de 2018)

IV - os índices de correção monetária aplicáveis ao contrato e, quando houver pluralidade de índices, o período de aplicação de cada um; (Incluído pela Lei nº 13.786, de 2018)

V - as consequências do desfazimento do contrato, seja mediante distrato, seja por meio de resolução contratual motivada por inadimplemento de obrigação do adquirente ou do loteador, com destaque negritado para as penalidades aplicáveis e para os prazos para devolução de valores ao adquirente; (Incluído pela Lei nº 13.786, de 2018)

VI - as taxas de juros eventualmente aplicadas, se mensais ou anuais, se nominais ou efetivas, o seu período de incidência e o sistema de amortização; (Incluído pela Lei nº 13.786, de 2018)

VII - as informações acerca da possibilidade do exercício, por parte do adquirente do imóvel, do **direito de arrependimento previsto no art. 49 da Lei nº 8.078, de 11 de setembro de 1990 (Código de Defesa do Consumidor), em todos os contratos firmados em estandes de vendas e fora da sede do loteador** ou do estabelecimento comercial; (Incluído pela Lei nº 13.786, de 2018)

VIII - o prazo para quitação das obrigações pelo adquirente após a obtenção do termo de vistoria de obras; (Incluído pela Lei nº 13.786, de 2018)

IX - informações acerca dos ônus que recaiam sobre o imóvel; (Incluído pela Lei nº 13.786, de 2018)

X - o número do registro do loteamento ou do desmembramento, a matrícula do imóvel e a identificação do cartório de registro de imóveis competente; (Incluído pela Lei nº 13.786, de 2018)

XI - o termo final para a execução do projeto referido no § 1º do art. 12 desta Lei e a data do protocolo do pedido de emissão do termo de vistoria de obras. (Incluído pela Lei nº 13.786, de 2018)

§ 1º **Identificada a ausência de quaisquer das informações** previstas no **caput** deste artigo, será concedido **prazo de 30 (trinta) dias para aditamento** do contrato e saneamento da omissão, findo o qual, essa omissão, se não sanada, caracterizará justa causa para rescisão contratual por parte do adquirente. (Incluído pela Lei nº 13.786, de 2018)

§ 2º A efetivação das consequências do desfazimento do contrato, mencionadas no inciso V do **caput** deste artigo, dependerá de anuência prévia e específica do adquirente a seu respeito, mediante assinatura junto a essas cláusulas, que **deverão ser redigidas conforme o disposto no § 4º do art. 54 da Lei nº 8.078, de 11 de setembro de 1990 (Código de Defesa do Consumidor)**. (Incluído pela Lei nº 13.786, de 2018)

1. **Inclusão do art. 26-A.** A Lei 13786/18 inseriu na Lei 6766/79 o art. 26-A, prevendo a necessidade da apresentação de um quadro-resumo no contrato de compra e venda ou cessão de loteamento, informando os dados principais do contrato, descritos nos incisos do artigo.

   Dou um destaque maior para o inciso VII que prevê a possibilidade de arrependimento por parte do adquirente do imóvel, remetendo-se ao Código de Defesa do Consumidor. Importante esclarecer que a Lei 13786 alterou dispositivos da Lei 4591/64 e da Lei 6766/79 para regular a resolução do contrato por inadimplemento do adquirente de unidade imobiliária em incorporação e parcelamento do solo urbano.

Aplicação em concurso

- *CESPE - 2019 - DPE-DF - Defensor Público*

  Considerando a legislação que dispõe sobre parcelamento do solo urbano, julgue o item que se segue.

  Os contratos de promessa de cessão de loteamento firmados em estandes de vendas e fora da sede do loteador devem conter informações acerca da possibilidade de o adquirente do imóvel exercer o direito de arrependimento previsto na legislação consumerista.

- Certo
- Errado

  Gabarito: A afirmativa está correta, com base no art. 26-A, VII, Lei 6766/79.

Art. 27. Se aquele que se obrigou a concluir contrato de promessa de venda ou de cessão **não cumprir a obrigação, o credor poderá notificar o devedor** para outorga do contrato ou oferecimento de impugnação no prazo de 15 (quinze) dias, **sob pena de proceder-se ao registro do pré contrato**, passando as relações entre as partes a serem regidas pelo contrato-padrão.

§ 1º – Para fins deste artigo, **terão o mesmo valor de pré–contrato a promessa de cessão, a proposta de compra,** a reserva de lote ou qualquer outro instrumento, do qual conste a manifestação da vontade das partes, a indicação do lote, o preço e modo de pagamento, e a promessa de contratar.

§ 2º – O **registro** de que trata este artigo **não será procedido se a parte que o requereu não comprovar haver cumprido a sua prestação**, nem a oferecer na forma devida, salvo se ainda não exigível.

§ 3º – **Havendo impugnação** daquele que se comprometeu a concluir o contrato, observar-se-á o disposto nos **artigos 639 e 640 do Código de Processo Civil.**

1. **Pré-contrato.** O art. 27 traz o regime do pré-contrato, prevendo a possibilidade de seu registro público. O art. 48, Lei 8078/90 estabelece que as declarações de vontade previstas nos pré-contratos que envolvam relações de consumo vinculam o fornecedor.
2. **Garantia de execução contratual**. Por ser um contrato que em regra envolve um alto preço, além de ter por objeto "o sonho da casa própria", a lei tratou de trazer maiores garantias ao promitente comprador, de modo que não haja a frustração da execução do acordo, a partir do momento em que este cumpra com sua obrigação de pagamento das prestações. Hoje tudo vem também especificado no Código Civil, revelador da jurisprudência dos últimos trinta anos.
3. **Artigos revogados**. Os arts. 639 e 640 referidos no parágrafo terceiro estão revogados. A adjudicação compulsória é tema hoje tratado pelo Código de Processo Civil de 2015 em seu art. 501.
4. **Direito de preferência**. O promitente comprador tem preferência na aquisição do imóvel, sendo em relação a ele ineficazes os atos de alienação e gravame operados posteriormente ao registro do pré-contrato. O imóvel já não mais poderá garantir dívidas do loteador. O STJ já entendeu desnecessário o registro público da promessa de compra e venda para garantir tal ineficácia - Ag no Rg 575115/SP, Rel. Min. Castro Filho, DJ 17/12/2004.
5. **Defesa do imóvel**. No caso de o bem prometido vir a ser esbulhado por terceiro, não havendo interesse do promitente vendedor em exercer seu direito de sequela, poderá o promitente comprador fazê-lo, uma vez registrada a promessa.

   Caso a promessa não tenha sido registrada, restará ao promitente comprador o manuseio de embargos de terceiro, na defesa da sua posse, conforme prevê o art. 674, CPC de 2015. Esta é a posição do STJ.

► Aplicação pelo STJ.

"**Súmula 84** – É admissível a oposição de embargos de terceiro fundados em alegação de posse advinda do compromisso de compra e venda de imóvel, ainda que desprovido do registro."

Art. 28. Qualquer alteração ou cancelamento parcial do loteamento registrado **dependerá de acordo entre o loteador e os adquirentes** de lotes atingidos pela alteração, bem como da **aprovação pela Prefeitura** Municipal, ou do Distrito Federal quando for o caso, **devendo ser depositada no Registro de Imóveis**, em complemento ao projeto original, com a devida averbação.

1. **Alteração parcial do loteamento**. A modificação aqui prevista difere daquela regulada pelo art. 17 que trata apenas da mudança dos espaços públicos. Também se distingue da hipótese elencada no art. 23 que fala do cancelamento total do parcelamento da gleba. A mudança parcial do parcelamento deverá ser averbada junto ao registro.

Art. 29. Aquele que adquirir a propriedade loteada mediante ato inter vivos, ou por sucessão causa mortis, **sucederá o transmitente em todos os seus direitos e obrigações, ficando obrigado a respeitar os compromissos de compra e venda ou as promessas de cessão**, em todas as suas cláusulas, **sendo nula qualquer disposição em contrário**, ressalvado o direito do herdeiro ou legatário de renunciar à herança ou ao legado.

1. **Sucessão de adquirentes**. Como já dito, é lícito ao loteador estipular cláusulas convencionais na implantação do empreendimento, desde que não contrárias às cláusulas legais. Neste caso, as cláusulas devem constar do instrumento de compra em venda e do registro, de modo a obrigarem os futuros adquirentes, seja a transmissão por ato *inter vivos,* seja *causa mortis*.

2. **Transmissão de obrigações**. O sucessor deverá continuar com o ajuste, seja respeitando o pagamento do preço, seja assinando o contrato definitivo, não podendo reaver o bem cuja venda já fora prometida pelo seu antecessor.

Art. 30. A **sentença declaratória de falência** ou da insolvência de qualquer das partes **não rescindirá os contratos de compromisso de compra e venda** ou de promessa de cessão que tenham por objeto a área loteada ou lotes da mesma. Se a falência ou insolvência for do proprietário da área loteada ou do titular de direito sobre ela, incumbirá ao síndico ou ao administrador dar cumprimento aos referidos contratos; se do adquirente do lote, seus direitos serão levados à praça.

1. **Decretação de falência.** A preocupação com o cumprimento do contrato fez com que o legislador regulasse a hipótese de falência de qualquer dos contratantes. Tal dispositivo decorreu da falência de algumas construtoras, o que também propiciou a produção de nova norma legal, agora estabelecendo o patrimônio de afetação, este definido como garantia do cumprimento das obrigações do incorporador, na forma da Lei 10931/2004.

2. **Continuidade dos contratos.** A falência de uma das partes não determina a resolução dos contratos. Estes continuarão a ser cumpridos, sendo que os pagamentos restantes integrarão o ativo da massa falida. A administração do loteamento ficará a cargo do síndico da massa falida.

Aplicação em concurso

- *Quadrix - 2020 - IDURB - Analista de Desenvolvimento Urbano e Fundiário - Arquiteto e Urbanista*

  De acordo com a Lei nº 6766/79, julgue o item.

  A falência do loteador importa rescisão automática dos contratos de comercialização dos lotes.

- Certo
- Errado

  Gabarito: Errado. A regra está no art. 30.

Art. 31. O **contrato particular pode ser transferido** por simples trespasse, lançado no verso das vias em poder das partes, ou por instrumento em separado, declarando-se o número do registro do loteamento, o valor da cessão e a qualificação do cessionário, para o devido registro.

§ 1º – A **cessão independe da anuência do loteador**, mas, em relação a este, seus efeitos só se produzem depois de cientificado, por escrito, pelas partes ou quando registrada a cessão.

§ 2º – Uma vez registrada a cessão, feita sem anuência do loteador, o oficial do registro dar-lhe-á ciência, por escrito, dentro de 10 (dez) dias.

1. **Cessão**. Norma específica para a cessão do contrato de promessa de compra e venda, instituto previsto genericamente nos arts. 286 a 298 do Código Civil. Na cessão ocorre a sub-rogação de direitos, devendo a mesma ser levada a registro, na forma do art. 167, I, n. 20, Lei 6015/73.

2. **Anuência do promitente vendedor**. Caso a cessão seja procedida sem a ciência do promitente vendedor, o cedente, no caso o promitente comprador, permanece respondendo juntamente com o cessionário pelo

pagamento do preço diante do outro contratante. Nesta hipótese, a escritura definitiva será celebrada com o cessionário, não sendo mais o cedente, promitente comprador, o adquirente do imóvel.

3. **Cessão do crédito**. É possível também que o cedente seja o promitente vendedor, que transfere a outrem o crédito do preço do imóvel. Em razão de a cessão transferir apenas direitos pessoais, permanecerá o cedente com a obrigação de celebrar a escritura definitiva de compra e venda.

Aplicação em concurso

- *CONSULPLAN - 2019 - TJ-MG - Titular de Serviços de Notas e de Registros - Provimento*

  Analise as afirmativas a seguir, de acordo com a Lei nº 6.766/79.

I. O contrato particular pode ser transferido por simples trespasse, lançado no verso das vias em poder das partes, ou por instrumento em separado, declarando-se o número do registro do loteamento, o valor da cessão e a qualificação do cessionário, para o devido registro.

II. A cessão independe da anuência do loteador mas, em relação a este, seus efeitos só se produzem depois de cientificado, por escrito, pelas partes ou quando registrada a cessão.

III. Uma vez registrada a cessão, feita sem anuência do loteador, o Oficial do Registro dar-lhe-á ciência, por escrito, dentro de dez dias.

IV. Vencida e não paga a prestação, o contrato será considerado rescindido quinze dias depois de constituído em mora o devedor.

Estão corretas apenas as afirmativas

(a) I e IV

(b) II e III

(c) I, II e III

(d) I, II e IV

Gabarito: letra C

- *Vunesp-2016 – Prefeitura de Sertãozinho – Procurador Municipal*

  "A Lei nº 6.766/79 trata sobre o Parcelamento do Solo. Destina um dos seus capítulos a tutelar os contratos que tenham por objeto a venda de bens imóveis. Sob esse aspecto, é correto afirmar que:

a) aquele que adquirir a propriedade loteada mediante ato *inter vivos*, ou por sucessão *causa mortis*, sucederá o transmitente em todos os seus direitos e obrigações, ficando obrigado a respeitar os compromissos de compra e venda ou as promessas de cessão, em todas as suas cláusulas, sendo anulável qualquer disposição em contrário, ressalvado o direito do herdeiro ou legatário de renunciar à herança ou ao legado.

b) o contrato particular pode ser transferido por simples trespasse, lançado no verso das vias em poder das partes, ou por instrumento em separado, declarando-se o número do registro do loteamento, o valor da cessão e a qualificação do cessionário para o devido registro.

c) em qualquer caso de rescisão por inadimplemento do adquirente, as benfeitorias necessárias ou úteis por ele levadas a efeito no imóvel não deverão ser indenizadas, sendo de nenhum efeito qualquer disposição contratual em contrário.

d) qualquer alteração ou cancelamento parcial do loteamento registrado dependerá de acordo entre o loteador e os adquirentes de lotes atingidos pela alteração, independentemente da aprovação pela Prefeitura Municipal, ou do Distrito Federal quando for o caso, devendo ser depositada no Registro de Imóveis.

e) são retratáveis os compromissos de compra e venda, cessões e promessas de cessão, os que atribuam direito à adjudicação compulsória e, estando registrados, confiram direito real oponível a terceiros.

Gabarito: letra B

Art. 32 .Vencida e **não paga a prestação, o contrato será considerado rescindido 30 (trinta) dias depois de constituído em mora** o devedor.

§ 1º – Para os fins deste artigo **o devedor-adquirente será intimado**, a requerimento do credor, **pelo oficial do registro de imóveis, a satisfazer as prestações vencidas** e as que se vencerem até a data do pagamento, os juros convencionados e as custas de intimação.

§ 2º – **Purgada a mora, convalescerá o contrato**.

§ 3º – Com a certidão de não haver sido feito o pagamento em cartório, o vendedor requererá ao oficial do registro o cancelamento da averbação.

1. **Rescisão do contrato**. A intimação do devedor deve ser pessoal para quitação do débito mais juros e multa, na forma prevista no art. 26, V desta lei. Caso o devedor se furte a receber a intimação, o oficial constará tal fato na certidão. A intimação, então será por edital, na forma prevista no art. 49 desta lei.

Persistindo a inadimplência, o credor poderá requerer o cancelamento do contrato, instituto previsto no art. 36. O cancelamento não resolve as questões de direito pessoal eventualmente existentes, subsistindo possível direito a perdas e danos.

2. Cláusula resolutiva expressa. É possível a previsão de cláusula que estabeleça a rescisão do contrato no caso de inadimplemento no pagamento das prestações. Ainda nesta hipótese, a intimação do devedor se faz necessária.

► **Aplicação no STJ.**

"**Súmula 76** – A falta do registro do compromisso de compra e venda de imóvel não dispensa a prévia interpelação para constituir em mora o devedor."

Art. 32-A. Em caso de **resolução contratual por fato imputado ao adquirente**, respeitado o disposto no § 2º deste artigo, deverão ser **restituídos os valores pagos por ele**, atualizados com base no índice contratualmente estabelecido para a correção monetária das parcelas do preço do imóvel, **podendo ser descontados** dos valores pagos os seguintes itens: (Incluído pela Lei nº 13.786, de 2018)

I - os **valores correspondentes à eventual fruição do imóvel**, até o equivalente a 0,75% (setenta e cinco centésimos por cento) sobre o valor atualizado do contrato, cujo prazo será contado a partir da data da transmissão da posse do imóvel ao adquirente até sua restituição ao loteador; (Incluído pela Lei nº 13.786, de 2018)

II - o montante devido por **cláusula penal** e despesas administrativas, inclusive arras ou sinal, **limitado a um desconto de 10% (dez por cento)** do valor atualizado do contrato; (Incluído pela Lei nº 13.786, de 2018)

III - os encargos moratórios relativos às prestações pagas em atraso pelo adquirente; (Incluído pela Lei nº 13.786, de 2018)

IV - os **débitos de impostos** sobre a propriedade predial e territorial urbana, contribuições condominiais, associativas ou outras de igual natureza que sejam a estas equiparadas e tarifas vinculadas ao lote, bem como tributos, custas e emolumentos incidentes sobre a restituição e/ou rescisão; (Incluído pela Lei nº 13.786, de 2018)

V - a **comissão de corretagem**, desde que integrada ao preço do lote. (Incluído pela Lei nº 13.786, de 2018)

§ 1º O **pagamento da restituição ocorrerá em até 12 (doze) parcelas mensais**, com início após o seguinte **prazo de carência**: (Incluído pela Lei nº 13.786, de 2018)

I - em **loteamentos com obras em andamento**: no prazo máximo de **180 (cento e oitenta) dias** após o prazo previsto em contrato para conclusão das obras; (Incluído pela Lei nº 13.786, de 2018)

II - em **loteamentos com obras concluídas**: no prazo máximo de **12 (doze) meses** após a formalização da rescisão contratual. (Incluído pela Lei nº 13.786, de 2018)

§ 2º Somente será efetuado **registro do contrato de nova venda** se for comprovado o **início da restituição do valor** pago pelo vendedor ao titular do registro cancelado na forma e condições pactuadas no distrato, dispensada essa comprovação nos casos em que o adquirente não for localizado ou não tiver se manifestado, nos termos do art. 32 desta Lei. (Incluído pela Lei nº 13.786, de 2018)

§ 3º O **procedimento previsto neste artigo não se aplica** aos contratos e escrituras de compra e venda de lote sob a modalidade de **alienação fiduciária nos termos da Lei n° 9.514, de 20 de novembro de 1997**. (Incluído pela Lei nº 13.786, de 2018)

1. **Resolução contratual provocada pelo inadimplemento do adquirente.** O art. 32-A foi incluído na Lei 6766/79 pela Lei 13786/2018 para disciplinar a restituição de valores na hipótese de resolução contratual decorrente de ato imputado ao adquirente. A norma prevê então o que pode ser descontado dos valores a serem devolvidos e os prazos possíveis para restituição.

2. **Nova venda. Possibilidade de registro**. O parágrafo segundo vincula o registro de nova venda do imóvel ao início do da restituição do valor pago.

3. **Lei 9514/97**. A normativa descrita no artigo não se aplica às alienações celebradas sob o regime da Lei 9514/97, que estabelece o instituto da alienação fiduciária, e prevê outros sistemas de garantia de cumprimento do contrato.

Aplicação em concurso.

- *DPE-DF **Prova**: CESPE - 2019 - DPE-DF - Defensor Público*

  Considerando a legislação que dispõe sobre parcelamento do solo urbano, julgue o item que se segue.

  Caso a resolução de contrato de compra e venda de imóvel em loteamento tenha sido atribuída ao adquirente, poderão ser descontados dos valores pagos os montantes devidos por cláusula penal e arras, limitados a 10% do valor atualizado do contrato.

- Certo
- errado

  Gabarito: A afirmativa está correta, com base no art. 32-A, II.

Art. 33. Se o **credor das prestações se recusar a recebê-las** ou furtar-se ao seu recebimento **será constituído em mora mediante notificação do oficial do registro de imóveis** para vir receber as importâncias depositadas pelo devedor no próprio Registro de Imóveis. **Decorridos 15 (quinze) dias** após o recebimento da intimação, **considerar-se-á efetuado o pagamento**, a menos que o credor impugne o depósito e, alegando inadimplemento do devedor, requeira a intimação deste para os fins do disposto no art. 32 desta Lei.

1. **Consignação em pagamento**. A consignação abrange apenas as parcelas em atraso a serem pagas pelo comprador. A doutrina esclarece ser a hipótese tratada na lei de dívida *portable*, cabendo ao devedor buscar o credor para adimplir sua obrigação.

Art. 34. Em qualquer caso **de rescisão por inadimplemento do adquirente, as benfeitorias necessárias ou úteis** por ele levadas a efeito no imóvel **deverão ser indenizadas**, sendo de nenhum efeito qualquer disposição contratual em contrário.

§1º. **Não serão indenizadas as benfeitorias feitas em desconformidade com o contrato** ou com a lei.

§2º. No prazo de 60 (sessenta) dias, contado da constituição em mora, fica o loteador, na hipótese do **caput** deste artigo, obrigado a alienar o imóvel mediante leilão judicial ou extrajudicial, nos termos da Lei nº 9.514, de 20 de novembro de 1997. (Incluído pela Lei nº 13.786, de 2018)

1. **Relação entre as prestações contratuais**. O contrato de compra e venda é espécie de contrato comutativo, de modo que as prestações a serem cumpridas pelas partes devem revelar um equilíbrio. Em razão de tal característica, é conferido também ao promitente vendedor instrumentos de cobrança da observância contratual.

2. **Inadimplemento contratual**. A lei trata das hipóteses em que o promitente comprador não cumpre com sua obrigação de pagar as prestações ou que o promitente vendedor não aceita as prestações regularmente pagas. Em havendo a rescisão contratual, será devida indenização pelas benfeitorias úteis e necessárias. A doutrina defende a aplicação desta regra também às acessões. As benfeitorias erigidas de forma irregular, sem aprovação legal, não serão indenizadas.

   Caso o promitente vendedor se recuse a pagar os valores devidos, tem o promitente comprador, como possuidor de boa-fé, direito de retenção pelas benfeitorias regulado pelo art. 1219, CC.

3. **Alienação compulsória.** Após o prazo de 60 dias da constituição em mora do adquirente, o loteador será obrigado a vender o imóvel, mediante leilão. Obrigação similar a que é imposta ao credor fiduciário que não pode incorporar o imóvel-garantia a seu patrimônio.

► **Aplicação pelo STJ.**

O STJ já ampliou a aplicação do art. 34 para incluir as acessões como passíveis de indenização, sob o argumento do princípio da vedação ao enriquecimento sem causa (REsp 1191862 / PR, Rel. Min. Luis Felipe Salomão, DJ 22/05/2014)

4. **Aplicação do Código de Defesa do Consumidor**. Quando o loteador é sociedade que tem por objeto a comercialização de lotes, incidem na relação jurídica estabelecida as normas do CDC.

Há quem defenda sempre a aplicação do Código de Defesa do Consumidor, equiparando o promitente vendedor ao fornecedor. No caso específico de indenização referente às benfeitorias, aplica-se o disposto no art. 51, XVI que comina de nulidade a renúncia à indenização por benfeitorias necessárias.

Art. 35. Se ocorrer o **cancelamento do registro por inadimplemento** do contrato, e tiver sido realizado o **pagamento de mais de 1/3** (um terço) do preço ajustado, o oficial do registro de imóveis mencionará esse fato e a quantia paga no ato do cancelamento, e somente será efetuado **novo registro** relativo ao mesmo lote, mediante **apresentação do distrato** assinado pelas partes e a **comprovação do pagamento da parcela única ou da primeira parcela** do montante a ser restituído ao adquirente, na **forma do art. 32-A** desta Lei, ao titular do registro cancelado, ou mediante depósito em dinheiro à sua disposição no registro de imóveis. (Redação dada pela Lei nº 13.786, de 2018)

§ 1º – Ocorrendo o depósito a que se refere este artigo, o oficial do registro de imóveis intimará o interessado para vir recebê-lo no **prazo de 10 (dez)** dias, sob pena de ser devolvido ao depositante.

§ 2º – No caso de não ser encontrado o interessado, o oficial do registro de imóveis depositará a quantia em estabelecimento de crédito, segundo a ordem prevista no inciso I do art. 666 do Código de Processo Civil, em conta com incidência de juros e correção monetária.

§ 3º- A obrigação de comprovação prévia de pagamento da parcela única ou da primeira parcela como condição para efetivação de novo registro, prevista no **caput** deste artigo, poderá ser dispensada se as partes convencionarem de modo diverso e de forma expressa no documento de distrato por elas assinado. (Incluído pela Lei nº 13.786, de 2018)

1. **Valor do pagamento**. Os valores pagos só serão devolvidos casos excedam um terço do total. Até um terço, a quantia persiste com o promitente vendedor, a título de multa.
2. **Novo Código de Processo Civil** – A ordem referida no parágrafo segundo do art. 35 está hoje prevista no art. 840, I, Código de Processo Civil de 2015.
3. **Nova redação**. A Lei 13786/2018 alterou a redação do art. 35 para viabilizar o novo registro do imóvel a partir do início da devolução do valor pago, não mais exigindo sua integralidade. Ademais, há previsão agora da apresentação de distrato firmado entre as partes, de modo a dificultar a alienação *a non domino* do bem.
4. **Parágrafo terceiro**. Admite a possibilidade das partes dispensarem a comprovação do início da devolução do valor pago para possibilitar novo registro, o que deve vir expresso no termo de distrato.

▶ Aplicação pelo STJ.

A jurisprudência do STJ é no sentido de que o art. 53 do CDC não revogou o disposto no art. 1.097 do CC/1916 (atual art. 418 do CC/2002), ao contrário, apenas positivou, na ordem jurídica, o princípio consubstanciado na vedação do enriquecimento ilícito. (...) Desse modo, na espécie, não há que se admitir a majoração do percentual nos termos em que fixados pelas instâncias ordinárias, de 10% sobre todos os valores pagos. Precedentes citados: EREsp 59.870-SP, DJ 9/12/2002; REsp 355.818–MG, DJ 13/10/2003; REsp 476.775–MG, DJ 4/8/2003, e REsp 896.246–RJ, DJ 15/10/2007." (STJ, REsp 1.056.704–MA, Rel. Min. Massami Uyeda, julgado em 28/4/2009)

Art. 36. O **registro do compromisso**, cessão ou promessa de cessão só **poderá ser cancelado**:

I – por **decisão judicial**;

II – a **requerimento conjunto** das partes contratantes;

III – quando houver **rescisão comprovada** do contrato.

Aplicação em concurso

- *VUNESP – 2017 – Câmara de Sumaré – Procurador Jurídico*

  "O registro de loteamento poderá ser cancelado:

  a) a pedido de qualquer adquirente de um lote.

  b) por decisão judicial.

c) por homologação.

d) por requerimento do loteador, antes da venda de todos os lotes.

e) por decisão do Registro Imobiliário."

Gabarito: letra B

> Art. 36-A. As **atividades desenvolvidas pelas associações de proprietários de imóveis**, titulares de direitos ou moradores em loteamentos ou empreendimentos assemelhados, **desde que não tenham fins lucrativos**, bem como pelas entidades civis organizadas em função da solidariedade de interesses coletivos desse público com o objetivo de administração, conservação, manutenção, disciplina de utilização e convivência, visando à valorização dos imóveis que compõem o empreendimento, tendo em vista a sua natureza jurídica, **vinculam-se**, por critérios de afinidade, similitude e conexão, **à atividade de administração de imóveis**. (Incluído pela Lei nº 13.465, de 2017)
>
> Parágrafo único. A **administração de imóveis** na forma do caput deste artigo **sujeita seus titulares à normatização e à disciplina constantes de seus atos constitutivos**, cotizando-se na forma desses atos para suportar a consecução dos seus objetivos. (Incluído pela Lei nº 13.465, de 2017)

1. **Publicidade da rescisão contratual**. Configurada a rescisão contratual, seja ou não por inadimplemento, impõe-se sua publicidade, por meio do cancelamento do registro do contrato preliminar. O art. 35 prevê hipótese de devolução de preço parcialmente pago, requisito necessário para novo registro de promessa.

2. **Art. 36-A**. A instituição e cobrança de taxas para manutenção de condomínios de fato por associações de moradores é matéria que vem sendo enfrentada nos tribunais. O art. 36-A trouxe a regulação da matéria antes só trabalhada em âmbito jurisprudencial. O STJ já formulou a Tese 882 no sentido de que essas taxas não obrigam moradores que não tenham a ela anuído ou que não sejam associados.

► Aplicação pelo STJ.

Tema 882 – As taxas de manutenção criadas por associações de moradores não obrigam os não associados ou que a elas não anuíram.

O STJ difere a cobrança de taxa de manutenção feita pela associação daquela realizada por administradora com base em contrato padrão levado a registro pelo loteador ao qual aderiu o adquirente. Precedentes: AgInt no REsp 1696347/SP, Rel. Min. Nancy Andrighi, DJ 05/06/2018, AgInt no AREsp 370662/SP, Rel. Min. Lázaro Guimarães, DJ 22/05/2018. Nesse caso, a cobrança poderá ser feita inclusive diante de adquirentes posteriores, diante da publicidade do registro público do contrato-padrão. AgInt no AREsp 244204/SP, Rel. Min. Lázaro Gumarães, DJ 12/06/2018.

No julgamento do RMS 53602/AL, Rel. Min. Nancy Andrighi, DJ 07/06/2018 foi definida a competência do juizado especial cível para análise de demanda que envolve cobrança de taxa de manutenção por associação de moradores em face de morador não associado.

► **Aplicação pelo STF.**

A obrigatoriedade de pagamento de taxas estabelecidas por associações de moradores foi também objeto de tema fixado pela Corte Maior, tendo sido fixado entendimento similar ao do STJ. A obrigatoriedade de pagamento somente se dará se por força de lei ou contrato.

Tema 492 - Cobrança, por parte de associação, de taxas de manutenção e conservação de loteamento imobiliário urbano de proprietário não-associado.

O tema já foi julgado, tendo sido fixada a seguinte tese: "É inconstitucional a cobrança por parte de associação de taxa de manutenção e conservação de loteamento imobiliário urbano de proprietário não associado até o advento da Lei nº 13.465/17, ou de anterior lei municipal que discipline a questão, a partir da qual se torna possível a cotização dos proprietários de imóveis, titulares de direitos ou moradores em loteamentos de acesso controlado, que i) já possuindo lote, adiram ao ato constitutivo das entidades equiparadas a administradoras de imóveis ou (ii) sendo novos adquirentes de lotes, o ato constitutivo da obrigação esteja registrado no competente Registro de Imóveis". RE 695911, Rel. Min. Marco Aurélio, DJ 18/12/2020. O resultado foi por 6 votos a 5, e ainda pende recurso de embargos para serem analisados.

Este é outro tema a ser acompanhado na Corte Maior, sendo recomendável a leitura das razões de julgamento desse recurso.

Em razão da relevância, peço licença ao leitor para transcrever trecho das razões de decidir do julgado que, ao meu ver, bem resume o conflito aparente de normas constitucionais posto: *"O princípio da legalidade funciona como instrumento de contrapeso ao princípio da liberdade de associação. De um lado, assegurando que obrigação só é imposta por lei; e de outro – e por consequência – garantindo que, na ausência de lei, não há aos particulares impositividade obrigacional, regendo-se a associação somente pela livre disposição de vontades."*

Capítulo VIII
Disposições Gerais

Art. 37. É **vedado vender** ou prometer vender **parcela de loteamento ou desmembramento não registrado.**

1. **Ilícito civil e penal.** A violação a tal vedação constitui ilícito civil e crime, na forma prevista no art. 50. Com tal disposição, a lei pretende coibir a existência de construções sem a devida infraestrutura urbana, e ainda a lesão a direito de terceiros adquirentes.

► **Aplicação pelo STJ.**

A venda de imóvel localizado em loteamento não registrado é nula, com efeitos *ex tunc*, como já decidido pelo STJ. (REsp 1304370, Rel. Min. Paulo de Tarso Sanseverino, DJ 05/05/2014)

Art. 38. Verificado que **o loteamento ou desmembramento não se acha registrado** ou regularmente executado ou notificado pela Prefeitura Municipal, ou pelo Distrito Federal quando for o caso, **deverá o adquirente do lote suspender o pagamento** das prestações restantes e notificar o loteador para suprir a falta.

§ 1º – Ocorrendo a suspensão do pagamento das prestações restantes, na forma do caput deste artigo, **o adquirente efetuará o depósito** das prestações devidas **junto ao Registro de Imóveis** competente, que as depositará em estabelecimento de crédito, segundo a ordem prevista no inciso I do art. 666 do Código de Processo Civil, em conta com incidência de juros e correção monetária, cuja movimentação dependerá de prévia autorização judicial.

§ 2º – A **Prefeitura Municipal**, ou o Distrito Federal quando for o caso, ou o Ministério Público, **poderá promover a notificação ao loteador** prevista no caput deste artigo.

§ 3º – **Regularizado o loteamento** pelo loteador, este promoverá judicialmente a **autorização para levantar as prestações depositadas**, com os acréscimos de correção monetária e juros, sendo necessária a citação da Prefeitura, ou do Distrito Federal quando for o caso, para integrar o processo judicial aqui previsto, bem como audiência do Ministério Público.

§ 4º – Após o reconhecimento judicial de regularidade do loteamento, o loteador notificará os adquirentes dos lotes, por intermédio do Registro de Imóveis competente, para que passem a pagar diretamente as prestações restantes, a contar da data da notificação.

§ 5º – No caso de o **loteador deixar de atender à notificação** até o vencimento do prazo contratual, ou quando o loteamento ou desmembramento for regularizado pela Prefeitura Municipal, ou pelo Distrito Federal quando for o caso, nos termos do art. 40 desta Lei, **o loteador não poderá, a qualquer título, exigir o recebimento das prestações depositadas.**

1. **Justa causa**. É justa causa para suspensão do pagamento das prestações, a verificação da irregularidade do lote, seja por falta de registro ou por desvio na sua execução. Todo o processo de implantação do loteamento deve ser fiscalizado pelo adquirente e pela Prefeitura. Sem a regularidade do empreendimento, o adquirente terá problemas futuros para registrar sua propriedade definitiva.

2. **Execução judicial**. A lei prevê hipótese de consignação do pagamento judicial das prestações até que haja a regularização do loteamento. A matéria hoje vem regulada pelo art. 840, I, CPC de 2015. Em verdade, caso a Prefeitura assuma a regularização do local, poderá levantar os valores depositados judicialmente, conforme se verá nos artigos seguintes. O loteador, então, perderá o direito de receber tal montante.

Aplicação em concurso

- *Cespe – Procurador Municipal – Pref. de João Pessoa – PB/2018*

  Após ter adquirido um lote a ser pago em prestações, o comprador verificou que o loteamento não se encontrava registrado. Nessa situação hipotética, a lei que dispõe sobre o parcelamento do solo urbano indica que o adquirente do bem deve:

  A) comunicar o fato ao Ministério Público.

  B) registrar ocorrência policial.

  C) exigir do loteador a anulação do contrato.

  D) notificar o fato ao órgão municipal competente.

  E) suspender o pagamento das prestações.

  Gabarito: letra E

► Aplicação pelo STJ.

O STJ já autorizou a cobrança de *astreintes*, visando ao cumprimento das obrigações pendentes do loteador e do pagamento pelo adquirente das prestações por meio de depósito junto ao registro de imóveis. Outrossim, é possível o ingresso de ação civil pública buscando a regularização do empreendimento. STJ, REsp 1189173/AC, Rel. Min. Mauro Campbell Marques, DJ 10/11/2010)

Art. 39. Será **nula de pleno direito a cláusula de rescisão** de contrato por inadimplemento do adquirente, **quando o loteamento não estiver regularmente inscrito.**

1. **Correlação entre as prestações.** Como já dito, o contrato de compra e venda é modalidade de contrato comutativo, onde se verifica uma correspondência entre as obrigações a serem cumpridas por ambas as partes. Havendo inadimplemento por uma delas, a outra poderá se escusar de cumprir com sua prestação, sem que lhe seja imputada qualquer punição. Tal instituto, previsto no Código Civil no art. 476, é denominado pela doutrina como *exceptio non adimpleti contractus*.

   Este regime contratual só será válido se o loteamento for regular, com todos os documentos pertinentes adequadamente registrados e aprovados pela Prefeitura. Caso o loteamento seja ilegal, o loteador não poderá rescindir o contrato em razão do não recebimento do preço. Não pode, pois, o loteador irregular constituir o comprador em mora.

Aplicação em concurso

- *MetroCapital Soluções - 2019 - Prefeitura de Nova Odessa - SP - Procurador Jurídico*

  Considerando a Lei nº 6.766/79 que dispõe sobre o Parcelamento do Solo Urbano, assinale a alternativa correta:

(a) É possível a venda ou promessa de venda de parcela de loteamento ou desmembramento ainda não registrado.

(b) Será nula de pleno direito a cláusula de rescisão de contrato por inadimplemento do adquirente, quando o loteamento não estiver regularmente inscrito.

(c) A Prefeitura Municipal, ainda que desatendida pelo loteador a notificação, não poderá regularizar loteamento ou desmembramento não autorizado ou executado sem observância das determinações do ato administrativo de licença.

(d) Nas desapropriações são considerados como loteados ou loteáveis, para fins de indenização, os terrenos ainda não vendidos ou compromissados, objeto de loteamento ou desmembramento não registrado.

(e) O Município poderá expropriar áreas urbanas ou de expansão urbana para reloteamento, demolição, reconstrução e incorporação, não existindo direito de preferência dos expropriados para a aquisição de novas unidades.

Gabarito: letra B

Art. 40. A Prefeitura Municipal, ou o Distrito Federal quando for o caso, se desatendida pelo loteador a notificação, **poderá regularizar loteamento** ou desmembramento não autorizado ou executado sem observância das determinações do ato administrativo de licença, **para evitar lesão aos seus padrões de desenvolvimento urbano** e na defesa dos direitos dos adquirentes de lotes.

§ 1º – A **Prefeitura Municipal**, ou o Distrito Federal quando for o caso, que promover a regularização, na forma deste artigo, **obterá judicialmente o levantamento das prestações depositadas**, com os respectivos acréscimos de correção monetária e juros, nos termos do § 1º do art. 38 desta Lei, a título de ressarcimento das importâncias despendidas com equipamentos urbanos ou expropriações necessárias para regularizar o loteamento ou desmembramento.

§ 2º – As **importâncias despendidas pela Prefeitura Municipal**, ou pelo Distrito Federal quando for o caso, para regularizar o loteamento ou desmembramento, caso não sejam integralmente ressarcidas conforme o disposto no parágrafo anterior, **serão exigidas na parte faltante do loteador**, aplicando-se o disposto no art. 47 desta Lei.

§ 3º – No caso de o loteador não cumprir o estabelecido no parágrafo anterior, **a Prefeitura Municipal**, ou o Distrito Federal quando for o caso, **poderá receber as prestações dos adquirentes, até o valor devido**.

§ 4º – A **Prefeitura Municipal**, ou o Distrito Federal quando for o caso, para assegurar a regularização do loteamento ou desmembramento, bem como o ressarcimento integral de importâncias despendidas, ou a despender, **poderá promover judicialmente os procedimentos cautelares necessários** aos fins colimados.

§ 5º A **regularização** de um parcelamento pela Prefeitura Municipal, ou Distrito Federal, quando for o caso, **não poderá contrariar o disposto nos arts. 3º e 4º desta Lei**, ressalvado o disposto no § 1º desse último. (Incluído pela Lei nº 9.785, 29.1.99)

1. **Responsabilidade municipal.** No caso de o loteador não cumprir com sua obrigação de implantar os serviços públicos necessários ao loteamento, a Prefeitura deverá assumir tal ônus, urbanizando o local e integrando-o à cidade. Para ressarcir os valores despendidos, a Prefeitura poderá levantar as prestações depositadas judicialmente pelos adquirentes, buscando o restante junto ao loteador ou ainda recebendo os valores diretamente dos promitentes compradores. É dever da Prefeitura promover a urbanização da cidade, nos moldes do art. 30, VIIII, CRFB.

Aplicação em concurso

- *MPE-RS/MPE-RS/Promotor de Justiça/2017*

Assinale com **V** (verdadeiro) ou com **F** (falso) as seguintes afirmações sobre o tema do parcelamento do solo urbano, na forma da Lei n. 6.766, de 19 de dezembro de 1979, com suas posteriores alterações legislativas.

( ) Os lotes terão área mínima de 125m² (cento e vinte e cinco metros quadrados) e frente mínima de 5 (cinco) metros, salvo quando o loteamento se destinar a urbanização específica ou edificação de conjuntos habitacionais de interesse social, previamente aprovados pelos órgãos públicos competentes.

( ) Não será permitido o parcelamento do solo em terrenos com declividade igual ou superior a 35% (trinta e cinco por cento), salvo se atendidas exigências específicas das autoridades competentes.

( ) A Prefeitura Municipal, ou o Distrito Federal quando for o caso, se desatendida pelo loteador a notificação, poderá regularizar loteamento ou desmembramento não autorizado ou executado sem observância das determinações do ato administrativo de licença, para evitar lesão aos seus padrões de desenvolvimento urbano e na defesa dos direitos dos adquirentes de lotes.

( ) São irretratáveis os compromissos de compra e venda, cessões e promessas de cessão, os que atribuam direito a adjudicação compulsória e, estando registrados, confiram direito real oponível a terceiros.

A sequência correta de preenchimento dos parênteses, de cima para baixo, é

a) F-V-F-F
b) F-V-F-V
c) V-V-F-F
d) V-F-V-V
e) V-F-V-F

Gabarito: letra D

- *CESPE/PGE-SP/Procurador do Estado/2017*

Uma construtora realizou parcelamento de solo urbano, mediante loteamento, sem observância das disposições legais. Nesse caso, de acordo com o entendimento do STJ,

a) o município tem responsabilidade solidária pela regularização do loteamento, devendo pagá-la ainda que o loteador possa fazê-lo.
b) a responsabilidade do município em regularizar o loteamento, embora discricionária, é de execução imediata.
c) a regularização do loteamento deverá ser decidida em ação civil pública.

d) o poder da administração pública de regularizar o loteamento é discricionário.

e) o município terá o poder-dever para regularizar o loteamento.

Gabarito: letra E

- *CESPE/Prefeitura de Fortaleza – CE/2017/Procurador do Município*

Com relação a direitos reais, parcelamento do solo urbano, locação e registros públicos, julgue o item seguinte.

Embora o município tenha o dever de fiscalizar para impedir a realização de loteamento irregular, ante a responsabilidade pelo uso e pela ocupação do solo urbano, a regularização está no âmbito da discricionariedade, conforme entendimento pacificado no STJ.

A afirmativa está errada. Conforme a jurisprudência do STJ, o município tem opoder-dever de regularizar o loteamento implantado irregularmente, como decidido no REsp 1.666.027/SP, Rel. Min. Herman Benjamin, DJe 01/02/2018, AgRg no AResp 109078/AC, Rel. Min. Sergio Kukina, DJe 25/08/2016, REsp 1.594.361/RS, Rel. Min. Herman Benjamin, DJe 19/12/2016.

► Aplicação pelo STJ.

A jurisprudência maciça do STJ reconhece *"a regularização de loteamento clandestino, para o qual contribuiu com sua omissão, não se trata de mera faculdade do Poder Público local"* (AgInt no REsp 1483806/MG, Rel. Min. Napoleão Nunes Maia, DJ 22/05/2019). Embora haja divergência jurisprudencial quanto à natureza da responsabilidade se subsidiária a do loteador (AgInt no REsp 1403738/SP, Rel. Min. Regina Helena Costa, DJe 23/03/2020, REsp 1703936/RO, Rel. Min. Herman Benjamin, DJ 12/04/2018, AgRg no AREsp 125796/RS, Rel. Min. Napoleão Nunes Maia Filho, DJ 01/04/2016,) ou solidária (AgInt no AResp 1034753/SP, Rel. Min. Assusete Magalhães. DJe 27/10/2017, REsp 1.656.415/SP, Rel. Min. Herman Benjamin, DJe 02/05/2017), há ainda julgado definindo que embora solidária a responsabilidade, a execução da implementação do loteamento é subsidiária. (AgInt no AREsp 1136393/SP, Rel. Min. Mauro Campbell Marques, DJ 24/05/2018).

Também já se definiu que a responsabilidade do Ente Público é limitada à realização das obras essenciais de infraestrutura necessária. (AgInt no AREsp 1169567/RS, Rel. Min. Mauro Campbell Marques, DJ 10/04/2018, REsp 1594361, Rel. Min. Herman Benjamin, DJ 19/12/2016), o que não retira do Município sua legitimidade ativa para propor ação civil pública contra o loteador. (REsp 1.377.734-AC, Rel. Min. Herman Benjamin, DJe19/12/2016)

O Ministério Público também tem legitimidade ativa para propor ação civil pública onde se pretende reconhecer a irregularidade de loteamento, conforme jurisprudência dessa Corte (AgInt no REsp 1261120/SP, Rel. Min. Francisco Falcão, DJe 27/11/2017, REsp 897.141/DF, Rel. Min. Herman Benjamin, DJe 13/11/2009)

No âmbito civil-administrativo, se reconhece ser o loteamento irregular infração omissiva de caráter permanente, sendo que a ilegalidade do loteamento se renova a cada instante, não incidindo prescrição. AgInt no AREsp 1474379/SP, Rel. Min. Napoleão Nunes Maia Filho, DJe 26/05/2020.

Já no polo passivo, o litisconsórcio entre os degradadores, responsáveis pelos danos ambientais decorrentes da implantação de loteamento irregular em área de preservação permanente, é facultativo, vez que a responsabilidade configurada é solidária. REsp 1826761/RJ, Rel. Min. Herman Benjamin, DJe 29/10/2019.

Aplicação em concurso

- *Cespe – Procurador Municipal – Pref. de João Pessoa – PB/2018)*

  À luz da jurisprudência do STJ, assinale a opção correta, acerca do direito urbanístico.

A) A administração tem responsabilidade solidária de execução subsidiária em caso de dano ambiental-urbanístico, sendo necessária a demonstração de omissão específica e direta do ente estatal para caracterização da responsabilidade.

B) As infrações ao meio ambiente não são de caráter continuado, razão pela qual ações de pretensão de cessação de danos ambientais-urbanísticos decorrentes de loteamento irregular são prescritíveis.

C) O município é titular do dever de regularizar loteamentos clandestinos ou irregulares, sendo-lhe vedado alterar a malha urbana já implementada, sob risco de prejudicar os moradores já instalados.

D) O município tem o poder-dever de agir para fiscalizar e regularizar loteamento irregular, pois é o responsável pelo parcelamento, pelo uso e pela ocupação do solo urbano, atividade essa que é vinculada, e não discricionária.

E) No campo ambiental-urbanístico, vale a norma contemporânea ao julgamento da causa, dispensando-se a mais rigorosa vigente à época dos fatos.

Gabarito: letra D

2. **Exigências legais**. O artigo trata de uma situação já consolidada, em que o loteador fugiu de suas obrigações. O que se busca, portanto, é minimizar o passivo urbanístico gerado pela irregularidade do empreendi-

mento. Por tal motivo, se exige o possível diante da situação fática, não cabendo aqui a observância de todos os requisitos analisados em um projeto de loteamento de área desocupada.

Tais situações foram consideradas pela Lei 13465/2017 que trata da regularização fundiária urbana, a partir de seu art. 8º.

Art. 41. Regularizado o loteamento ou desmembramento pela Prefeitura Municipal, ou pelo Distrito Federal quando for o caso, **o adquirente do lote, comprovando o depósito** de todas as prestações do preço avençado, **poderá obter o registro de propriedade** do lote adquirido, **valendo para tanto o compromisso de venda e compra** devidamente firmado.

1. **Dispensa da escritura definitiva**. O artigo prevê hipótese em que não se exige a escritura de compra e venda definitiva para se alcançar o registro de propriedade. Neste caso, basta a apresentação da promessa de compra e venda e a comprovação da quitação do preço. Não há aqui necessidade de se recorrer às vias judiciais.

Art. 42. Nas **desapropriações não serão considerados como loteados** ou loteáveis, para fins de indenização, **os terrenos ainda não vendidos ou compromissados, objeto de loteamento ou desmembramento não registrado.**

1. **Desapropriação**. Em hipótese de desapropriação de terrenos cujo loteamento ainda não foi registrado, não será possível considerar o bem como um conjunto de lotes, devendo ser avaliada a unidade inteira, ainda não servida de infraestrutura urbana. Se o objeto de desapropriação é uma gleba, assim deverá ser considerado na avaliação judicial para fixação do preço, afastada a incidência da mais-valia urbana.

► **Aplicação pelo STJ.**

Já foi reconhecida conexão entre ação de desapropriação e ação civil pública que tratavam em parte da mesma área. (REsp 1189006/AC, Rel. Min Og Fernandes, DJ 30/04/2018)

Para fixação de indenização em casos de desapropriação só serão considerados lotes, aqueles integrantes de loteamentos registrados no competente registro, não bastando para tanto eventual contrato firmado entre o proprietário da área e adquirentes de lotes. AREsp 1226625/SP, Rel. Min. Mauro Campbell Marques, DJ 07/03/2018, REsp 877489/PR, Rel. Min. Mauro Campbell Marques, DJ 28/02/2014.

Art. 43. Ocorrendo a **execução de loteamento não aprovado**, a destinação de áreas públicas exigidas no inciso I do art. 4º desta Lei não se poderá alterar sem prejuízo da aplicação das sanções administrativas, civis e criminais previstas.

Parágrafo único. Neste caso, **o loteador ressarcirá a Prefeitura Municipal** ou o Distrito Federal quando for o caso, **em pecúnia ou em área equivalente, no dobro** da diferença entre o total das áreas públicas exigidas e as efetivamente destinadas. (Incluído pela Lei nº 9.785, 29.1.99)

1. **Sanção.** A implantação de loteamento não registrado não afasta a obrigação do loteador de doar áreas ao município. Nesta hipótese, a lei comina o pagamento de valores ou a doação de mais terras em dobro da diferença entre o exigido pela lei e o efetivamente transferido como forma de compensar a irregularidade promovida.

Art. 44. O **Município**, o Distrito Federal e o Estado **poderão expropriar áreas urbanas** ou de expansão urbana **para reloteamento**, demolição, reconstrução e incorporação, ressalvada a preferência dos expropriados para a aquisição de novas unidades.

1. **Desapropriação.** O processo expropriatório é remédio drástico, já que importa na transferência compulsória da propriedade privada ao patrimônio público. Seu uso é indicado em casos em que o planejamento não foi hábil a atender às necessidades da região estudada, como ocorre nos loteamentos irregulares.

   O artigo trata de hipótese de desapropriação por interesse social, já que a propriedade incorporada ao Poder Público será posteriormente transferida a terceiros interessados. Nesta futura alienação, a lei prevê direito de preferência dos expropriados, permitindo que estes readquiram sua propriedade imobiliária após a urbanização do local.

Art. 45. O **loteador**, ainda que já tenha vendido todos os lotes, ou os **vizinhos, são partes legítimas** para promover ação destinada a **impedir construção em desacordo com restrições legais** ou contratuais.

1. **Norma processual.** O art. 26, VII prevê expressamente a possibilidade das partes acordarem restrições distintas daquelas previstas em lei. O art. 45 traz a consequência processual de tais convenções, ao reconhe-

cer legitimidade ao loteador para questionar em juízo a observância do ajustado, ainda que tenha alienado integralmente seu domínio.

A legitimidade se dá também aos vizinhos porque o bem jurídico tutelado não é patrimonial, mas sim a ordem urbana estabelecida e preservada por meios dos ajustes particulares.

Art. 46. O **loteador não poderá fundamentar qualquer ação** ou defesa na presente Lei **sem apresentação dos registros e contratos** a que ela se refere.

1. **Requisito de capacidade processual**. A lei elege como requisito para tornar a parte processualmente capaz a apresentação dos documentos que comprovem que seu empreendimento é regular. O loteador violador das normas urbanísticas não poderá buscar tutela jurisdicional.

► **Aplicação pelo STJ.**

A legitimidade do loteador é comprovada mediante a apresentação da regularidade do loteamento, desnecessária a existência de contrato de promessa de compra e venda. REsp 1193549/PR, Rel. Min. Mauro Campbell Marques, DJ 31/03/2011.

Art. 47. Se o **loteador integrar grupo econômico** ou financeiro, qualquer pessoa física ou jurídica desse grupo, beneficiária de qualquer forma do loteamento ou desmembramento irregular, **será solidariamente responsável pelos prejuízos por ele causados aos compradores de lotes e ao Poder Público**.

1. **Responsabilidade solidária**. A lei viabiliza a busca de ressarcimento pelo ilícito urbanístico ao grupo empresarial do qual o loteador faz parte, aplicando a teoria da desconsideração da pessoa jurídica prevista no art. 28, CDC.

Face à sociedade, o ente municipal se solidariza com o loteador na implantação regular do loteamento. Uma vez realizadas as obras, a Prefeitura poderá buscar judicialmente o valor despendido pela assunção da obrigação de fazer.

Art. 48. O **foro competente** para os procedimentos judiciais previstos nesta Lei será sempre o **da comarca da situação do lote**.

1. **Definição de foro**. A norma legal traz o foro competente para as demandas judiciais envolvendo o loteamento. O critério é o geográfico, sendo competente a comarca da situação do lote. Esta é mais uma norma processual trazida na lei, que se encontra em perfeita consonância com o art. 47, CPC de 2015.

Art. 49. As **intimações e notificações** previstas nesta Lei deverão ser **feitas pessoalmente** ao intimado ou notificado, que assinará o comprovante do recebimento, e poderão igualmente ser promovidas por meio dos Cartórios de Registro de Títulos e Documentos da comarca da situação do imóvel ou do domicílio de quem deva recebê-las.

§ 1º – Se o destinatário se recusar a dar recibo ou se furtar ao recebimento, ou se for desconhecido o seu paradeiro, o funcionário incumbido da diligência informará esta circunstância ao oficial competente que a certificará, sob sua responsabilidade.

§ 2º – Certificada a ocorrência dos fatos mencionados no parágrafo anterior, a intimação ou notificação será feita por edital na forma desta Lei, começando o prazo a correr 10 (dez) dias após a última publicação.

1. **Norma procedimental**. Regulamento quanto aos atos de comunicação previstos nesta lei. Nada impede que a notificação se dê também por carta com aviso de recebimento.

Capítulo IX
Disposições Penais

Art. 50. Constitui crime contra a Administração Pública:

I – **dar início**, de qualquer modo, **ou efetuar loteamento ou desmembramento do solo para fins urbanos sem autorização do órgão público** competente, **ou em desacordo com as disposições desta Lei** ou das normas pertinentes do Distrito Federal, Estados e Municípios;

II – **dar início**, de qualquer modo, **ou efetuar loteamento ou desmembramento do solo para fins urbanos sem observância das determinações constantes do ato administrativo de licença**;

III – **fazer, ou veicular em proposta**, contrato, prospecto ou comunicação **ao público** ou a interessados, **afirmação falsa sobre a legalidade de loteamento** ou desmembramento do solo para fins urbanos, ou ocultar fraudulentamente fato a ele relativo.

Pena: Reclusão, de 1 (um) a 4 (quatro) anos, e multa de 5 (cinco) a 50 (cinquenta) vezes o maior salário mínimo vigente no País.

1. **Ilícitos penais** – a lei tipifica a promoção de parcelamentos irregulares, bem como a ocultação de vícios relativos a estes empreendimentos.

   O bem jurídico tutelado é a ordem urbanística primeiramente sob responsabilidade do ente municipal e, de forma secundária, de toda a sociedade. Cabe ainda ressaltar que são crimes de perigo abstrato, dispensando a prova do dano efetivo para sua ocorrência.

   Os tipos previstos na lei são todas de forma dolosa, exigindo a vontade do agente em praticar a conduta delituosa.

   A estrutura do tipo, tal como apresentada nos incisos I e II, com a expressão "dar início", dificulta a caracterização da tentativa.

   Já o inciso II ao falar em veicular, abrangeu qualquer forma de divulgação do empreendimento irregular.

Aplicação em concurso

- *Ano: 2018 Banca: VUNESP Órgão: Câmara de Orlândia - SP*

  A Lei nº 6.766/79, que dispõe sobre o Parcelamento do Solo Urbano, tipifica os crimes contra a Administração Pública e a pena correspondente.

  Assinale a alternativa correta.

  (a) Constitui crime dar início, de qualquer modo, ou efetuar loteamento ou desmembramento do solo para fins urbanos, sem autorização do órgão público competente, ou em desacordo com as disposições desta Lei ou das normas pertinentes do Distrito Federal, Estados e Municípios.

  (b) Constitui crime dar início, de qualquer modo, ou efetuar loteamento ou desmembramento do solo para fins rurais sem observância das determinações constantes do ato administrativo de licença.

  (c) Constitui crime fazer ou veicular em proposta, contrato, prospecto ou comunicação ao público ou a interessados, afirmação falsa sobre a legalidade de loteamento ou desmembramento do solo para fins rurais, ou ocultar fraudulentamente fato a ele relativo.

  (d) A pena prevista para os crimes contra a Administração Pública, no que diz respeito ao Parcelamento do Solo Urbano, é sempre pecuniária.

  (e) Considerando os nefastos prejuízos à ordem urbanística, ao meio ambiente e também ao patrimônio público, a pena correspondente ao tipo que infringe ocupação do solo para fins urbanos será de detenção.

  Gabarito: letra A

2. **Crime instantâneo** – A promoção de parcelamento irregular é modalidade de crime instantâneo com efeitos permanentes. Tal classificação é fundamental para a contagem do prazo prescricional.

► **Aplicação pelo STJ.**

O crime de loteamento irregular de solo urbano possui natureza de crime instantâneo de efeitos permanentes, isto é, o marco inicial do prazo prescricional é a data do início do loteamento, ou seja, a da consumação. RHC 65785/RJ, Rel. Min. Jorge Mussi, DJ 27/04/2018, AgInt no REsp 1580947, Rel. Min. Sebastião Reis Júnior, DJ 05/09/2016.

A regularização do loteamento antes do oferecimento da denúncia afasta a existência de dolo do agente e, por consequência, a conduta delituosa. AgRg no AgRg no AREsp 1699623/GO, Rel. Min. Reynaldo Fonseca, DJe 27/11/2020.

3. **Competência** – A jurisprudência discute a competência em casos em que a terra parcelada é da União. Não há ainda uma corrente majoritária, havendo acórdãos que reconhecem o interesse da União e outros que o afastam, diante da tutela da ordem urbana.

► **Aplicação pelo STJ.**

O descumprimento à norma do Registro Público no caso do parcelamento do solo reclama o interesse local, independentemente da titularidade do domínio, a não ser que demonstrado nos autos o interesse da União para efeito de firmar a competência federal. HC 39670/RO, Rel. Min. José Arnaldo da Fonseca, DJ 07/03/2005, CC 34476/DF, Rel. Min. Gilson Dipp, DJ 26/08/2002.

Parágrafo único. O **crime** definido neste artigo **é qualificado, se cometido:**

I – **por meio de venda**, promessa de venda, reserva de lote ou quaisquer **outros instrumentos que manifestem a intenção de vender lote** em loteamento ou desmembramento não registrado no Registro de Imóveis competente;

II – com **inexistência de título legítimo de propriedade** do imóvel loteado ou desmembrado, ressalvado o disposto no art. 18, §§ 4º e 5º, desta Lei, ou com omissão fraudulenta de fato a ele relativo, se o fato não constituir crime mais grave. (Redação dada pela Lei nº 9.785, 29.1.99)

Pena: Reclusão, de 1 (um) a 5 (cinco) anos, e multa de 10 (dez) a 100 (cem) vezes o maior salário mínimo vigente no País.

1. **Norma penal em branco. Aplicação pelo STJ**. Os tipos previstos no art. 50 estão integralmente definidos, dispensando complementação por meio de outro ato normativo. Sendo assim, tem aplicação imediata, como já decidido pelo STJ, HC 38609/MG, Rel. Min. Nilson Naves, DJ 01/07/2005.

2. **Atipicidade**. **Aplicação pelo STF**. Não se configura o delito penal quando, apesar de não haver o título de propriedade, o loteamento é realizado por Ente Público que está promovendo a desapropriação do bem, na forma do art. 18, §§4º e 5º, como já decidido no HC 74725/RS, Rel. Min. Sepúlveda Pertence, DJ 22/08/97).

Aplicação em concurso

- *MPE-SC **Prova**: Instituto Consulplan - 2019 - MPE-SC - Promotor de Justiça - Vespertina*

  É vedado vender ou prometer vender parcela de loteamento ou desmembramento não registrado, sendo que constitui crime qualificado dar início, de qualquer modo, ou efetuar parcelamento do solo para fins urbanos, por meio de venda, promessa de venda, reserva de lote ou quaisquer outros instrumentos que manifestem a intenção de vender lote em loteamento ou desmembramento não registrado no Registro de Imóveis competente.

- **Certo**
- **Errado**

  Gabarito: A afirmativa está errada. A venda é qualificadora, mas o crime é de implantar loteamento, não vende-lo. Não pode o mesmo ato ser a conduta criminosa e a qualificadora.

- *Cespe – Procurador Municipal – Pref. de João Pessoa – PB/2018*

  O ministério público local tomou conhecimento do loteamento irregular de determinada área para fins urbanos. O parquet constatou que o loteamento não possuía autorização do órgão público competente e estava em desacordo com as normas do município.

  Nesse caso, o responsável pelo loteamento irregular cometeu crime contra a administração pública, que, de acordo com a Lei n° 6.766/1979, será qualificado se tiver sido cometido

A) por agente público no exercício de suas funções.

B) pela definição de lotes de área inferior a 80 m2.

C) para venda de lote sem registro no cartório de registro de imóveis competente.

D) em área de preservação ambiental sujeita a regime especial de uso.

E) em área de reserva legal averbada na matrícula do imóvel.

Gabarito: letra C

- *VUNESP – 2016 – .TJ-SP.Titular de Notas e Registros – Remoção.*

  "Com referência à lei do parcelamento do solo, assinale a alternativa correta.

a) Nos crimes previstos na lei do parcelamento do solo podem figurar como sujeitos ativos apenas o proprietário da área, o loteador, seu mandatário, diretor ou gerente de sociedade, e o oficial registrador

b) Os crimes previstos na lei do parcelamento do solo admitem a forma qualificada

c) Fazer afirmação falsa sobre a legalidade de loteamento ou desmembramento do solo para fins urbanos, ou ocultar fraudulentamente fato a ele relativo, é crime contra a fé pública

d) O oficial de registro de imóveis que, por negligência no cumprimento dos deveres do seu cargo, registrar loteamento não aprovado pelos órgãos competentes, responderá culposamente por crime previsto na lei de parcelamento do solo"

Gabarito: letra B

Art. 51. Quem, de qualquer modo, **concorra para a prática dos crimes** previstos no artigo anterior desta Lei **incide nas penas** a estes cominadas, considerados em especial os **atos praticados na qualidade de mandatário de loteador, diretor ou gerente de sociedade**.

Parágrafo único. (VETADO) (Incluído pela Lei nº 9.785, 29.1.99)

1. **Regularidade do loteamento** – O parágrafo único, vetado pela Presidência da República, afastava expressamente a tipicidade nos casos em que o loteamento era regularizado antes do oferecimento da denúncia. Tal decisão se deu por base no magistério do Min. Paulo Costa Leite que definia os crimes capitulados por esta lei como crimes formais, vez que cometidos contra a Administração Pública. Em assim sendo, irrelevante para a caracterização do delito sua materialidade.

► **Aplicação pelo STJ.**

Hoje, a jurisprudência do STJ se consolidou no sentido de reconhecer tal atipicidade. O Direito Penal funciona, assim, como instrumento intimidador das condutas delituosas, conforme o decidido no HC56726/SP, Rel. Min. Gilson Dipp, DJ 01/08/2006.

Art. 52. Registrar loteamento ou desmembramento **não aprovado** pelos órgãos competentes, **registrar o compromisso de compra e venda**, a cessão ou promessa de cessão de direitos, ou efetuar registro de contrato de venda de loteamento ou desmembramento não registrado.

Pena: Detenção, de 1 (um) a 2 (dois) anos, e multa de 5 (cinco) a 50 (cinquenta) vezes o maior salário mínimo vigente no País, sem prejuízo das sanções administrativas cabíveis.

Aplicação em concurso

- *MPE-BA – 2018 – MPE-BA- Promotor de Justiça Substituto*

  "Sobre a Lei nº 6.766/79, que "Dispõe sobre o Parcelamento do Solo Urbano e dá outras Providências", são corretas as afirmações abaixo, exceto:

  a) É considerado crime contra a Administração Pública, dar início, de qualquer modo, ou efetuar loteamento ou desmembramento do solo para fins urbanos, sem autorização do órgão público competente, ou em desacordo com as disposições desta Lei ou das normas pertinentes do Distrito Federal, Estados e Municípios.

  b) Não constitui crime registrar loteamento ou desmembramento não aprovado pelos órgãos competentes, registrar o compromisso de compra e venda, a cessão ou promessa de cessão de direitos, ou efetuar registro de contrato de venda de loteamento ou desmembramento não registrado, mas poderá configurar infração administrativa

  c) Considera-se loteamento a subdivisão de gleba em lotes destinados a edificação, com abertura de novas vias de circulação, de logradouros públicos ou prolongamento, modificação ou ampliação das vias existentes.

  d) Considera-se desmembramento a subdivisão de gleba em lotes destinados a edificação, com aproveitamento do sistema viário existente, desde que não implique na abertura de novas vias e logradouros públicos, nem no prolongamento, modificação ou ampliação dos já existentes.

  e) Constitui loteamento de acesso controlado a modalidade de loteamento cujo controle de acesso será regulamentado por ato do poder público Municipal, sendo vedado o impedimento de acesso a pedestres ou a condutores de veículos, não residentes, devidamente identificados ou cadastrados."

  Gabarito: letra B

Capítulo X
Disposições Finais

Art. 53. Todas as **alterações de uso do solo rural** para fins urbanos **dependerão de prévia audiência do** Instituto Nacional de Colonização e Reforma Agrária – **INCRA**, do Órgão Metropolitano, se houver, onde se localiza o Município, e da **aprovação da Prefeitura Municipal**, ou do Distrito Federal quando for o caso, segundo as exigências da legislação pertinente.

1. **Zona cinzenta**. Todo o município tem uma região de transição entre a área urbana e a rural, caracterizada ou não como zona de expansão urbana. A alteração definitiva da área rural para urbana depende do acompanhamento da Prefeitura e do INCRA para sua adequada regularização e posterior parcelamento.

Art. 53-A. São **considerados de interesse público** os parcelamentos vinculados a planos ou **programas habitacionais** de iniciativa das Prefeituras Municipais e do Distrito Federal, ou entidades autorizadas por lei, em especial as regularizações de parcelamentos e de assentamentos. (Incluído pela Lei nº 9.785, 29.1.99)

Parágrafo único. Às ações e intervenções de que trata este artigo **não será exigível documentação que não seja a mínima necessária e indispensável** aos registros no cartório competente, inclusive sob a forma de certidões, vedadas as exigências e as sanções pertinentes aos particulares, especialmente aquelas que visem garantir a realização de obras e serviços, ou que visem prevenir questões de domínio de glebas, que se presumirão asseguradas pelo Poder Público respectivo." (Incluído pela Lei nº 9.785, 29.1.99)

1. **Flexibilização na documentação.** A lei, no intuito de fomentar os empreendimentos vinculados a programas habitacionais, dispensa documentação que não seja essencial para efetivar o registro público do imóvel.

► **Aplicação pelo STJ.**

A jurisprudência do STJ reforça o interesse público envolvido em programas habitacionais, na forma prevista no art. 53-A, para reconhecer a legitimidade ativa do Ministério Público em ações coletivas que contestam contratos de compra e venda de imóveis, como exposto no REsp 1192281,Min. Nancy Andrigui, DJ 25/11/2015.

Art. 54. Esta Lei entrará em vigor na data de sua publicação.

Estatuto da Cidade – Lei nº 10.257/2001

Capítulo I
Diretrizes Gerais

Art. 1º. Na **execução da política urbana**, de que tratam os arts. 182 e 183 da Constituição Federal, será aplicado o previsto nesta Lei.

Parágrafo único. Para todos os efeitos, esta Lei, **denominada Estatuto da Cidade, estabelece normas de ordem pública** e interesse social que **regulam o uso da propriedade urbana** em prol do bem coletivo, da segurança e do bem–estar dos cidadãos, bem como do equilíbrio ambiental.

1. **Previsão Constitucional**. A Lei 10257/01 veio regulamentar o art. 182, trazendo as diretrizes gerais da política urbana, em especial do uso da propriedade urbana. A ocupação do solo urbano deverá observar o interesse da coletividade e a preservação ao meio-ambiente. As normas aqui previstas são de ordem pública, intransacionáveis por particulares.

2. **Estatuto da Cidade**. A Lei 10257/01 traz normas gerais e instrumentos jurídicos úteis na ordenação do espaço urbano. Este diploma legal é mais amplo que a Lei 6766/79 que aborda apenas o parcelamento do solo urbano. Aqui haverá normas sobre planejamento urbano, sobre exercício do direito de construir e zoneamento, sistematizando e inovando as regras urbanísticas até então vigentes em nosso ordenamento.

Aplicação em concurso

- *Quadrix - 2020 - IDURB - Analista de Desenvolvimento Urbano e Fundiário - Arquiteto e Urbanista*

  De acordo com a Lei n.º 10.257/2001 (Estatuto da Cidade) e a Lei n.º 11.977/2009 (MCMV), julgue o item.

A Lei n.º 10.257/2001, conhecida como Estatuto da Cidade, define normas públicas e de interesse social que ajustam o uso da propriedade urbana e rural, visando ao bem coletivo, à segurança e ao bem-estar dos cidadãos, bem como ao equilíbrio social.

- Certo
- Errado

Gabarito: Errado, o art. 1º fala em equilíbrio ambiental e não social.

- *IBEG – IPREV – Procurador Previdenciário – 2017*

Sobre as diretrizes gerais do Estatuto da Cidade, Lei 10.257/01, que estabelece diretrizes gerais da política urbana, dentre outras providências, analise as assertivas abaixo e indique a alternativa correta.

I - Para todos os efeitos, o Estatuto da Cidade, estabelece normas de ordem pública e interesse social que regulam o uso da propriedade urbana em prol do bem coletivo, da segurança e do bem-estar dos cidadãos, bem como do equilíbrio ambiental;

II - A política urbana tem por objetivo ordenar o pleno desenvolvimento das funções sociais da cidade e da propriedade urbana, mediante, dentre outros, a garantia do direito a cidades sustentáveis, entendido como o direito à terra urbana, à moradia, ao saneamento ambiental, à infraestrutura urbana, ao transporte e aos serviços públicos, ao trabalho e ao lazer, para os presentes e futuras gerações;

III - A política urbana tem por objetivo ordenar o pleno desenvolvimento das funções sociais da cidade e da propriedade urbana, mediante, dentre outros, a gestão democrática por meio da participação da população e de associações representativas dos vários segmentos da comunidade na formulação, execução e acompanhamento de planos, programas e projetos de desenvolvimento urbano;

IV - A política urbana tem por objetivo ordenar o pleno desenvolvimento das funções sociais da cidade e da propriedade urbana, mediante, dentre outros, ordenação e controle do uso do solo, de forma a evitar a retenção especulativa de imóvel urbano, que resulte na sua subutilização ou não utilização;

a) apenas as assertivas I, II e III são verdadeiras.

b) apenas as assertivas II e III são verdadeiras.

c) apenas as assertivas I e IV são verdadeiras.

d) apenas as assertivas I, II e IV são verdadeiras.

e) todas as assertivas são verdadeiras.

Gabarito: letra E

- *IBFC – AGERBA- Especialista em Regulação – 2017*

  Tomando por base as disposições expressas e precisas da lei federal nº 10.257, de 10/07/2001, assinale a alternativa correta sobre suas diretrizes gerais.

a) Para todos os efeitos, a referida lei, denominada Estatuto da Cidade, estabelece normas de ordem pública e interesse social que regulam o uso da propriedade urbana em prol do bem coletivo, da segurança e do bem estar dos cidadãos, bem como do equilíbrio ambiental

b) Para todos os efeitos, a referida lei, denominada Estatuto Urbano da Cidade, estabelece normas de ordem privada e interesse comercial que regulam o uso da propriedade urbana em prol do bem coletivo, da segurança e do bem-estar dos cidadãos, bem como do equilíbrio ambiental

c) Para todos os efeitos, a referida lei, denominada Estatuto da Cidade, estabelece normas de ordem pública e interesse social que regulam o uso da propriedade urbana e rural em prol do bem particular, da segurança e do bem-estar dos cidadãos, bem como do equilíbrio ambiental

d) Para todos os efeitos, a referida lei, denominada Estatuto Urbano da Cidade, estabelece normas de ordem pública e privada e interesse comercial que regulam o uso da propriedade urbana em prol do bem coletivo, da segurança e do bem-estar dos cidadãos, bem como do equilíbrio ambiental

e) Para todos os efeitos, a referida lei, denominada Estatuto da Cidade, estabelece normas de ordem pública e interesse social que regulam o uso da propriedade urbana e rural em prol do bem coletivo, da segurança e do bem-estar dos cidadãos, bem como do equilíbrio ambiental

Gabarito: letra A

- *FAU – 2016 – Prefeitura de Chopinzinho – PR – Procurador Municipal*

  "A Lei 10.257, de 10 de julho de 2001 regulamenta o capítulo "Política Urbana" da Constituição Federal, detalhando e desenvolvendo os artigos 182 e 183. Seu objetivo é garantir o direito à cidade como um dos direitos fundamentais da pessoa humana, para que todos tenham acesso às oportunidades que a vida urbana oferece. Esta lei é conhecida como:

a) Estatuto da Cidade

b) Plano Diretor

c) Plano Plurianual

d) Lei de Diretrizes Orçamentárias

e) Lei Orçamentária Anual"

Gabarito: letra A

Art. 2º. A **política urbana** tem por objetivo **ordenar** o pleno desenvolvimento das **funções sociais da cidade e da propriedade urbana**, mediante as **seguintes diretrizes gerais**:

I – garantia do **direito a cidades sustentáveis**, entendido como o direito à terra urbana, à **moradia, ao saneamento ambiental**, à infra-estrutura urbana, ao **transporte e aos serviços públicos, ao trabalho e ao lazer**, para as **presentes e futuras gerações**;

II – **gestão democrática** por meio da participação da população e de associações representativas dos vários segmentos da comunidade na formulação, execução e acompanhamento de planos, programas e projetos de desenvolvimento urbano;

III – **cooperação entre os governos, a iniciativa privada** e os demais setores da sociedade no processo de urbanização, em atendimento ao interesse social;

IV – **planejamento** do desenvolvimento das cidades, da distribuição espacial da população e das atividades econômicas do Município e do território sob sua área de influência, de modo a evitar e corrigir as distorções do crescimento urbano e seus efeitos negativos sobre o meio ambiente;

V – **oferta de equipamentos urbanos e comunitários**, transporte e serviços públicos adequados aos interesses e necessidades da população e às características locais;

VI – ordenação e **controle do uso do solo**, de forma a **evitar**:

a) a **utilização inadequada** dos imóveis urbanos;

b) a proximidade de **usos incompatíveis ou inconvenientes**;

c) o **parcelamento do solo, a edificação ou o uso excessivos** ou inadequados em relação à infra-estrutura urbana;

d) a instalação de empreendimentos ou atividades que possam funcionar como pólos geradores de tráfego, sem a previsão da infra-estrutura correspondente;

e) a **retenção especulativa de imóvel urbano**, que resulte na sua subutilização ou não utilização;

f) a **deterioração das áreas urbanizadas**;

g) a **poluição e a degradação ambiental**;

h) a **exposição da população a riscos de desastres naturais**; (Incluído pela Lei 12608, de 2012).

VII – integração e **complementaridade entre as atividades urbanas e rurais**, tendo em vista o desenvolvimento socioeconômico do Município e do território sob sua área de influência;

VIII – adoção de **padrões de produção e consumo de bens e serviços e de expansão urbana** compatíveis com os limites da sustentabilidade ambiental, social e econômica do Município e do território sob sua área de influência;

IX – **justa distribuição dos benefícios e ônus decorrentes do processo de urbanização;**

X – **adequação dos instrumentos de política econômica**, tributária e financeira e dos gastos públicos aos objetivos do desenvolvimento urbano, de modo a privilegiar os investimentos geradores de bem-estar geral e a fruição dos bens pelos diferentes segmentos sociais;

XI – **recuperação dos investimentos do Poder Público** de que tenha resultado a valorização de imóveis urbanos;

XII – proteção, preservação e **recuperação do meio ambiente natural e construído**, do patrimônio cultural, histórico, artístico, paisagístico e arqueológico;

XIII – **audiência do Poder Público municipal e da população interessada** nos processos de implantação de empreendimentos ou atividades com efeitos potencialmente negativos sobre o meio ambiente natural ou construído, o conforto ou a segurança da população;

XIV – **regularização fundiária e urbanização de áreas ocupadas por população de baixa renda** mediante o estabelecimento de normas especiais de urbanização, uso e ocupação do solo e edificação, consideradas a situação socioeconômica da população e as normas ambientais;

XV – **simplificação da legislação de parcelamento, uso e ocupação do solo** e das normas edilícias, com vistas a permitir a redução dos custos e o aumento da oferta dos lotes e unidades habitacionais;

XVI – **isonomia de condições para os agentes públicos e privados** na promoção de empreendimentos e atividades relativos ao processo de urbanização, atendido o interesse social.

XVII – **estímulo à utilização**, nos parcelamentos do solo e nas edificações urbanas, **de sistemas operacionais, padrões construtivos e aportes tecnológicos que objetivem a redução de impactos ambientais** e a economia de recursos naturais. (Incluído pela Lei nº 12.836, de 2013)

XVIII – **tratamento prioritário** às obras e edificações de infraestrutura de **energia, telecomunicações, abastecimento de água e saneamento**. (Incluído pela Lei nº 13.116, de 2015)

XIX – garantia de condições condignas de acessibilidade, utilização e conforto nas dependências internas das edificações urbanas, inclusive nas destinadas à moradia e ao serviço dos trabalhadores domésticos, observados requisitos mínimos de dimensionamento, ventilação, iluminação, ergonomia, privacidade e qualidade dos materiais empregados. (Incluído pela Lei nº 13.699, de 2018)

1. **Diretrizes gerais.** Os objetivos aqui traçados são o esqueleto da política urbana que se visa implantar nas cidades brasileiras. Com elas, busca-se potencializar as funções da cidade, alcançando um equilíbrio entre elas. É a materialização do direito a uma cidade sustentável, respeitando a função social da propriedade urbana, prevista no art. 182, § 2º, CRFB.

   Os parâmetros aqui definidos são vetores de interpretações das normas urbanísticas e modelos a serem testados na análise da ação administrativa.

2. **Função social da cidade.** O artigo inovou ao reconhecer à cidade uma função social, que não se limita à propriedade imobiliária. A cidade é vista como uma unidade, cujos integrantes são as inúmeras propriedades que devem ser ocupadas e exploradas em respeito às necessidades e possibilidades da urbe.

3. **Lei 13.116/2015**. O diploma legal incluiu dentre as diretrizes as obras estruturais para a prestação de serviços públicos de telefonia, energia elétrica, água e saneamento. Tais intervenções são fundamentais para garantir aos cidadãos as funções primordiais da cidade.

Aplicação em concurso:

- *MPE-SP - 2019 - MPE-SP - Promotor de Justiça Substituto*

  A política urbana tem por objetivo ordenar o pleno desenvolvimento das funções sociais da cidade e da propriedade urbana, mediante várias diretrizes gerais fixadas pela legislação específica.

  Assinale a alternativa que **NÃO** se qualifica como uma das diretrizes gerais.

(a) Priorização de condições para os agentes públicos na promoção de empreendimentos e atividades relativos ao processo de urbanização, atendido o interesse social.

(b) Planejamento do desenvolvimento das cidades, da distribuição espacial da população e das atividades econômicas do Município e do território sob sua área de influência, de modo a evitar e corrigir as distorções do crescimento urbano e seus efeitos negativos sobre o meio ambiente.

(c) Gestão democrática por meio da participação da população e de associações representativas dos vários segmentos da comunidade na formulação, execução e acompanhamento de planos, programas e projetos de desenvolvimento urbano.

(d) Proteção, preservação e recuperação do meio ambiente natural e construído, do patrimônio cultural, histórico, artístico, paisagístico e arqueológico.

(e) Adequação dos instrumentos de política econômica, tributária e financeira e dos gastos públicos aos objetivos do desenvolvimento urbano, de modo a privilegiar os investimentos geradores de bem-estar geral e a fruição dos bens pelos diferentes segmentos sociais.

Gabarito: letra A

- *FUNDEP (Gestão de Concursos) - 2019 - Prefeitura de Lagoa Santa - MG - Procurador da Fazenda*

São diretrizes gerais de política urbana previstas na Lei Federal nº 10.257/2001, também conhecida como Estatuto das Cidades, exceto:

(a) Gestão democrática por meio da participação da população e de associações representativas dos vários segmentos da comunidade na formulação, execução e acompanhamento de planos, programas e projetos de desenvolvimento urbano.

(b) Integração e complementaridade entre as atividades econômicas e financeiras, tendo em vista o desenvolvimento socioambiental do município e do território sob sua área de influência.

(c) Cooperação entre os governos, a iniciativa privada e os demais setores da sociedade no processo de urbanização, em atendimento ao interesse social.

(d) Planejamento do desenvolvimento das cidades, da distribuição espacial da população e das atividades econômicas do município e do território sob sua área de influência, de modo a evitar e corrigir as distorções do crescimento urbano e seus efeitos negativos sobre o meio ambiente.

Gabarito: letra B

- *Itame - 2019 - Prefeitura de Senador Canedo - GO - Procurador Municipal*

Marque a única alternativa abaixo que não contem as diretrizes gerais traçadas pelo Estatuto das Cidades que devem estar na política urbana como forma de ordenar o pleno desenvolvimento das funções sociais da cidade e da propriedade urbana.

(a) Ordenação e controle do uso do solo, de forma a evitar a utilização inadequada dos imóveis urbanos.

(b) Proteção da propriedade privada contra invasões de terceiros

(c) Cooperação entre os governos, a iniciativa privada e os demais setores da sociedade no processo de urbanização, em atendimento ao interesse social.

(d) Justa distribuição dos benefícios e ônus decorrentes do processo de urbanização.

Gabarito: letra B

- *FAFIPA - 2020 - Prefeitura de Arapongas - PR - Arquiteto*

  Segundo a Lei do Estatuto das Cidades, a política urbana tem por objetivo ordenar o pleno desenvolvimento das funções sociais da cidade e da propriedade urbana, mediante as seguintes diretrizes gerais abaixo, EXCETO:

(a) Garantia do direito à cidades sustentáveis, entendido como o direito à terra urbana, à moradia, ao saneamento ambiental, à infraestrutura urbana, ao transporte e aos serviços públicos, ao trabalho e ao lazer, para as presentes e futuras gerações.

(b) Gestão democrática por meio da participação da população e de associações representativas dos vários segmentos da comunidade na formulação, execução e acompanhamento de planos, programas e projetos de desenvolvimento urbano

(c) Planejamento do desenvolvimento das cidades, da distribuição pontual da população e das atividades econômicas do Município e do território sob sua área de influência, de modo a evitar e corrigir as distorções do crescimento urbano e seus efeitos negativos sobre o meio ambiente.

(d) Integração e complementaridade entre as atividades urbanas e rurais, tendo em vista o desenvolvimento socioeconômico do Município e do território sob sua área de influência.

(e) Adoção de padrões de produção e consumo de bens e serviços e de expansão urbana compatíveis com os limites da sustentabilidade ambiental, social e econômica do Município e do território sob sua área de influência.

Gabarito: letra C

- *FUMARC – 2018 - COPASA – Analista de saneamento – Engenheiro Meio Ambiente*

  "A Lei 10257/2001, conhecida como Estatuto das Cidades, ao estabelecer as diretrizes gerais da política urbana, utiliza entre seus instrumentos para o planejamento municipal, **EXCETO:**

a) Garantia do direito a cidades sustentáveis.

b) Gestão orçamentária participativa.

c) Plano Diretor.

d) Zoneamento Ambiental.

Gabarito: letra A

- *Vunesp/DPE/RO/Defensor/2017)*

  São diretrizes gerais da política urbana, como previsto no Estatuto da Cidade:

a) tratamento prioritário às obras e edificações públicas e privadas que tenham o potencial de geração de empregos à população.

b) garantia do direito a um planeta sustentável, entendido como o direito de todos à terra urbana e rural, à moradia, ao saneamento ambiental, à infra-estrutura, ao transporte e aos serviços públicos para as presentes e futuras gerações.

c) prioridade de condições para os agentes públicos na promoção de empreendimentos e atividades relativos ao processo de urbanização, atendido o interesse social.

d) oferta de equipamentos urbanos e comunitários, transporte e serviços públicos adequados aos interesses e necessidades da população e às características locais.

e) adequação dos instrumentos de política partidária, econômica, tributária e financeira e dos gastos públicos aos objetivos do desenvolvimento urbano, de modo a privilegiar os investimentos geradores de bem-estar geral e a fruição dos bens pelos segmentos sociais menos favorecidos economicamente.

Gabarito: letra D

- *CPCON – Advogado – Prefeitura de Patos-PB-2017*

Segundo o artigo 2º da Lei nº 10.257/01 (que regulamenta os artigos 182 e 183 da Constituição Federal), "a política urbana tem por objetivo ordenar o pleno desenvolvimento das funções sociais da cidade e da propriedade urbana, mediante as seguintes diretrizes gerais":

a) Garantia do direito a cidades sustentáveis, entendido como o direito à terra urbana, à moradia, ao saneamento ambiental, à infra-estrutura urbana, ao transporte e aos serviços públicos, ao trabalho e ao lazer, para as presentes e futuras gerações.

b) Gestão democrática por meio da participação da população, conselhos municipais e de associações representativas dos vários segmentos da comunidade na formulação, elaboração, execução e acompanhamento direto de planos, programas e projetos de desenvolvimento urbano.

c) Convênio, parceria e cooperação entre os governos, a iniciativa privada e os demais setores da sociedade no processo de urbanização, em atendimento ao interesse social.

d) Formulação, elaboração e planejamento do desenvolvimento das cidades, da distribuição espacial da população e das atividades econômicas do Município e do território sob sua área de influência, de modo a evitar e corrigir as distorções do crescimento urbano e seus efeitos negativos sobre o meio ambiente.

e) Formulação, elaboração e planejamento do desenvolvimento das cidades, da distribuição espacial da população e das atividades econômicas do Município sob sua área de influência, de modo a evitar as distorções do crescimento urbano e seus efeitos negativos sobre o meio ambiente.

Gabarito: letra A

4. **Direito às gerações futuras.** O que se pretende com a lei é regulamentar a presente ocupação do solo urbano para possibilitar às gerações futuras o conforto que uma cidade estruturada e bem planejada oferece aos seus moradores.

   O planejamento expressamente envolve atividades econômicas, serviços públicos e tratamento às questões sociais, ultrapassando os limites geográficos do município. É preciso estudar também os limites entre as cidades, de modo a melhor orientar o fenômeno da conurbação, a continuidade geográfica entre duas ou mais cidades.

5. **Gestão democrática.** A Lei 10257/01 preza pela oitiva dos moradores da cidade, de suas associações e demais segmentos da sociedade na definição das prioridades urbanas e no comprometimento com o bem-estar social. A união também se dá em âmbito governamental, com a participação dos três níveis da federação no planejamento do desenvolvimento da cidade.

6. **Uso do solo urbano.** A lei prevê como diretriz o uso adequado e compatível dos imóveis, evitando-se não apenas o sub-uso e a retenção especulativa, mas também o uso excessivo da terra que leve à sobrecarga da estrutura urbana ou à geração de passivo ambiental. São elencadas diversas situações que devem ser evitadas, vedações cuja eficácia é imediata, independentes de futura regulamentação.

   Nesse passo, a Lei 12608/2012 acrescentou a alínea h ao inciso VI deste artigo para alertar sobre os riscos de submissão da população urbana a desastres naturais. O planejamento urbano deve, assim, estar atento a este perigo que atinge muitas cidades brasileiras sujeitas a acidentes naturais decorrentes da inadequada urbanização destaque dado pela inserção do inciso XVII no art. 2º, determinando o estímulo à adoção de padrões construtivos que reduzam os impactos ambientais.

7. **Repartição dos investimentos urbanos.** A lei traz a urbanização como uma tarefa comum da sociedade e do Poder Público, este representado nas três esferas da federação. Por isso, defende a repartição de ônus e bônus, prevendo instrumentos jurídicos hábeis à recuperação do capital investido pelo Poder Público, tais como a contribuição de melhoria e a desapropriação por zona.

8. **Preservação cultural e natural.** No mesmo passo que se promove o desenvolvimento da cidade, deve-se vigiar a preservação do patrimônio cultural, de modo a conservar as construções de valor histórico-cultural e sua convivência com o ambiente natural.

9. **Acesso à moradia.** Todo processo de urbanização deve viabilizar o maior número possível de moradias sustentáveis, compatíveis com o habitat dos munícipes. Para tanto, é preciso que os parâmetros urbanísticos viabilizem a regularização de casas da população de baixa renda, permitindo sua integração ao tecido urbano. A regularização fundiária permite a conversão de situações fáticas em direitos reconhecidos, conferindo à população estabilidade em suas moradias.
10. **Lei 13.465/2017** – O texto legal cria a figura da regularização fundiária urbana, regulamentando o instituto a partir de seu art. 9º. Altera ainda diversos diplomas legais hoje em vigor, todos atinentes a imóveis, sua ocupação e transferência de direitos sobre eles incidentes.
11. **Estatuto da Metrópole.** A Lei 13089/2015, que instituiu o Estatuto da Metrópole, estabelece que as diretrizes aqui referidas devem ser observadas pela governança interfederativa das regiões metropolitanas. Elenca, ainda, em seu art. 7º, outras diretrizes gerais a serem acrescidas as aqui comentadas.
12. **Lei 13.699/2018 –** O inciso XIX foi incluído para estabelecer como diretriz garantia de condições dignas nas edificações urbanas, inclusive nas destinadas à moradia, abrangendo ainda os espaços destinados aos empregados domésticos. Aborda aspectos como ventilação, dimensões, iluminação, questões que devem ser tratadas no código de obras da cidade.

Aplicação em concurso

- *IBFC – AGERBA – Especialista em Regulação – 2017*

Tomando por base as disposições expressas e precisas da lei federal nº 10.257, de 10/07/2001, assinale a alternativa INCORRETA sobre as diretrizes gerais da política urbana.

a) Inclui-se a ordenação e controle do uso do solo, de forma a evitar a retenção especulativa de imóvel urbano, que resulte na sua subutilização ou não utilização

b) Inclui-se a ordenação e controle do uso do solo, de forma a evitar a proximidade de usos incompatíveis ou inconvenientes

c) Inclui-se a integração e complementaridade entre as atividades urbanas e rurais, tendo em vista o desenvolvimento socioeconômico do Município e do território sob sua área de influência

d) Não se inclui a regularização fundiária

e) Inclui-se o tratamento prioritário às obras e edificações de infraestrutura de energia, telecomunicações, abastecimento de água e saneamento

Gabarito: letra D

- *UFPA – Assistente Social – 2017*

  A Lei nº 10.257 de 2001 estipulou as diretrizes gerais para a execução da política urbana, que tem por objetivo ordenar o pleno desenvolvimento das funções sociais da cidade e da propriedade urbana. UMA dessas diretrizes é a seguinte:

  a) participação das associações representativas dos vários segmentos da comunidade na gestão da política urbana, por meio de formulação, execução e acompanhamento de planos, programas e projetos de desenvolvimento urbano, podendo haver, excepcionalmente, participação da população, observados os requisitos legais

  b) estímulo à utilização, nos parcelamentos do solo e nas edificações urbanas, de sistemas operacionais, padrões construtivos e aportes tecnológicos, salvo os casos em que a redução de impactos ambientais e a economia de recursos naturais estejam caracterizadas como objetivo do projeto. Vunesp

  c) planejamento do desenvolvimento das cidades, da distribuição espacial da população e das atividades econômicas do município, bem como do território sob sua área de influência, de modo a evitar e corrigir as distorções do crescimento urbano e seus efeitos negativos sobre o meio ambiente.

  d) regularização fundiária e urbanização de áreas ocupadas por população de renda alta, visando a reforma agrária, mediante o estabelecimento de normas especiais de urbanização, uso e ocupação do solo e de edificação, consideradas as normas ambientais e a situação socioeconômica da população.

  e) cooperação entre os governos, a iniciativa privada e os demais setores da sociedade no processo de urbanização, com vistas ao interesse do Estado, bem como proteção, preservação e recuperação do meio ambiente natural e construído, do patrimônio cultural, histórico, artístico, paisagístico e arqueológico.

  Gabarito: letra C

► **Aplicação pelo STJ.**

As diretrizes previstas no art. 2º já fundamentaram julgados do STJ no intuito de autorizar demolições, afastar desafetações e ocupações privadas de bens públicos de uso comum e anular licenças de construir, como veremos a seguir:

A Corte determinou a demolição de construção erigidas em área de preservação permanente, nas margens de rio, suscitando como um dos fundamentos o direito às cidades sustentáveis – art. 2º, I, Lei 10257/01. REsp 1782692/PB, Rel. Min. Herman Benjamin, DJe 05/11/2019.

A diretriz de cidades sustentáveis e gerações futuras também lastreou o entendimento firmado da impossibilidade de ocupação privada irregular de área pública por trailers e quiosques em calçadas. REsp 1846075/DF, Rel. Min. Herman Benjamin, DJe 18/05/2020.

De igual modo, a diretriz prevista no art. 2º, XII – proteção, preservação e recuperação do meio ambiente natural e construído – foi um dos fundamentos para admitir a invalidação de licença de construir concedida com diversos vícios, esses reconhecidos pela própria Prefeitura, dentre eles a desconsideração sobre o impacto sobre paisagem natural e de trânsito do empreendimento inicialmente licenciado, aplicando a Súmula 473 do STF. REsp 1820792/RN, Rel. Min. Herman Benjamin, DJe 22/10/2020.

No julgamento do REsp 1135807/RS, o STJ não admitiu a desafetação de bem público de uso comum do povo – praça – para construção de edifício governamental, diante do desrespeito ao planejamento urbano, previsto no art. 2, IV, Lei 10257/01.

Art. 3º. Compete à União, entre outras atribuições de interesse da política urbana:

I – legislar sobre **normas gerais de direito urbanístico**;

II – legislar sobre **normas para a cooperação** entre a União, os Estados, o Distrito Federal e os Municípios em relação à política urbana, tendo em vista o equilíbrio do desenvolvimento e do bem–estar em âmbito nacional;

III – promover, por iniciativa própria e em conjunto com os Estados, o Distrito Federal e os Municípios, programas de construção de moradias e melhoria das condições habitacionais, de saneamento básico, das calçadas, dos passeios públicos, do mobiliário urbano e dos demais espaços de uso público; (Redação dada pela Lei nº 13.146, de 2015)

IV – instituir diretrizes para desenvolvimento urbano, inclusive habitação, saneamento básico, transporte e mobilidade urbana, que incluam regras de acessibilidade aos locais de uso público; (Redação dada pela Lei nº 13.146, de 2015)

V – elaborar e executar **planos nacionais e regionais de ordenação** do território e de desenvolvimento econômico e social.

1. **Competências administrativa e legislativa federal**. O artigo apenas repete o já estabelecido em texto constitucional nos arts. 21, XX, 23, IX, parágrafo único e 24, I, todos da CRFB.

2. **Lei 13146/2015.** O diploma legal ampliou as intervenções a serem promovidas pela União, incluindo a urbanização dos espaços públicos, com implantação das calçadas e mobiliário urbano que viabilizem a circulação das pessoas.

Alterou ainda a redação do parágrafo quarto para inserir a necessidade de viabilizar acesso aos locais públicos.

Aplicação em concurso

- *COPESE – UFT – 2016 – Prefeitura de Palmas – TO – Procurador Municipal*

"O Direito Urbanístico trouxe proposições que o ordenaram de forma científica perante o Direito, trazendo unidade em seu contexto. Analise as afirmativas a seguir em relação aos princípios e institutos.

I. Direito Urbanístico, como ciência jurídica, é conceituado como um ramo do Direito Público que tem por objeto normas e atos que visam à harmonização das funções do meio ambiente urbano, na busca pela qualidade de vida da coletividade.

II. A Contribuição de Melhoria é uma aplicação concreta do Princípio da cooperação entre os setores público e privado no Direito Urbanístico.

III. O sistema constitucional brasileiro estabelece o Princípio da autonomia e delega a competência aos municípios, tanto para estabelecer a Política de Desenvolvimento Urbano, como para legislar sobre normas gerais de Direito Urbanístico.

IV. A atividade urbanística se constitui a essência do Direito Urbanístico, por ser por ele regulamentada e disciplinada. Porém, o Direito Urbanístico que tem seus preceitos incidentes sobre a urbana, também estende a incidência sobre as áreas rurais. "

Indique a alternativa **CORRETA**.

a) Todas as afirmativas estão corretas.
b) Apenas as afirmativas I e IV estão corretas.
c) Apenas as afirmativas II e III estão corretas.
d) Apenas as afirmativas I e III estão corretas.

Gabarito: letra B

- *INTEGRI.– 2016 – Câmara de Suzano-SP. Assistente Jurídico*

"A política urbana tem por objetivo ordenar o pleno desenvolvimento das funções sociais da cidade e da propriedade urbana. De acordo com a norma jurídica, pode-se afirmar:

I. Uma das diretrizes da política urbana é a regularização fundiária e urbanização de áreas ocupadas por população de baixa renda mediante o estabelecimento de normas especiais de urbanização, uso e ocupação do solo e edificação, consideradas a situação socioeconômica da população e as normas ambientais.

II. Compete aos Estados, entre outras atribuições de interesse da política urbana, legislar sobre normas gerais de direito urbanístico.

III. Lei municipal específica para área incluída no plano diretor poderá determinar o parcelamento, a edificação ou a utilização compulsória do solo urbano não edificado, subutilizado ou não utilizado, devendo fixar as condições e os prazos para implementação da referida obrigação.

IV. Decorridos dez anos de cobrança do IPTU progressivo sem que o proprietário tenha cumprido a obrigação de parcelamento, edificação ou utilização, o Município poderá proceder à desapropriação do imóvel, com pagamento em títulos da dívida pública.

V. O direito de preempção confere ao Poder Público municipal preferência para aquisição de imóvel urbano objeto de alienação onerosa entre particulares "

a) Somente as assertivas I, II e III estão corretas.

b) Somente as assertivas II, IV e V estão corretas.

c) Somente as assertivas I, II e IV estão corretas.

d) Somente as assertivas I, III e V estão corretas.

Gabarito: letra D

Capítulo II
Dos Instrumentos Da Política Urbana

Seção I
Dos instrumentos em geral

Art. 4º. Para os fins desta Lei, serão utilizados, entre outros **instrumentos**:

I – **planos nacionais, regionais e estaduais** de ordenação do território e de desenvolvimento econômico e social;

II – **planejamento das regiões metropolitanas**, aglomerações urbanas e microrregiões;

III – **planejamento municipal**, em especial:

a) **plano diretor**;

b) disciplina do **parcelamento, do uso e da ocupação do solo**;

c) **zoneamento ambiental**;

d) plano plurianual;

e) **diretrizes orçamentárias** e orçamento anual;

f) **gestão orçamentária participativa**;

g) planos, programas e **projetos setoriais**;

h) **planos de desenvolvimento econômico** e social;

IV – institutos tributários e financeiros:

a) **imposto sobre a propriedade predial e territorial urbana** – IPTU;

b) **contribuição de melhoria**;

c) **incentivos e benefícios fiscais e financeiros**;

V – institutos jurídicos e políticos:

a) **desapropriação**;

b) **servidão** administrativa;

c) **limitações administrativas**;

d) **tombamento** de imóveis ou de mobiliário urbano;

e) instituição de **unidades de conservação**;

f) instituição de **zonas especiais de interesse social**;

g) **concessão de direito real de uso**;

h) **concessão de uso especial para fins de moradia**;

i) **parcelamento, edificação ou utilização compulsórios**;

j) **usucapião especial de imóvel urbano**;

l) **direito de superfície**;

m) **direito de preempção**;

n) **outorga onerosa do direito de construir e de alteração de uso**;

o) **transferência do direito de construir**;

p) **operações urbanas consorciadas**;

q) **regularização fundiária**;

r) **assistência técnica e jurídica gratuita** para as comunidades e grupos sociais menos favorecidos;

s) **referendo popular** e plebiscito;

t) **demarcação urbanística** para fins de regularização fundiária; (Incluído pela Lei nº 11977, de 2009)

u) **legitimação de posse.** (Incluído pela Lei 11977, de 2009)

VI – **estudo prévio de impacto ambiental (EIA) e estudo prévio de impacto de vizinhança (EIV)**

1. **Instrumentos de Direito Urbanístico.** Como já dito, a Lei 10257/01 é mais abrangente que a Lei 6766/79, trazendo normas de planejamento, de regulação do direito de construir e outros instrumentos relevantes para o controle da ocupação das cidades. Este artigo elenca, de forma não taxativa, os instrumentos que estão à disposição do Poder Público para estimular a ordenação urbana. A lei divide os institutos em cinco grupos, mas poderia organizá-los em apenas dois: instrumentos de planejamento e instrumentos jurídicos.

2. **Estatuto da Metrópole.** A Lei 13089/2015 que instituiu o Estatuto da Metrópole elenca em seu art. 9º os instrumentos de desenvolvimento urbano integrado, referindo-se expressamente aos aqui estudados.

   Em seu inciso V cita a possibilidade de se definir zonas de aplicação compartilhada dos instrumentos urbanísticos previstos aqui no Estatuto da Cidade.

3. **Planejamento.** O planejamento deve ser multisetorial, abrangendo aspectos físicos do solo, questões econômicas, sociais, orçamentárias, ambientais e urbanísticas. O planejamento visa sempre à organização dos espaços habitáveis, buscando o equilíbrio entre os vários setores urbanos. A Lei 12587/2012 regula a mobilidade urbana, exigindo planejamento no sistema de transportes da cidade.

4. **Regularização fundiária.** O tema foi inicialmente regulamentado pela Lei 11952/2009. Hoje a matéria é tratada pela Lei 13465/2017.

Aplicação em concurso

- *GUALIMP - 2018 - Câmara de Nova Venécia - ES - Procurador Jurídico*

  O Estatuto da Cidade estabelece as normas de ordem pública e interesse social que regulam o uso da propriedade urbana em prol do bem coletivo, da segurança e do bem-estar dos cidadãos, bem como do equilíbrio ambiental. Para a consecução dessas finalidades, os Municípios, no âmbito do planejamento municipal, poderão valer-se dos seguintes instrumentos, EXCETO:

  (a) Instituição de plano diretor.

  (b) Disciplina do parcelamento, do uso e da ocupação do solo

(c) Realização de zoneamento ambiental

(d) Estabelecimento de normas gerais de direito urbanístico.

Gabarito: letra D

- *FCC – 2018 – DPE-AM – Defensor Público*

"O Estatuto da Cidade, Lei n° 10.257/2001, prevê em seu texto que, para o planejamento municipal, serão utilizados, entre outros, os seguintes instrumentos:

a) plano diretor e desapropriações.

b) servidão administrativa e disciplina do parcelamento do uso e da ocupação do solo.

c) diretrizes orçamentárias, orçamento anual e concessão de direito real de uso.

d) zoneamento ambiental e gestão democrática participativa.

e) programas e projetos setoriais, planos de desenvolvimento econômico e social e direito de superfície."

Gabarito:letra D

- *MPE-PR – Promotor de Justiça – 2017*

"São instrumentos da política urbana, previstos na Lei nº 10.257/01 (Estatuto da Cidade):

I. Institutos tributários e financeiros, como a contribuição de melhoria.

II. Institutos jurídicos e políticos, como o referendo popular e o plebiscito.

III. Estudo prévio de impacto ambiental (EIA) e estudo prévio de impacto de vizinhança (EIV).

IV. Planejamento municipal, em especial: plano diretor; disciplina do parcelamento, do uso e da ocupação do solo; plano plurianual, entre outros.

Com base nas assertivas acima, assinale a alternativa ***correta***:

a) Estão corretas somente as assertivas I, II e III.

b) Estão corretas somente as assertivas I e III.

c) Estão corretas somente as assertivas I e IV.

d) Está correta somente a assertiva III.

e) Todas as assertivas estão corretas. "

Gabarito: letra E

- *CPCON – Prefeitura de Patos-PB-Advogado-2017*

"Segundo preceitua o artigo 4° da Lei n° 10.257/01, ao tratar de Política Urbana, "Para os fins desta Lei, serão utilizados, entre outros instrumentos",

a) planos nacionais, regionais e estaduais de ordenação do território e de desenvolvimento econômico e social.

b) planos nacionais, regionais, estaduais e municipais de ordenação do território e de desenvolvimento econômico e social.

c) planos nacionais, regionais, estaduais e municipais de ordenação do território e de desenvolvimento econômico, cultural e social.

d) formulação, elaboração e planejamento das regiões metropolitanas, aglomerações urbanas e microrregiões

e) delimitação e planejamento das regiões metropolitanas, aglomerações urbanas e microrregiões.

Gabarito: letra A

§ 1º Os **instrumentos** mencionados neste artigo **regem-se pela legislação que lhes é própria**, observado o disposto nesta Lei.

1. **Legislação específica**. A lei trouxe instrumentos inéditos no ordenamento jurídico. Para a aplicação efetiva de muitos deles, será preciso produção legislativa específica, a ser elaborada pelas Câmaras Municipais. Para os institutos já existentes, vale a aplicação subsidiária da legislação civil e administrativa, desde que não contrarie as diretrizes aqui previstas.

§ 2º Nos casos de programas e **projetos habitacionais de interesse social**, desenvolvidos por órgãos ou entidades da Administração Pública com atuação específica nessa área, a **concessão de direito real de uso de imóveis públicos poderá ser contratada coletivamente**.

1. **Concessão real de uso para fins de moradia**. A seção que regulava esta espécie de concessão de uso foi vetada pelo Poder Executivo que, em momento posterior, editou sobre o tema a Medida Provisória 2220/01, com redação alterada pela Lei 13.465/2017. No entanto, ao vetar o assunto, o Executivo deixou em vigor este parágrafo que prevê a forma coletiva da concessão de uso, seguindo o previsto para a usucapião especial urbana.

§ 3º Os instrumentos previstos neste artigo que demandam **dispêndio de recursos por parte do Poder Público municipal devem ser objeto de controle social**, garantida a participação de comunidades, movimentos e entidades da sociedade civil.

1. **Controle social**. O dispêndio de verba pública importa em controle da sociedade. Este dispositivo revela o princípio da gestão democrática das cidades que norteia a política urbana e vem plasmado na Constituição no art. 29, XII.

Seção II
Do parcelamento, edificação ou utilização compulsórios

Art. 5º. Lei municipal específica para **área incluída no plano diretor** poderá determinar o **parcelamento, a edificação ou a utilização compulsórios do solo urbano não edificado, subutilizado ou não utilizado**, devendo fixar as condições e os prazos para implementação da referida obrigação.

1. **Assento Constitucional**. O instituto em comento está disposto no art. 182, § 4º, I, CRFB. A previsão constitucional faz-se necessária, vez que o parcelamento, edificação e uso compulsórios atingem o âmago do direito de propriedade, direito fundamental, na forma do art. 5º, XXII, CRFB.

Em razão deste novo instrumento, a perpetuidade, qualidade inerente aos direitos reais, deixa de existir na propriedade urbana. A Constituição não tolera mais o não uso, passando a exigir uma propriedade positiva, produtiva, que traga benefícios para o titular e para a cidade.

Aplicação em concurso

- *MPE-MS – 2018 – MPE-MS – Promotor de Justiça Substituto*

“Assinale a alternativa **incorreta:**

a) A propriedade urbana cumpre sua função social quando atende às exigências fundamentais de ordenação da cidade expressas no plano diretor.

b) O plano diretor, aprovado pela Câmara Municipal, obrigatório para cidades com mais de vinte mil habitantes, é o instrumento básico da política de desenvolvimento e de expansão urbana.

c) O Poder Público tem a faculdade de exigir do proprietário de solo urbano não edificado, subutilizado ou não utilizado que promova seu adequado aproveitamento, por meio de imposição de penalidades, exceto parcelamento ou edificação compulsórios.

d) As desapropriações de imóveis urbanos serão feitas com prévia e justa indenização em dinheiro.

e) Aquele que possuir como sua área urbana até duzentos e cinquenta metros quadrados, por cinco anos, ininterruptamente e sem oposição, utilizando-a para sua moradia, adquirir-lhe-á o domínio, desde que não seja proprietário de outro imóvel urbano ou rural.

Gabarito: letra C

- *IBFC – AGERBA – Especialista em Regulação – 2017*

"Tomando por base as disposições expressas e precisas da Lei Federal nº 10.257, de 10/07/2001, assinale a alternativa correta sobre a utilização do solo.

a) Fica reservada a lei estadual específica previsão para área incluída no plano diretor poderá determinar o parcelamento, a edificação ou a utilização compulsórios do solo urbano não edificado, subutilizado ou não utilizado, devendo fixar as condições e os prazos para implementação da referida obrigação

b) Fica reservada a lei federal específica previsão para área incluída no plano diretor poderá determinar o parcelamento, a edificação ou a utilização compulsórios do solo urbano não edificado, subutilizado ou não utilizado, devendo fixar as condições e os prazos para implementação da referida obrigação

c) Fica reservada a lei estadual específica previsão para área incluída no plano diretor poderá determinar o parcelamento, a edificação ou a utilização compulsórios do solo urbano não edificado, subutilizado ou não utilizado, não podendo fixar as condições e os prazos para implementação da referida obrigação

d) Fica reservada a lei federal específica previsão para área incluída no plano diretor poderá determinar o parcelamento, a edificação ou a utilização compulsórios do solo urbano não edificado, subutilizado ou não utilizado, não podendo fixar as condições e os prazos para implementação da referida obrigação

e) Lei municipal específica para área incluída no plano diretor poderá determinar o parcelamento, a edificação ou a utilização compulsórios do solo urbano não edificado, subutilizado ou não utilizado, devendo fxar as condições e os prazos para implementação da referida obrigação"

Gabarito: letra E

- *FCC/TCM-GO/ Procurador do Ministério Público de Contas/2015*

"O parcelamento, a edificação ou a utilização compulsória do solo urbano

a) podem ser impostos apenas ao proprietário de imóvel urbano não edificado.

b) substituem a aplicação do IPTU progressivo sobre o imóvel

c) cabem em qualquer hipótese de descumprimento da função social da propriedade urbana.

d) dependem ainda de regulamentação por lei federal específica

e) dependem de lei municipal específica impondo-os ao proprietário ainda que já incluída a área onde se situa o imóvel no plano diretor municipal."

Gabarito: letra E

2. **Natureza Jurídica.** O parcelamento, edificação e uso compulsórios impõem ao proprietário uma obrigação de fazer, positiva, visando ao melhor aproveitamento do imóvel. Com isso, combatem-se os espaços urbanos indesejáveis que apenas desperdiçam a estrutura urbana instalada.

   Para a aplicação do instituto, é preciso que o plano diretor da cidade preveja as áreas onde será possível a imposição da sanção. Além disso, exige-se lei municipal específica que fixe o procedimento, as condições e prazos cabíveis.

3. **Uso compulsório**. O texto constitucional fala apenas em parcelamento e edificação compulsórios, não tratando do uso compulsório. Há na doutrina quem macule de inconstitucional a imposição legal do uso compulsório. Outros, no entanto, tomam o uso como exemplificação do parcelamento e edificação, não identificando violação constitucional. Na mesma linha, a lei também repele o sub-uso, atacando a prática de especulação imobiliária tão comum nos centros urbanos.

§ 1º Considera-se **subutilizado** o imóvel:

I – **cujo aproveitamento seja inferior ao mínimo** definido no plano diretor ou em legislação dele decorrente;

II – (VETADO)

1. **Sub-uso**. O instrumento não visa apenas a combater os vazios urbanos, mas também as propriedades que não têm sua totalidade aproveitada por seus donos. Com a previsão expressa do sub-uso, evita-se a fraude à lei, com construções inadequadas à destinação do imóvel.

2. **Uso ilegal**. O dispositivo vetado equiparava o sub-uso aos usos promovidos em desacordo com a legislação urbanística e ambiental. O veto teve por justificativa a distinção entre o uso ilegal e o sub-uso. A ilegalidade não importa em sub-uso; cada qual, para sua identificação, demanda tratamento jurídico distinto. Não será com o parcelamento compulsório que a municipalidade combaterá o uso ilegal ou promoverá sua legalização; para tanto, o Poder Público dispõe de outros mecanismos, tais como aplicação de multa, embargo de obra, edital de demolição, dentre outros.

3. **Rol taxativo.** Lei municipal não poderá ampliar o conceito de imóvel subutilizado, já que a Carta Maior estabelece em seu art. 182, § 4º que os instrumentos urbanísticos disponíveis ao Poder Público Municipal devem ser regulados por lei federal, não transferindo competência ao legislativo municipal.

Aplicação em concurso

- *IBADE - 2019 - Prefeitura de Vilhena - RO - Fiscal de ITBI*

  A Lei Federal 10.257/2001 estabelece diretrizes gerais da política urbana. O Art. 5º dispõe que a lei municipal específica para área incluída no plano diretor poderá determinar o parcelamento, a edificação ou a utilização compulsórios do solo urbano não edificado, subutilizado ou não utilizado, devendo fixar as condições e os prazos para implementação da referida obrigação. Em seu parágrafo 1º, considera-se subutilizado o imóvel cujo aproveitamento seja inferior ao mínimo definido:

(a) no planejamento de aglomerações urbanas.

(b) no plano diretor ou em legislação dele decorrente

(c) nas diretrizes orçamentárias

(d) no orçamento anual.

(e) nos planos de desenvolvimento econômico e social.

Gabarito: letra B

- *MP/MG– 46 concurso.*

  "O denominado "Estatuto da Cidade" impõe normas restritivas ao Direito de Propriedade em prol do Direito Coletivo, buscando pôr em prática a função social da propriedade, impondo ao imóvel urbano não edificado, subutilizado ou não utilizado, por meio de decreto municipal, com fixação de prazos e condições, a sua utilização compulsória, obedecendo aos requisitos previstos naquele estatuto."

  A afirmativa está errada. A matéria demanda lei específica, não podendo ser regulada por decreto.

§ 2º O **proprietário será notificado pelo Poder Executivo municipal para o cumprimento da obrigação**, devendo a notificação ser **averbada no cartório de registro de imóveis.**

1. **Aproveitamento feito pelo proprietário**. A lei não permitiu que o Ente Municipal desse diretamente um uso ao imóvel. A municipalidade pode apenas notificar o titular de sua obrigação, só o substituindo quando caracterizada a hipótese de desapropriação-sanção.

2. **Registro público**. A lei prevê a averbação da notificação ao proprietário como forma de dar efeitos *erga omnes* à cobrança da obrigação de fazer. O ato registral está previsto no art. 167, II, 18, Lei 6015/73. Com tal mecanismo, o futuro proprietário não poderá alegar desconhecimento da

atuação municipal e contra ele também se imporá a exigência de bem aproveitar o imóvel.

A averbação da notificação apresenta especial importância quando se constata que muitos dos proprietários, sem condições financeiras para explorar o imóvel, alienarão o bem de modo a se eximir da exigência legal. Havendo o registro público, o Poder Público poderá cobrar do novo adquirente o uso adequado do bem, como disposto no art. 6º.

No caso de o proprietário não ter condições financeiras para dar o devido uso ao bem, poderá ele participar do consórcio imobiliário, na forma do art. 46 desta lei.

§ 3º A **notificação** far-se-á:

I – **por funcionário** do órgão competente do Poder Público municipal, ao proprietário do imóvel ou, no caso de este ser pessoa jurídica, a quem tenha poderes de gerência geral ou administração;

II – **por edital** quando frustrada, por três vezes, a tentativa de notificação na forma prevista pelo inciso I.

§ 4º Os **prazos** a que se refere o caput não poderão ser inferiores a:

I – **um ano, a partir da notificação, para que seja protocolado o projeto** no órgão municipal competente;

II – **dois anos**, a partir da aprovação do projeto, **para iniciar as obras** do empreendimento.

1. **Normas gerais**. A lei federal traz os requisitos de forma da notificação, de modo a evitar que a escusa do recebimento impeça a contagem do prazo legal. A previsão dos prazos valerá se a lei municipal não dispuser sobre o tema, definindo-os para cada etapa da atuação administrativa.

2. **Procedimento administrativo**. A notificação deve se dar no bojo de um processo administrativo onde seja franqueado o contraditório ao particular, com direito à defesa e recurso, de modo a afastar eventual alegação de nulidade junto ao Judiciário. Cumpre-se assim, a exigência constitucional do devido processo legal administrativo.

3. **Ciência ficta**. A notificação poderá ser pessoal ou por edital. Nesse caso, recomenda-se que a publicação do ato administrativo se dê na imprensa oficial e em jornal de grande circulação, de modo a observar o princípio da publicidade, plasmado no art. 37, CRFB.

Aplicação em concurso

- *VUNESP - 2020 - Prefeitura de São Roque - SP - Advogado*

  Narciso é proprietário de um imóvel que foi considerado subutilizado pelo Município. Consequentemente, o Poder Executivo municipal notificou Narciso para que ele desse o devido aproveitamento ao referido imóvel, estabelecendo o prazo de seis meses para que ele protocole o respectivo projeto na Prefeitura, mas a notificação não foi averbada no cartório de registro de imóveis. Após ter recebido a notificação, Narciso resolveu transferir o imóvel, por meio de contrato de compra e venda, para Danusa. Nessa situação hipotética, o Estatuto da Cidade dispõe que

(a) o procedimento do poder público foi correto e Narciso terá que atender à notificação do Município dentro do prazo estabelecido.

(b) embora o procedimento do poder público tenha sido correto, Narciso não estará obrigado a atender a notificação por ter transferido o imóvel a Danusa.

(c) o procedimento do poder público não foi correto ao estabelecer o prazo de seis meses, mas a Lei não exige a averbação da notificação no registro de imóvel.

(d) embora a lei transfira a Danusa a obrigação de atender a notificação, o procedimento do Município foi incorreto quanto à falta de averbação da notificação e ao prazo dado a Narciso.

(e) o ato de transferência do imóvel de Narciso para Danusa é nulo por ter sido realizado após o recebimento da notificação expedida pelo Poder Executivo Municipal.

Gabarito: letra D

- *MPE-GO - 2019 - MPE-GO - Promotor de Justiça - Reaplicação*

  Sobre o parcelamento, edificação ou utilização compulsórios, institutos jurídicos e políticos, previstos na Lei Federal n. 10.257/2001, que dispõe sobre o Estatuto da Cidade, é incorreto afirmar que:

(a) O proprietário será notificado pelo Poder Executivo municipal para o cumprimento da obrigação, devendo a notificação ser averbada no cartório de Registro de Imóveis.

(b) A notificação para o cumprimento da obrigação far-se-á por funcionário do órgão competente municipal, ao proprietário do imóvel.

(c) O prazo para a implementação da obrigação não poderá ser inferior a dois anos, a partir da notificação, para que seja protocolado o projeto no órgão municipal competente.

(d) A transmissão do imóvel, por ato inter vivos ou causa mortis, posterior à data da notificação, transfere as obrigações de parcelamento, edificação ou utilização compulsórios, sem interrupção de quaisquer prazos para protocolo do projeto no órgão municipal competente ou início das obras do empreendimento.

Gabarito: letra C

§ 5º Em **empreendimentos de grande porte**, em caráter excepcional, a lei municipal específica a que se refere o caput **poderá prever a conclusão em etapas**, assegurando-se que o projeto aprovado compreenda o empreendimento como um todo.

Art. 6º. A **transmissão do imóvel**, por ato inter vivos ou causa mortis, posterior à data da notificação, **transfere as obrigações de parcelamento**, edificação ou utilização previstas no art. 5º desta Lei, **sem interrupção de quaisquer prazos.**

1. **Sucessão.** A transmissão da obrigação só é possível graças à publicidade que é dada à notificação, de modo a afastar qualquer alegação de nulidade na continuidade da contagem de tempo.

Seção III
Do IPTU progressivo no tempo

Art. 7º. Em caso de **descumprimento das condições e dos prazos previstos na forma do caput do art. 5º** desta Lei, ou não sendo cumpridas as etapas previstas no § 5º do art. 5º desta Lei, o Município procederá à aplicação do imposto sobre a propriedade predial e territorial urbana **(IPTU) progressivo no tempo, mediante a majoração da alíquota pelo prazo de cinco anos consecutivos.**

§ 1º O **valor da alíquota** a ser aplicado a cada ano será fixado na lei específica a que se refere o caput do art. 5º desta Lei e **não excederá a duas vezes o valor referente ao ano anterior, respeitada a alíquota máxima de quinze por cento.**

§ 2º Caso a obrigação de parcelar, edificar ou utilizar não esteja atendida em cinco anos, o **Município manterá a cobrança pela alíquota máxima, até que se cumpra a referida obrigação**, garantida a prerrogativa prevista no art. 8º.

§ 3º É **vedada a concessão de isenções ou de anistia** relativas à tributação progressiva de que trata este artigo.

1. **Instrumentos sucessivos.** A tributação progressiva do IPTU só será possível após a inobservância pelo proprietário dos prazos definidos na seção anterior. A sucessão entre os instrumentos tem assento constitucional, na forma do art. 182, § 4º.

Ademais, por se tratar de tributo, a imposição do IPTU progressivo respeita o princípio da anterioridade, plasmado no art. 150, III, b, CRFB. Logo, a lei que instituir a progressão de alíquotas somente será aplicada após o decurso do prazo legal.

A imposição da tributação progressiva é atuação vinculada do Poder Público Municipal que não possui discricionariedade no exercício desta atividade sancionatória.

Caso o proprietário apresente projeto de aproveitamento do imóvel, cumprindo sua obrigação urbanística, será suspensa a tributação progressiva do IPTU no exercício seguinte. Nessa hipótese, se o proprietário não realizar as obras, será reiniciada a majoração extrafiscal.

► **Aplicação no STF.**

A Suprema Corte já se manifestou pela possibilidade da progressividade entra-fiscal, alertando que a fiscal, essa sim, só passou a ser admitida após a Emenda Constitucional nº 29/2000 - ARE 639632 - AgR/MS Rel. Min. Roberto Barroso, DJU 22/11/2015.

2. **Progressividade extrafiscal**. A majoração da alíquota não tem por objetivo aumentar a arrecadação do Poder Público, mas sim fazer com que o proprietário dê uma adequada destinação ao seu imóvel. A finalidade é, portanto, social e difere do objetivo firmado pela progressividade prevista no art. 156, § 1º, I, CRFB, que visa apenas a obter recursos para as necessidades do Tesouro.

   Por ostentar uma finalidade social, o aumento do imposto não tem por fundamento a capacidade contributiva do sujeito passivo, que é afastada em prestígio ao interesse urbanístico envolvido. Em razão da extrafiscalidade, alguns autores não admitem a possibilidade de confisco quando da imposição da alíquota em seu grau máximo. Outros, no entanto, afirmam que é possível se caracterizar o confisco em tributações extrafiscais, devendo para tanto ser considerado o eventual esvaziamento da riqueza sob o qual incide o imposto.

   A tributação diferenciada será mantida até que o proprietário cumpra sua obrigação de bem aproveitar o imóvel. Passados cinco anos de progressividade, será possível à municipalidade desapropriar o bem com pagamento da indenização em títulos da dívida pública.

3. **Benefícios tributários**. Por se tratar de uma sanção, não há espaço para a incidência de isenções ou anistias, institutos que beneficiam o contribuinte afastando o pagamento de tributo ou de penalidades fiscais.

Aplicação em concurso

- *FUNDEP (Gestão de Concursos) - 2019 - Prefeitura de Contagem - MG - Procurador Municipal*

  Analise as afirmativas a seguir relativas aos instrumentos de política urbana previstos na Lei Federal nº 10.257, de 10 de julho de 2001 – Estatuto da Cidade.

  I. O direito de preempção, para sua aplicação pelo Poder Público, deverá ser regulamentado por meio de lei municipal, que definirá as áreas sobre as quais incidirá e fixará o prazo de vigência da possibilidade de seu exercício.

  II. O imóvel cujo aproveitamento seja inferior ao mínimo definido em legislação municipal não está sujeito à aplicação do parcelamento, edificação e utilização compulsórios em decorrência do direito de propriedade.

  III. Na aplicação do Imposto sobre a Propriedade Predial e Territorial Urbana (IPTU) progressivo no tempo sobre imóvel subutilizado, o Município poderá manter sua cobrança pela alíquota máxima até o cumprimento da obrigação de parcelar, edificar ou utilizar o imóvel.

  Estão corretas as afirmativas

  (a) I e II, apenas.

  (b) I e III, apenas.

  (c) II e III, apenas.

  (d) I, II e III.

  Gabarito: letra B

- *Itame - 2020 - Câmara de Caldazinha - GO - Advogado*

  Marque a alternativa INCORRETA com relação aos Instrumentos de política urbana, previstos na Lei n 10.257 de 10 de julho de 2001.

  (a) O IPTU – Imposto Predial e Territorial Urbano não pode ser utilizado como Instrumento de política urbana por ser instituto tributário.

  (b) Planos nacionais, regionais e estaduais de ordenação do território e de desenvolvimento econômico e social fazem parte dos Instrumentos de política urbana

  (c) Os Instrumentos de política urbana compreendem o planejamento das regiões metropolitanas, aglomerações urbanas e microrregiões.

  (d) O plano diretor é um Instrumento de política urbana que faz parte do planejamento municipal.

  Gabarito: letra A

- *FUNDATEC - 2019 - Prefeitura de Capão da Canoa - RS - Arquiteto e Urbanista*

  O Estatuto da Cidade estabelece normas de ordem pública e interesse social que regulam o uso da propriedade urbana em prol do bem coletivo, da segurança e do bem-estar dos cidadãos, bem como do equilíbrio ambiental. De acordo com o Estatuto da Cidade, é INCORRETO afirmar que:

(a) Considera-se subutilizado o imóvel cujo aproveitamento seja inferior ao mínimo definido no plano diretor ou em legislação dele decorrente.

(b) O proprietário urbano poderá conceder a outrem o direito de superfície do seu terreno, por tempo determinado ou indeterminado, mediante escritura pública registrada no cartório de registro de imóveis. A concessão do direito de superfície poderá ser gratuita ou onerosa

(c) O direito de preempção será exercido sempre que o Poder Público necessitar de áreas para criação de espaços públicos de lazer e áreas verdes, dentre outras.

(d) Decorridos três anos de cobrança do IPTU progressivo sem que o proprietário tenha cumprido a obrigação de parcelamento, edificação ou utilização, o Município poderá proceder à desapropriação do imóvel, com pagamento em títulos da dívida pública.

(e) Aquele que possuir como sua área ou edificação urbana de até duzentos e cinquenta metros quadrados, por cinco anos, ininterruptamente e sem oposição, utilizando-a para sua moradia ou de sua família, adquirir-lhe-á o domínio, desde que não seja proprietário de outro imóvel urbano ou rural.

Gabarito: letra D

- *FCC – 2018 – SABESP – Advogado*

  "Ellen é proprietária de área do solo urbano não edificado e, por essa razão, foi regularmente notificada pelo Poder Executivo Municipal para o cumprimento da obrigação determinada na lei específica para edificação do solo dentro do prazo estabelecido. Ocorre que Ellen descumpriu as condições e o prazo previsto tendo, portanto, o Município procedido à aplicação do imposto sobre a propriedade predial e territorial urbana (IPTU) progressivo no tempo, mediante a majoração da alíquota, nos termos do artigo 7°, § 1°, do Estatuto da Cidade. Dessa forma,

a) decorridos 5 anos da cobrança do IPTU progressivo sem que Ellen tenha cumprido a obrigação de edificação, o Município poderá proceder à usucapião, efetivando o adequado aproveitamento do imóvel diretamente pelo Poder Público ou por meio de alienação ou concessão a terceiros.

b) decorridos 3 anos da cobrança do IPTU progressivo sem que Ellen tenha cumprido a obrigação de edificação, o Município poderá proceder à desapropriação extraordinária do imóvel, com pagamento em títulos da dívida pública.

c) o Município procederá ao adequado aproveitamento do imóvel no prazo máximo de quinze anos, contado a partir da sua incorporação ao patrimônio público.

d) decorridos 5 anos da cobrança do IPTU progressivo sem que Ellen tenha cumprido a obrigação de edificação, o Município poderá proceder à desapropriação do imóvel, com pagamento em títulos da dívida pública.

e) decorridos 15 anos da cobrança do IPTU progressivo sem que Ellen tenha cumprido a obrigação de edificação, o Município poderá proceder à usucapião extraordinária, efetivando o adequado aproveitamento do imóvel diretamente pelo Poder Público ou por meio de alienação ou concessão a terceiros, observando-se, nesses casos, o devido procedimento licitatório.

Gabarito: letra D

- *CONSULPLAN – 2018 – Câmara de Belo Horizonte – MG – Procurador*

"Sobre o tratamento que o Estatuto da Cidade dá ao IPTU progressivo no tempo, analise as afirmativas a seguir.

I. Se dá mediante a majoração da alíquota pelo prazo de cinco anos consecutivos.

II. Não excederá a duas vezes o valor referente ao ano anterior, respeitada a alíquota máxima de quinze por cento.

III. É vedada a concessão de isenções ou de anistia relativa à tributação progressiva de que trata a referida norma.

Estão corretas as afirmativas

a) I, II e III

b) I e II, apenas.

c) I e III, apenas.

d) II e III, apenas.

Gabarito: letra A

- *CONSULPLAN – 2018 – Câmara de Belo Horizonte – MG – Procurador*

"Estabelece o Estatuto da Cidade que decorrido o prazo ali estabelecido para cobrança do IPTU progressivo sem que o proprietário tenha cumprido a obrigação de parcelamento, edificação ou utilização, o Município poderá proceder à desapropriação do imóvel, com pagamento em títulos da dívida pública. Sobre o tema, assinale a alternativa INCORRETA:

a) Os títulos da dívida pública não terão poder liberatório para pagamento de tributos.

b) O valor real da indenização não computará expectativas de ganhos, lucros cessantes e juros compensatórios.

c) O Município procederá ao adequado aproveitamento do imóvel no prazo máximo de dez anos, contado a partir da sua incorporação ao patrimônio público.

d) Os títulos da dívida pública terão prévia aprovação pelo Senado Federal e serão resgatados no prazo de até dez anos, em prestações anuais, iguais e sucessivas, assegurados o valor real da indenização e os juros legais de seis por cento ao ano."

Gabarito: letra C

- *CPCON – Advogado – Prefeitura de Patos – PB – 2017*

"O artigo 7° da Lei 10.257/01, que trata sobre IPTU progressivo no tempo, preceitua que "em caso de descumprimento das condições e dos prazos previstos na forma do caput do art. 5°desta Lei, ou não sendo cumpridas as etapas previstas no § 5° do art. 5°desta Lei, o Município procederá à aplicação do imposto sobre a propriedade predial e territorial urbana (IPTU) progressivo no tempo, mediante a majoração da alíquota pelo prazo de cinco anos consecutivos". À luz do mandamento do artigo 7° é, portanto, possível afirmar que

a) o valor da alíquota a ser aplicado a cada ano será fixado na lei específica a que se refere o caput do artigo 5°desta lei e não excederá a três vezes o valor referente ao ano anterior, respeitada a alíquota máxima de quinze por cento.

b) o valor da alíquota a ser aplicado a cada ano será fixado na lei específica a que se refere o caput do artigo 5°desta lei e não excederá a quatro vezes o valor referente ao ano anterior, respeitada a alíquota máxima de dez por cento.

c) o valor da alíquota a ser aplicado a cada ano será fixado na lei específica a que se refere o caput do artigo 5°desta lei e não excederá a duas vezes o valor referente ao ano anterior, respeitada a alíquota máxima de vinte por cento.

d) o valor da alíquota a ser aplicado a cada ano será fixado na lei específica a que se refere o caput do artigo 5°desta lei e não excederá a duas vezes o valor referente ao ano anterior, respeitada a alíquota máxima de quinze por cento.

e) não é vedada a concessão de isenções ou de anistia relativas à tributação progressiva de que trata este artigo.

Gabarito: letra D

- *MPE-RS – Promotor de Justiça – 2017*

Considerando o Estatuto da Cidade (Lei n. 10.257, de 10 de julho de 2001), assinale a alternativa correta.

a) Compete ao Município promover, por iniciativa própria e em conjunto com o Estado e outros Municípios, programas de construção de moradias e melhoria das condições habitacionais, de saneamento básico, das calçadas, dos passeios públicos e demais espaços de uso público.

b) Lei estadual específica poderá determinar o parcelamento, a edificação ou a utilização compulsórios do solo urbano não edificado, subutilizado ou não utilizado, para área incluída no plano diretor, devendo fixar as condições e os prazos para implementação da referida obrigação.

c) Em caso de descumprimento das condições e dos prazos previstos para parcelamento ou edificação compulsórios, o Município procederá à aplicação do imposto sobre a propriedade predial e territorial urbana (IPTU) progressivo no tempo, mediante a majoração da alíquota pelo prazo de 10 (dez) anos consecutivos.

d) Decorridos cinco anos de cobrança do IPTU progressivo sem que o proprietário tenha cumprido a obrigação de parcelamento, edificação ou utilização compulsórios, o Município poderá proceder à desapropriação do imóvel, com pagamento em títulos da dívida pública previamente aprovados pelo Senado Federal e com prazo de resgate em até 10 (dez) anos, em prestações anuais, iguais e sucessivas, assegurados o valor real da indenização e juros legais de 6% (seis por cento) ao ano.

e) Aquele que possuir como sua área ou edificação urbana de até duzentos e cinquenta metros quadrados, por cinco anos, ininterruptamente e sem oposição, utilizando-a para sua moradia ou de sua família, adquirir-lhe-á o domínio, desde que não seja proprietário de outro imóvel urbano ou rural, sendo que em caso de possuidor casado, o título será conferido necessariamente ao cônjuge varão.

Gabarito: letra D

Seção IV
Da desapropriação com pagamento em títulos

Art. 8º. Decorridos cinco anos de cobrança do IPTU progressivo sem que o proprietário tenha cumprido a obrigação de parcelamento, edificação ou utilização, o **Município poderá proceder à desapropriação** do imóvel, **com pagamento em títulos da dívida pública**.

§ 1º Os **títulos da dívida pública** terão **prévia aprovação pelo Senado** Federal e serão **resgatados no prazo de até dez anos**, em prestações anuais, iguais e sucessivas, **assegurados o valor real da indenização** e os **juros legais de seis por cento ao ano**.

§ 2º O **valor real** da indenização:

I – refletirá o **valor da base de cálculo do IPTU**, descontado o montante incorporado em função de obras realizadas pelo Poder Público na área onde o mesmo se localiza após a notificação de que trata o § 2º do art. 5º desta Lei;

II – **não** computará expectativas de ganhos, **lucros cessantes e juros compensatórios.**

§ 3º Os **títulos** de que trata este artigo **não terão poder liberatório para pagamento de tributos.**

§ 4º O **Município** procederá ao **adequado aproveitamento** do imóvel no **prazo máximo de cinco anos**, contado a partir da sua incorporação ao patrimônio público.

§ 5º O **aproveitamento** do imóvel poderá ser efetivado **diretamente pelo Poder Público ou por meio de alienação ou concessão a terceiros**, observando-se, nesses casos, o **devido procedimento licitatório**.

§ 6º Ficam mantidas para o adquirente de imóvel nos termos do § 5º as mesmas obrigações de parcelamento, edificação ou utilização previstas no art. 5º desta Lei.

1. **Desapropriação-sanção.** Esta modalidade de aquisição compulsória da propriedade difere daquela prevista no art. 5º, XXIV, CRFB e especificamente prevista para imóvel urbano no art. 182, §3º, CRFB. A garantia reconhecida ao proprietário pelo ordenamento jurídico é bem mais tênue da dispensada ao titular que cumpre a função social de seu imóvel, gerando algumas diferenças que serão aqui analisadas.

   Primeiro observa-se que a perda da propriedade se dá em virtude do descumprimento de obrigações urbanísticas pelo proprietário e não porque o Poder Público vê no imóvel interesse social ou utilidade pública. Por tal razão a doutrina chama esta espécie de desapropriação de desapropriação-sanção.

   Em razão de sua motivação, dispensa-se nesta espécie de desapropriação a expedição de decreto expropriatório. Não há que se falar em falta de publicidade, porque esta medida é a terceira de uma ordem sucessiva de sanções a serem impostas ao proprietário recalcitrante.

   Apenas os entes municipais poderão promover esta desapropriação, desde que o plano diretor preveja as áreas onde a sanção poderá ser imposta. Por outro lado, a desapropriação ordinária pode ser executada pelos três entes da federação e seus delegados, devidamente autorizados para tanto.

   Ademais, o que será indenizado nesta hipótese é o valor real do imóvel e não seu justo valor. A própria lei afasta do valor real os lucros cessantes, juros compensatórios e mais-valia urbana gerada por verba pública, remetendo-o ao valor venal considerado para fins de tributação de IPTU. As obras públicas, para serem desconsideradas, devem ter sido realizadas após a notificação do proprietário prevista no art. 5º, § 2º.

Por fim, a forma de pagamento difere da desapropriação ordinária, onde se paga previamente e em moeda corrente. No caso em estudo, a indenização é paga por títulos da dívida pública, com prazo de resgate máximo de dez anos. Na tabela seguinte, esquematizamos as diferenças entre as duas espécies de desapropriação.

Espécies	Motivação	Avaliação	Forma de pagamento	Sujeito Ativo
Desapropriação ordinária	Interesse social ou utilidade pública	Justo valor	Prévio e em dinheiro	União, estados, municípios e entes delegados
Desapropriação-sanção	Descumprimento de ônus urbanístico	Valor real	Títulos da dívida pública com prazo de até dez anos	Municípios

2. **Procedimento**. O rito processual a ser seguido é aquele previsto nos arts. 11 a 30 do Decreto-Lei 3365/41, que neste particular, vale como norma geral para as desapropriações. Em virtude do interesse público envolvido, o processo não se suspende, nem se interrompe, ainda que o proprietário do imóvel resolva dar um fim adequado ao bem. Vige, *in casu,* a norma do art. 21, DL 3365/41, reveladora do princípio da ininterruptividade.

3. **Emissão de títulos da dívida pública**. Para pagamento da propriedade imobiliária adquirida, o Ente Municipal emitirá títulos da dívida pública, títulos estes que não poderão ser usados pelo proprietário no pagamento de tributos. A emissão dos títulos depende de autorização do Senado Federal, na forma do art. 52, IX, CRFB. Por depender do aval do órgão legislativo federal, a doutrina entende que a decretação de desapropriação pela municipalidade é uma faculdade.

4. **Aproveitamento do imóvel**. A aquisição do imóvel pela municipalidade transfere ao Ente Público a obrigação de dar ao bem devida destinação no prazo quinquenal, a contar do final do processo expropriatório. O descumprimento desta obrigação importa em improbidade administrativa, na forma do art. 52, II desta lei. Caso a edilidade não tenha interesse em explorar o imóvel diretamente, poderá promover sua alienação a terceiros, mediante processo licitatório.

   No edital do certame é de boa cautela haver a previsão de prazo para que o novo adquirente dê bom uso ao imóvel. Ademais, em razão de sua finalidade, deve constar impedimento ao antigo proprietário de participar da concorrência.

Aplicação em concurso

- *UFPR - 2020 - Câmara de Curitiba - PR - Procurador Jurídico*

  O Estatuto das Cidades (Lei 10.257/2001) prevê, como instrumento de política urbana, a desapropriação com pagamento em títulos da dívida pública. Sobre esse tema, assinale a alternativa correta.

(a) Os títulos da dívida pública dados em pagamento pela desapropriação do imóvel urbano poderão ser utilizados como meio liberatório do pagamento de tributos municipais.

(b) A emissão de títulos da dívida pública municipal deverá ser previamente autorizada pelo Senado Federal.

(c) Após a incorporação do imóvel desapropriado com pagamento em títulos da dívida pública ao patrimônio público, o Município terá o prazo máximo de dez anos para dar-lhe adequado aproveitamento.

(d) É vedada a concessão do imóvel desapropriado com pagamento em títulos da dívida pública a terceiros.

(e) Os títulos da dívida pública serão resgatados no prazo de até vinte anos.

Gabarito: letra B

- *INSTITUTO AOCP - 2020 - Prefeitura de Betim - MG - Analista Jurídico*

  De acordo com o Estatuto da Cidade (Lei nº 10.257/01), assinale a alternativa correta.

(a) Decreto expedido pelo Chefe do Poder Executivo para área incluída no plano diretor poderá determinar o parcelamento, a edificação ou a utilização compulsórios do solo urbano não edificado, subutilizado ou não utilizado, devendo fixar as condições e os prazos para implementação da referida obrigação.

(b) Em caso de descumprimento das condições e dos prazos do parcelamento, edificação ou utilização compulsória, o Município procederá à aplicação do IPTU progressivo no tempo, mediante a majoração da alíquota pelo prazo de 03 (três) anos consecutivos.

(c) O valor da alíquota referente ao IPTU progressivo no tempo a ser aplicado a cada ano será fixado por lei específica e não excederá a duas vezes o valor referente ao ano anterior, respeitada a alíquota máxima de 20% (vinte por cento).

(d) Decorridos, ao menos, 10 (dez) anos de cobrança do IPTU progressivo sem que o proprietário tenha cumprido a obrigação de parcelamento, edificação ou utilização, o Município poderá proceder à desapropriação do imóvel, com pagamento em títulos da dívida pública.

(e) Posterior à desapropriação do imóvel, com pagamento em títulos da dívida pública, o Município procederá ao adequado aproveitamento do imóvel no prazo máximo de 05 (cinco) anos, contado a partir da sua incorporação ao patrimônio público.

Gabarito: letra E

- *IMAGINE - 2019 - Câmara de Parisi - SP - Procurador Legislativo*

O direito urbanístico para a ciência do direito, é o ramo do direito com interface com o direito público que sistematiza e organiza o conjunto de princípios e normas jurídicas voltadas à organização planejada do espaço urbano com a finalidade do bem-estar de seus habitantes. Considerando os instrumentos de política urbana, assinale a alternativa cujo conteúdo refere-se corretamente à desapropriação para fins de reforma urbana:

(a) Sua aplicação está desvinculada da incidência prévia da notificação para parcelamento, edificação ou utilização compulsórios e do IPTU progressivo no tempo por, no mínimo, 5 anos.

(b) O pagamento da indenização ocorrerá previamente, em dinheiro, não podendo ser feito em títulos da dívida pública.

(c) Uma vez realizada a desapropriação, o município deverá promover o adequado aproveitamento do imóvel no exercício financeiro seguinte após sua incorporação ao patrimônio público.

(d) A destinação conforme a função social pode acontecer por meio dos próprios esforços da gestão municipal, de alienação ou de concessão do imóvel a terceiros.

Gabarito: letra D

- *GUALIMP - 2018 - Câmara de Nova Venécia - ES - Procurador Jurídico*

De acordo com o Estatuto da Cidade Lei nº 10.257/2001, é correto afirmar que:

(a) O proprietário de imóvel considerado subutilizado e que não tenha observado as condições e prazos previstos na legislação municipal para o parcelamento, a edificação ou a utilização compulsórios do solo urbano, após decorridos cinco anos de cobrança de IPTU progressivo, poderá ter o imóvel desapropriado pelo Município, mediante o pagamento em títulos da dívida pública.

(b) O possuidor (isoladamente ou em litisconsórcio originário ou superveniente), os possuidores em estado de composse e o Ministério Público são partes legítimas para a propositura da ação de usucapião especial urbana.

(c) Lei municipal, baseada no plano diretor, poderá instituir direito de preempção, por prazo indeterminado, sobre imóveis localizados em determinada área, o qual será exercido sempre que o Poder Público necessitar de áreas para regularização fundiária e execução de programas habitacionais de interesse social.

(d) O Estudo de Impacto de Vizinhança – EIV será executado de forma a contemplar os efeitos positivos e negativos do empreendimento ou atividade quanto à qualidade de vida da população residente na área e suas proximidades e substituirá o Estudo Prévio de Impacto Ambiental – EIA, previsto na legislação ambiental.

Gabarito: letra A

- *(Cespe – Procurador Municipal – Pref. de Belo Horizonte – MG/2017)*

Determinado município, para executar seu planejamento urbanístico, com a valorização de espaços históricos e a otimização de meios de transporte coletivo, desapropriou imóveis que vinham sendo usados de forma incompatível com a previsão do plano diretor.

Nessa situação,

A) os cálculos dos valores das indenizações pelas desapropriações devem ser regulamentados pelo Estatuto da Cidade.

B) promovida a readequação do uso, não poderá haver alienação dos bens desapropriados a outros particulares.

C) o município utilizou um instituto jurídico de política urbana, com repercussão sobre o caráter perpétuo do direito de propriedade.

D) as desapropriações fundamentaram-se exclusivamente no requisito do interesse social.

Gabarito: letra C

- *IBFC – Especialista em Regulação – AGERBA – 2017*

Tomando por base as disposições da lei federal nº 10.257, de 10/07/2001, assinale a alternativa correta sobre a desapropriação.

a) Decorridos três anos de cobrança do IPTU progressivo sem que o proprietário tenha cumprido a obrigação de parcelamento, edificação ou utilização, o Município poderá proceder à desapropriação do imóvel, com pagamento em títulos da dívida pública

b) Decorridos dois anos de cobrança do IPTU progressivo sem que o proprietário tenha cumprido a obrigação de parcelamento, edificação ou utilização, o Município poderá proceder à desapropriação do imóvel, com pagamento em títulos da dívida pública

c) Decorridos cinco anos de cobrança do IPTU progressivo sem que o proprietário tenha cumprido a obrigação de parcelamento, edificação ou utilização, o Município poderá proceder à desapropriação do imóvel, com pagamento em títulos da dívida pública

d) Decorridos cinco anos de cobrança do IPTU progressivo sem que o proprietário tenha cumprido a obrigação de parcelamento, edificação ou utilização, o Município poderá proceder à desapropriação do imóvel, com pagamento em dinheiro

e) Decorridos três anos de cobrança do IPTU progressivo sem que o proprietário tenha cumprido a obrigação de parcelamento, edificação ou utilização, o Município poderá proceder à desapropriação do imóvel, com pagamento em dinheiro

Gabarito: letra C

- *MÁXIMA – 2016 – Prefeitura de Fronteira – MG –Advogado*

No que se refere ao Estatuto das Cidades (Lei Federal 10.257/2001) assinale a alternativa INCORRETA:

a) o Município poderá proceder à desapropriação do imóvel, com pagamento em títulos da dívida pública, após decorridos cinco anos de cobrança do IPTU progressivo sem que o proprietário tenha cumprido a obrigação de parcelamento, edificação ou utilização do imóvel.

b) Adquirirá o domínio do imóvel por usucapião aquele que possuir como sua área ou edificação urbana de até duzentos e cinquenta metros quadrados, por cinco anos, ininterruptamente e sem oposição, utilizando-a para sua moradia ou de sua família e desde que não seja proprietário de outro imóvel urbano ou rural.

c) O proprietário urbano poderá conceder a outrem o direito de superfície do seu terreno, apenas por tempo determinado, mediante escritura pública registrada no cartório de registro de imóveis.

d) O plano diretor é obrigatório para cidades com mais de vinte mil habitantes.

Gabarito: letra C

Seção V
Da usucapião especial de imóvel urbano

Art. 9º. Aquele que possuir como sua **área ou edificação urbana de até duzentos e cinquenta metros quadrados, por cinco anos, ininterruptamente e sem oposição, utilizando-a para sua moradia** ou de sua família, adquirir-lhe-á o domínio, **desde que não seja proprietário** de outro imóvel urbano ou rural.

§ 1º O **título de domínio será conferido ao homem ou à mulher**, ou a ambos, independentemente do estado civil.

§ 2º O direito de que trata este artigo **não será reconhecido ao mesmo possuidor mais de uma vez.**

§ 3º Para os efeitos deste artigo, o **herdeiro legítimo continua**, de pleno direito, a posse de seu antecessor, **desde que já resida no imóvel por ocasião da abertura da sucessão.**

1. **Destinação social.** Esta modalidade de usucapião, por visar a aquisição de moradias, não pode ser exercida por pessoas jurídicas, apenas por pessoas físicas. Também em razão do cunho social, cada pessoa só será beneficiada uma única vez, evitando assim a concentração de imóveis pelo mesmo proprietário por meio deste instrumento. Cabe ao autor da ação demonstrar em juízo não possuir outros imóveis durante o período de exercício da posse *ad usucapionem*.

   A lei exige a destinação do imóvel como moradia, mas não impõe o uso exclusivo. Assim, o fim comercial de parte do imóvel não descaracteriza a usucapião, desde que preponderantemente o bem seja usado como residência.

   ► Aplicação pelo STJ

   A Corte entendeu pela possibilidade de reconhecimento de usucapião urbana de imóvel que é usado em parte para fins comerciais. Destacou que a previsão legal não exige o uso exclusivo para fins de moradia. Nas palavras do julgado *"o exercício simultâneo de pequena atividade comercial pela família domiciliada no imóvel objeto do pleito não inviabiliza a prescrição aquisitiva buscada."* REsp 1777404/TO, Rel. Min. Nancy Andrighi, DJe 11/05/2020.

2. **Posse *ad usucapionem*.** A lei exige o *animus domini* do ocupante que deve exercer sobre o bem as mesmas faculdades do proprietário. Por tal razão não se aplica este instituto aos locatários que, na vigência do contrato, exercem posse *ad interdicta*, sem ânimo de dono do bem.

3. ***Sucessio possessionis*.** O parágrafo terceiro prevê a transferência da posse *causa mortis*. Para que ocorra a continuidade no cômputo do prazo é preciso que o herdeiro já resida no local na época do óbito, não bastando neste caso a posse decorrente da *saisine*.

   No caso de haver mais de um herdeiro, e nem todos habitarem o imóvel, a doutrina admite o aproveitamento da posse de um para os demais, de modo a considerar a posse exercida pelo autor da herança.

4. **Objeto da usucapião.** O limite legal de metragem abrange o terreno e a construção. A área urbana assim considerada é a definida em lei municipal, como previsto no Estatuto da Cidade.

Aplicação pelo STJ. Foram confirmados pelo STJ a necessidade do respeito ao limite da área de 250 metros quadrados (AgRg no AREsp 418598 / RS, Rel. Min. João Otávio de Noronha, DJ 10/10/2014) e a existência de posse com *animus domini*, afastada essa no caso de imóveis financiados pela Caixa Econômica Federal – CEF destinados à população de baixa renda. (REsp 1221243/PR, Rel. Min. João Otávio de Noronha, DJ 10/03/2014).

► **Aplicação pelo STF.**

No que toca ao limite de metragem para fins de reconhecimento de usucapião urbano em unidade condominial, a Corte Suprema já determinou que devem ser consideradas individualmente a fração ideal correspondente e a metragem da área real privativa, devendo cada qual observar o limite de 250 metros quadrados. RE 305416, Rel. Min. Marco Aurélio, DJe 03/12/2020.

5. **Demais requisitos para aquisição da propriedade**. O prazo de cinco anos não começa a contar a partir do advento desta lei, mas do texto constitucional, documento que primeiramente previu esta modalidade de usucapião. Vale ressaltar que a Lei 10257/01, diferentemente do Código Civil, não exige justo título, nem boa-fé do adquirente para configurar a usucapião. Abaixo esquematizamos as diferenças entre a usucapião urbana e a ordinária regulada pelo Código Civil.

Norma legal	Sujeito ativo	Finalidade	Possibilidades	Sucessão de posses	Requisitos
Lei 10257	**Pessoa física**	**Moradia**	**Apenas uma vez**	**Apenas se já morar no bem**	**Apenas o** *animus domini* **por 5 anos**
Código Civil	**Pessoa física e jurídica**	**Sem definição**	**Sem limite de vezes**	**Art. 1243, CC**	**Título, boa-fé,** *animus domini* **no prazo legal**

Aplicação em concurso

- **CEPS – UFPA – 2018 –UFPA – Assistente Social**

  "Sobre a Usucapião Especial de Imóvel Urbano, disciplinada pela Lei nº 10.257/01 (Estatuto da Cidade), é correto afirmar:

a) Aquele que possuir como sua área ou edificação urbana de até 250m², por cinco anos, ininterruptamente e sem oposição, utilizando-a para sua moradia ou de sua família, adquirir-lhe-á o domínio, ainda que seja proprietário de outro imóvel urbano, mas só poderá exercer este direito uma única vez.

b) Apesar de o autor da ação de Usucapião Especial Urbana ter direito aos benefícios da justiça e da assistência judiciária gratuita, ele deverá arcar com as custas perante o cartório de registro de imóveis, salvo decisão judicial em contrário, que servirá de intimação para o cartório.

c) A ação de Usucapião Especial Urbana, na qual é obrigatória a intervenção do Ministério Público, poderá ser proposta pelo possuidor, bem como pela associação de moradores da comunidade, desde que regularmente constituída, com personalidade jurídica, restando presumida a autorização de seus representados.

d) Para o fim de contar o prazo exigido para usucapião de núcleos urbanos informais, cuja área total dividida pelo número de possuidores seja inferior a $250m^2$ por possuidor, é permitido ao possuidor acrescentar sua posse à de seu antecessor, desde que ambas sejam contínuas.

e) A Usucapião Especial Coletiva de Imóvel Urbano será declarada pelo juiz, mediante sentença, ou por acordo extrajudicial com registro no cartório de registro de imóveis, ficando cada possuidor com igual fração ideal de terreno, independentemente da dimensão do terreno que cada um ocupe.

Gabarito: letra D

- *VUNESP – Advogado – Câmara de Barretos – SP - 2017*

"Imagine que Mélvio possua área urbana de 220 metros quadrados. Nesse caso, em atenção à previsão constitucional acerca da política urbana, é correto afirmar, caso possua o imóvel

a) por, no mínimo, 10 anos, ininterruptamente e sem oposição, utilizando para sua moradia ou de sua família, adquirirá o domínio, sem qualquer outra condição.

b) por, no mínimo, 10 anos, initerruptamente e sem oposição, ainda que utilizando para fins comerciais, adquirirá o domínio, desde que não seja proprietário de outro imóvel urbano ou rural.

c) por 5 anos ininterruptos e sem oposição, utilizando para sua moradia ou de sua família, adquirirá o domínio, desde que não seja proprietário de outro imóvel urbano ou rural, independentemente de seu estado civil.

d) por 5 anos ininterruptos e sem oposição, utilizando para sua moradia ou de sua família, adquirirá o domínio, desde que não seja proprietário de outro imóvel urbano ou rural, e seja casado.

e) por 3 anos ininterruptos e sem oposição, utilizando para sua moradia ou de sua família, adquirirá o domínio, desde que não seja proprietário de outro imóvel urbano ou rural, independentemente do seu estado civil. "

Gabarito: letra C

- *CESPE – Procurador Municipal – Belo Horizonte – MG – 2017*

"Tendo como referência as disposições constitucionais relativas ao direito urbanístico, assinale a opção correta.

a) A usucapião pró-moradia não será reconhecida ao mesmo possuidor mais de uma vez nem é admissível em relação a imóvel público.

b) O plano diretor é obrigatório para todas as cidades brasileiras, uma vez que a propriedade urbana cumpre sua função social somente quando atende às regras nele estabelecidas.

c) Compete concorrentemente ao município, ao estado e à União a promoção do adequado ordenamento territorial.

d) Proprietário de solo urbano que, descumprindo o planejamento urbanístico, não promover seu adequado aproveitamento, poderá ser penalizado, sucessivamente, com: IPTU progressivo, parcelamento ou edificação em caráter compulsório e desapropriação-sanção."

Gabarito: letra A

- *VUNESP – Procurador – Mogi das Cruzes – SP – 2017*

"Sobre a política urbana, a Constituição Federal estabelece que:

a) a propriedade urbana cumpre sua função social quando atende às exigências fundamentais de ordenação da cidade expressas na lei orgânica municipal.

b) o plano diretor é aprovado pelo Poder Executivo, assegurada a participação da sociedade no processo decisório.

c) o estatuto da cidade é o instrumento básico da política de desenvolvimento e de expansão urbana.

d) na usucapião especial urbana, a área do imóvel usucapiendo não poderá ultrapassar cinquenta metros quadrados.

e) o título de domínio e a concessão de uso, na usucapião especial urbana, serão conferidos ao homem ou à mulher, ou a ambos, independentemente do estado civil.

Gabarito: letra E

- *IBFC – Especialista em Regulação – AGERBA – 2017*

"Tomando por base as disposições da lei federal nº 10.257, de 10/07/2001, assinale a alternativa correta sobre o usucapião especial de imóvel urbano:

a) As áreas urbanas com mais de trezentos metros quadrados, ocupadas por população de baixa renda para sua moradia, por cinco anos, ininterruptamente e sem oposição, onde não for possível identificar os terrenos ocupados por cada possuidor, são susceptíveis de serem usucapidas coletivamente, desde que os possuidores não sejam proprietários de outro imóvel urbano ou rural

b) O possuidor pode, para o fim de contar o prazo exigido por este artigo, acrescentar sua posse à de seu antecessor, mesmo que não sejam contínuas

c) O condomínio especial, quando constituído, é divisível, sendo passível de extinção

d) Aquele que possuir como sua área ou edificação urbana de até duzentos e cinquenta metros quadrados, por cinco anos, ininterruptamente e sem oposição, utilizando-a para sua moradia ou de sua família, adquirir-lhe-á o domínio, desde que não seja proprietário de outro imóvel urbano ou rural

e) As deliberações relativas à administração do condomínio especial serão tomadas por unanimidade de votos dos condôminos presentes"

Gabarito: letra D

Art. 10. Os núcleos urbanos informais existentes sem oposição **há mais de cinco anos** e cuja área total dividida pelo número de possuidores **seja inferior a duzentos e cinquenta metros quadrados por possuidor** são suscetíveis de serem usucapidos coletivamente, desde que os **possuidores não sejam proprietários** de outro imóvel urbano ou rural. (Redação dada pela lei nº 13.465, de 2017)

§ 1º O possuidor pode, **para o fim de contar o prazo exigido por este artigo, acrescentar sua posse à de seu antecessor**, contanto que ambas sejam contínuas.

§ 2º A **usucapião especial coletiva de imóvel urbano será declarada pelo juiz, mediante sentença**, a qual servirá de título para registro no cartório de registro de imóveis.

§ 3º Na sentença, o **juiz atribuirá igual fração ideal de terreno a cada possuidor**, independentemente da dimensão do terreno que cada um ocupe, **salvo hipótese de acordo escrito** entre os condôminos, estabelecendo frações ideais diferenciadas.

§ 4º O **condomínio especial constituído é indivisível**, não sendo passível de extinção, salvo deliberação favorável tomada por, no mínimo, dois terços dos condôminos, no caso de execução de urbanização posterior à constituição do condomínio.

§ 5º As **deliberações relativas à administração** do condomínio especial **serão tomadas por maioria de votos** dos condôminos presentes, obrigando também os demais, discordantes ou ausentes.

1. **Constitucionalidade da forma coletiva**. Este instrumento visa primordialmente às favelas e invasões que surgem desordenadamente, sendo uma ocupação indistinta da comunidade que vive no local. Discutia-se na doutrina a constitucionalidade da forma coletiva da usucapião, vez

que a Carta Constitucional previu apenas a modalidade individual. Sempre defendemos inexistir vício de inconstitucionalidade, vez que a usucapião é forma de aquisição da propriedade, matéria de direito civil que dispensa assento constitucional, bastando para sua legalidade a previsão na legislação federal pertinente.

2. **Início da contagem do prazo aquisitivo.** Outra discussão da doutrina se dá em relação ao início da contagem do prazo prescricional aquisitivo. Há quem defenda que, por ser nova modalidade de usucapião, o prazo deveria se iniciar com o advento da Lei 10257/01, desconsiderando a posse anterior. Outros, no entanto, entendem que o cômputo do prazo desde o advento da nova Carta Constitucional, já que a nova modalidade não criou gravame maior a ser suportado pelo proprietário. Ademais, a Lei 10257/01 teve prazo de vacância de três meses, no intuito de evitar surpresas aos proprietários de imóvel urbano.

3. **Requisitos legais. Nova redação com a Lei 13.465/2017.** A Lei 13.465/2017 alterou a redação do *caput* do art. 10, trazendo novos requisitos para a configuração da forma coletiva da usucapião. A lei não fala mais em população de baixa renda e a metragem agora passa a ser calculada pelo resultado entre a divisão da área total ocupada pelos possuidores, não podendo o mesmo ser maior que duzentos e cinquenta metros quadrados.

   No entanto, a lei manteve a exigência de ocupação sem oposição num prazo de cinco anos, não sendo os possuidores proprietários de outro imóvel urbano ou rural. Não exige mais a impossibilidade de individualizar a posse, mas fala em núcleo urbano informal.

4. ***Accessio possessionis.*** Distintamente da forma individual, a lei permite a soma de posses entre pessoas vivas, desde que estas sejam contínuas.

5. **Criação de condomínio.** O juiz, ao reconhecer a usucapião, criará um condomínio entre os ocupantes da área. O estabelecimento de frações ideais permite, além da regularização fundiária do local, a intervenção municipal necessária à urbanização da região.

   A indivisibilidade do condomínio decorre da natureza da ocupação, que não autoriza a identificação da posse exercida por cada um. Sua extinção só será possível após a urbanização, quando destacável cada propriedade e mediante a aprovação de dois terços dos condôminos. As deliberações se darão por maioria simples. Por falta de previsão legal, não se aplica aqui o direito de preferência entre os condôminos previsto no art. 1322 do Código Civil.

6. **Urbanização.** A intervenção municipal, levando serviços públicos ao local, é fundamental para a integração da área, não só jurídica, mas também de fato ao restante da cidade. No entanto, para viabilizar a ação do Poder Público, é recomendável que os moradores doem à edilidade as áreas correspondentes às vias de acesso, nos moldes do art. 22, Lei 6766/79, de modo a legitimar a atuação municipal na implantação de serviços públicos tais como iluminação pública e canalização de águas.

Aplicação em concurso

- *INSTITUTO AOCP - 2020 - Prefeitura de Betim - MG - Analista Jurídico*

  Assinale a alternativa correta conforme as disposições do Estatuto da Cidade.

(a) Os núcleos urbanos informais existentes sem oposição há mais de cinco anos e cuja área total dividida pelo número de possuidores seja inferior a duzentos e cinquenta metros quadrados por possuidor são suscetíveis de serem usucapidos coletivamente, desde que os possuidores não sejam proprietários de outro imóvel urbano ou rural.

(b) Na ação de usucapião especial urbana, é facultada a intervenção do Ministério Público.

(c) Lei municipal, baseada no plano diretor, delimitará as áreas em que incidirá o direito de preempção e fixará prazo de vigência, não superior a 03 (três) anos, renovável a partir de um ano após o decurso do prazo inicial de vigência.

(d) O proprietário deverá notificar sua intenção de alienar o imóvel, para que o Município, no exercício do seu direito de preempção, no prazo máximo de 60 (sessenta) dias, manifeste por escrito seu interesse em comprá-lo.

(e) Concretizada a venda a terceiro de imóvel objeto do direito de preempção, o proprietário fica obrigado a apresentar ao Município, no prazo de 15 (quinze) dias, cópia do instrumento público de alienação do imóvel.

Gabarito: letra A

- *VUNESP - 2019 - Prefeitura de São José do Rio Preto - SP - Procurador do Município*

  Imóvel urbano de 1500 metros quadrados, de propriedade da empresa ABC Ltda., mas não edificado, é ocupado por cerca de 200 famílias no ano de 2010. Em 2019, as 200 famílias, representadas pela "Associação de Moradores da Favela ABC" e mediante ação da Defensoria Pública do Estado, apresentam ao Poder Judiciário ação de usucapião especial urbana. Ao receber a citação para a defesa, a empresa ABC Ltda., em paralelo à apresentação da contestação, propõe ação de reintegração de posse contra as 200 famílias.

Na contestação, a empresa afirma que as famílias que atualmente ocupam o espaço não são as mesmas que o invadiram em 2010, tendo se estabelecido um "mercado informal de posses irregularmente loteadas pelos invasores" desde então, de maneira a tornar impossível verificar o prazo de posse de cada uma das famílias, para fins de comprovação dos requisitos da usucapião. Após tramitação do processo conforme rito apropriado, o juiz, mediante sentença, julga procedente o pedido de usucapião, servindo a sentença para fins de registro no cartório de registro de imóveis do condomínio especial existente entre as famílias. Na sentença, o juiz atribui igual fração ideal de terreno a cada família, apesar da desigual dimensão de terreno que cada família ocupa.

Com base na situação descrita e na Lei n° 10.257/2001, é correto afirmar que

(a) o imóvel em questão não é passível de usucapião especial em razão da sua metragem, superior a 250 metros quadrados.

(b) a substituição processual das famílias pela associação de moradores em questão poderá ocorrer ainda que a associação não esteja regularmente constituída, quando explicitamente autorizada pelos representados.

(c) a proposição da ação de reintegração de posse pela empresa tem por resultado sobrestar o andamento da ação de usucapião até o término do julgamento da ação possessória.

(d) apesar da existência de mercado informal de transferência da posse de frações do terreno ocupado por diferentes famílias, estas podem, para fins da contagem de prazo da usucapião, acrescentar sua posse à de seus antecessores, contanto que ambas sejam contínuas.

(e) a decisão do juiz foi incorreta, pois, caso se tratasse de hipótese de provimento da ação, cada família deveria receber seu próprio título, individualizado, abrindo-se tantas matrículas de imóvel quanto o número de famílias existentes, cada título equivalendo à desigual dimensão de terreno ocupada por cada família.

Gabarito: letra D

- *PGR. 20 concurso.*

"Conceitue a chamada usucapião coletiva, prevista no Código Civil, e descreva os aspectos que a aproximam e a afastam da usucapião especial coletiva de imóvel urbano, prevista no Estatuto das Cidades."

O aluno deve descrever o instituto previsto no art. 10, Lei 10.257/01 e aquele previsto no art. 1228, § 4º, CC. A principal diferença consiste no pagamento existente no instituto do Código Civil, o que inocorre aqui. O Código Civil também não exige que a população que ocupa o bem seja desfavorecida economicamente, como fala o Estatuto da Cidade.

A sentença, no caso do instituto civil, será título constitutivo de propriedade, ao passo que na usucapião coletiva a sentença é apenas declaratória.

► **Aplicação pelo STJ.**

No julgamento do AgInt no AREsp 1516411/DF, o STJ bem distinguiu o exercício do direito de propriedade do regular exercício do direito de construir. Assim, o fato de ser proprietário da área ou usucapi-la não dá direito de construir livremente, sendo a todos oponível a legislação edilícia municipal. Com tal entendimento, a Corte confirmou a possibilidade do Ente Público demolir construções em andamento em áreas públicas e privadas. AgInt no AREsp 1516411/DF, Rel. Min. Francisco Falcão, DJe 11/05/2020.

Art. 11. Na **pendência da ação de usucapião** especial urbana, **ficarão sobrestadas quaisquer outras ações, petitórias ou possessórias**, que venham a ser propostas relativamente ao imóvel usucapiendo.

1. **Processo judicial**. A ação de usucapião prevalece sobre outras demandas que envolvam posse ou domínio do imóvel. Para evitar a publicação de decisões contraditórias, sugere-se a averbação junto ao RGI da propositura da ação de usucapião.

► **Aplicação pelo STJ.**

A hipótese de suspensão processual prevista no art. 11 só vale para ações petitórias ou possessórias ajuizadas após a ação de usucapião, como já decidido pelo STJ - AgRg no REsp 1237623, Rel. Min. Sidnei Beneti, DJ 26/05/2011.

Art. 12. São **partes legítimas** para a propositura da ação de usucapião especial urbana:

I – o **possuidor**, isoladamente ou em litisconsórcio originário ou superveniente;

II – os **possuidores, em estado de composse**;

III – como **substituto processual, a associação de moradores** da comunidade, regularmente constituída, com personalidade jurídica, desde que explicitamente autorizada pelos representados

§ 1º Na ação de usucapião especial urbana é **obrigatória a intervenção do Ministério Público.**

§ 2º O autor terá os benefícios da justiça e da assistência judiciária gratuita, inclusive perante o cartório de registro de imóveis.

1. **Litisconsórcio**. Os ocupantes de determinada área poderão ajuizar a ação em conjunto, formando litisconsórcio. A lei, ao prever sua formação em momento posterior ao ajuizamento da ação, classifica o litisconsórcio em facultativo, modalidade também reconhecida pela doutrina. A usucapião coletiva difere da usucapião conjunta, onde vários autores que exercem posses individualizadas se reúnem para requerer em juízo a declaração de sua propriedade. Na usucapião conjunta há a cumulação de pedidos individuais; na coletiva, o pedido é um só, incindível, diante da situação fática da posse exercida por várias pessoas indistintamente. Por esta razão, na usucapião coletiva, o litisconsórcio será sempre unitário, ao passo que na usucapião conjunta ele será, em regra, simples. Apenas na situação de composse, o litisconsórcio será unitário, já que a posse nesta hipótese é única.

2. **Legitimação extraordinária**. A lei reconhece à associação legitimidade para pleitear em juízo direito de seus associados.

Aplicação em concurso

- *FUNDEP (Gestão de Concursos) - 2020 - Câmara de Patrocínio - MG - Advogado*

  A Lei nº 10.257, de 10 de julho de 2001, conhecida como Estatuto da Cidade, assume as características de uma lei geral de direito urbanístico (SILVA, 2018, p. 67), estabelecendo diretrizes gerais da política urbana. Considerando as disposições trazidas pela lei quanto à usucapião especial de imóvel urbano como instrumento de política urbana, assinale a alternativa incorreta.

(a) Os núcleos urbanos informais existentes sem oposição há mais de cinco anos e cuja área total dividida pelo número de proprietários seja superior a 250 metros quadrados por ocupante são suscetíveis de serem usucapidos coletivamente, desde que seus beneficiários não sejam titulares de outro imóvel urbano ou rural.

(b) Na ação judicial de usucapião especial de imóvel urbano, cujo rito processual a ser observado é o sumário, é obrigatória a intervenção do Ministério Público por força de previsão expressa no Estatuto da Cidade.

(c) Na sentença declaratória da usucapião coletiva, o juiz atribuirá igual fração ideal de terreno a cada possuidor, independentemente da dimensão do terreno que cada um ocupe, salvo hipótese de acordo escrito entre os condôminos.

(d) Aquele que possuir como sua área urbana de até 250 metros quadrados, por cinco anos, ininterruptamente e sem oposição, utilizando-a para sua moradia, poderá requerer que lhe seja declarado o domínio, desde que não seja proprietário de outro imóvel urbano ou rural.

Gabarito: letra B

- *VUNESP - 2019 - DAEM - Procurador Jurídico*

  A respeito da Lei nº 10.257/2001, assinale a alternativa correta.

  (a) Na ação de usucapião especial urbana, o autor terá os benefícios da justiça e da assistência judiciária gratuita, inclusive perante o cartório de registro de imóveis.

  (b) O direito de superfície refere-se ao espaço aéreo, não podendo abranger o direito de utilizar o solo e o subsolo do terreno.

  (c) Não se admite, em quaisquer hipóteses, a aplicação do imposto sobre a propriedade predial e territorial urbana (IPTU) progressivo no tempo, mediante a majoração da alíquota pelo prazo de cinco anos consecutivos.

  (d) É possível a usucapião especial de imóvel urbano àquele que possuir como sua, área ou edificação de até 500 metros quadrados, por três anos ininterruptos e sem oposição, utilizando-o para sua moradia ou de sua família.

  (e) É vedada a utilização do direito de preempção ao Poder Público Municipal.

  Gabarito: Letra A

3. **Ministério Público.** A intervenção do Ministério Público como fiscal da lei é obrigatória nas ações de usucapião. Sua falta gera nulidade no processo.

Aplicação em concurso

- *MP/MG– 44 concurso.*

  "São partes legítimas para a propositura da ação de usucapião especial urbana o possuidor, isoladamente ou em litisconsórcio originário ou superveniente, a associação de moradores da comunidade, regularmente constituída, com personalidade jurídica, desde que explicitamente autorizada pelos representados; e o Ministério Público como substituto processual."

  A afirmativa está errada. O Ministério Público não atua como substituto processual, apenas como fiscal da lei.

4. **Assistência Judiciária gratuita**. Há julgado do STJ afirmando que o art. 12, §2º estabelece uma presunção relativa da hipossuficiência do autor da ação de usucapião especial urbana, passível de afastamento por meio de prova no curso do processo. REsp 1517822/SP, Rel. Min. Ricardo Villas Boas Cueva, DJe 24/02/2017.

Art. 13. A **usucapião especial de imóvel** urbano poderá ser invocada como **matéria de defesa, valendo a sentença** que a reconhecer **como título para registro no cartório de registro de imóveis.**

1. **Usucapião em defesa**. Para que a alegação de usucapião em defesa surta os mesmos efeitos que na ação própria, é de boa cautela que o juiz se cerque de alguns cuidados formais, como a apresentação de planta descritiva da região e a intimação das Fazendas Públicas e de terceiros interessados. Desta forma, evitar-se-ão futuras nulidades no título de propriedade a ser constituído.

Aplicação em concurso

- *MP/MG – 47 Concurso.*

  "Segundo a Lei nº 10.257/01 (Estatuto da Cidade), a usucapião especial de imóvel urbano poderá ser invocada como matéria de defesa, porém a sentença que a reconhecer não servirá como título para registro no cartório de registro de imóveis, para tanto, deverá ser proposta ação específica para reconhecimento deste tipo de usucapião especial, cujo rito processual a ser observado é o sumário."

  A afirmativa está errada. A sentença vale como título a ser levado a registro público.

Art. 14. Na ação judicial de usucapião especial de imóvel urbano, o **rito processual a ser observado é o sumário.**

1. **Procedimento**. A lei prevê o rito sumário para a ação de usucapião. Tal dispositivo vem sendo criticado, por vários motivos. Primeiro porque nesta espécie de demanda despicienda é a audiência de conciliação, já que o interesse público envolvido impede qualquer tipo de transação. Ademais, este rito impõe ao autor a produção antecipada de provas, o que é de difícil obtenção pela parte. Outrossim, é comum a necessidade de prova pericial, o que vai de encontro com a brevidade exigida pelo procedimento.

   O STJ já admitiu a possibilidade no rito sumário de citação do titular da propriedade e de todos os confinantes e confrontantes do imóvel usucapiendo, inclusive pela via do edital, como disposto no REsp 1275559, Rel. Min. Luis Felipe Salomão, DJ 16/08/2016.

2. **Legitimidade passiva.** A jurisprudência ainda não é pacífica quanto à legitimidade do ente municipal para figurar no polo passivo da relação processual na ação de usucapião especial coletiva. Se por um lado, a decisão judicial poderá trazer impacto urbanístico para parcela da cidade, por outro, o ente público não é titular do direito material discutido, qual seja, direito de propriedade.

Entendemos que não deva o ente municipal figurar no polo passivo, porquanto não ter seu patrimônio atingido. Eventual urbanização ou regularização da área cuja propriedade seja reconhecida judicialmente será executada administrativamente ou até exigida judicialmente com base no art. 40, Lei 6766/79, consistindo dever jurídico autônomo do discutido na ação de usucapião.

Seção VI
Da concessão de uso especial para fins de moradia

Art. 15. (VETADO)

Art. 16. (VETADO)

Art. 17. (VETADO)

Art. 18. (VETADO)

Art. 19. (VETADO)

Art. 20. (VETADO)

1. **Razões de veto.** O Poder Executivo vetou integralmente a seção que dispunha sobre a concessão de uso especial para fins de moradia na promessa de melhor regulamentar a matéria em momento posterior. Houve crítica quanto à previsão da concessão de uso de edificação urbana, além do próprio terreno. Destacou-se também não ter a norma legal distinguido os imóveis públicos de uso comum dos demais, estes sim passíveis de terem seu uso transferido ao particular.

   O veto também realçou a falta de uma data-limite para o reconhecimento do direito, bem como a omissão de prazo para que o Poder Público processe os pedidos da concessão de uso.

   O instituto veio previsto na Medida Provisória 2220/01 que comentaremos em sequência a esta lei, destacando para a alteração de redação de alguns dos seus artigos por força do advento da Lei 13.465/2017.

Seção VII
Do direito de superfície

Art. 21. O **proprietário urbano** poderá **conceder a outrem o direito de superfície** do seu terreno, por **tempo determinado ou indeterminado**, mediante escritura pública registrada no cartório de registro de imóveis.

§ 1º O direito de superfície abrange o **direito de utilizar o solo, o subsolo ou o espaço aéreo** relativo ao terreno, na forma estabelecida no contrato respectivo, **atendida a legislação urbanística**.

§ 2º A **concessão** do direito de superfície poderá ser **gratuita ou onerosa**.

§ 3º O **superficiário responderá** integralmente pelos **encargos e tributos** que incidirem sobre a propriedade superficiária, arcando, ainda, proporcionalmente à sua parcela de ocupação efetiva, com os encargos e tributos sobre a área objeto da concessão do direito de superfície, salvo disposição em contrário do contrato respectivo.

§ 4º O direito de superfície pode ser **transferido a terceiros**, obedecidos os termos do contrato respectivo.

§ 5º **Por morte do superficiário**, os seus direitos **transmitem-se a seus herdeiros.**

1. **Novo direito real.** O Estatuto da Cidade inovou ao prever o direito de superfície no solo urbano. Sua regulação mais ampla veio em momento posterior, com o advento do Código Civil em 2002. A superfície importa na suspensão do princípio da acessão, previsto no art. 1253, CC, que informa que o principal segue o acessório, sendo do proprietário da terra a titularidade da plantação ou da construção ali realizada.

   A norma aqui comentada é administrativa, visa sempre a tutelar o interesse público. Nesta modalidade de superfície vale o princípio da legalidade, plasmado no art 37, CRFB que estabelece que a Administração Pública só pode fazer aquilo previsto em lei.

Aplicação em concurso

- *MPE-RS – Promotor de Justiça – 2017*

  "Assinale com **V** (verdadeiro) ou com **F** (falso) as seguintes afirmações sobre o conteúdo do Estatuto da Cidade (Lei n 10.257, de 10 de julho de 2001, com suas posteriores alterações legislativas).

( ) O direito de superfície não pode ser transferido a terceiros, sendo vedada por lei qualquer previsão contratual nesse sentido.

( ) O superficiário responderá integralmente pelos encargos e tributos que incidirem sobre a propriedade superficiária, arcando, ainda, proporcionalmente à sua parcela de ocupação efetiva, com os encargos e tributos sobre a área objeto da concessão do direito de superfície, sendo vedada disposição em contrário no contrato respectivo.

( ) Em empreendimentos de pequeno porte, a elaboração do estudo prévio de impacto de vizinhança (EIV) substitui a elaboração e a aprovação de estudo prévio de impacto ambiental (EIA).

( ) O plano diretor é obrigatório para cidades integrantes de áreas de especial interesse turístico.

A sequência correta de preenchimento dos parênteses, de cima para baixo, é

a) F-V-F-F

b) F-F-F-V

c) V-V-F-F

d) V-F-V-V

e) V-F-V-F

Gabarito: letra B

2. **Distinção entre a superfície prevista no Código Civil**. Importante destacar de início a diferença entre o regime do Estatuto da Cidade e aquele previsto no Código Civil. Em primeiro lugar, estes dispositivos só tratam do solo urbano, já a lei civil prevê também a superfície de solo rural.

Além disso, como já dito, o interesse aqui envolvido é o coletivo, da comunidade. Nas disposições civis o que se preserva são os interesses das partes interessadas. Por isso, para se definir se será utilizado o Código Civil ou a Lei 10.257, é importante verificar o objeto de transferência, a finalidade que se quer dar ao bem e o interesse jurídico envolvido. Por exemplo, a alienação de superfície para a criação de um jardim, ou de uma quadra de esportes é negócio jurídico que afeta apenas às partes envolvidas. Já a superfície para a construção de uma passarela, ou de um estacionamento subterrâneo é contrato que tem repercussões urbanísticas e, por isso, deve contar com a participação do Ente Municipal, incidindo, *in casu*, as normas públicas do Estatuto da Cidade.

Por envolver interesse público, as normas aqui estudadas são inafastáveis, de ordem pública, como expressamente previsto no art. 1º, pu. Já as normas do Código Civil, por tutelar interesse privado, podem ser negociadas entre as partes.

A transferência da superfície pelo Estatuto da Cidade pode ser por prazo determinado ou indeterminado. Já no Código Civil, a alienação só se dará por prazo determinado, na forma do art. 1369, CC.

O Código Civil não admite a transferência da superfície de subsolo independentemente do solo, autorizando apenas a obra em subsolo quando inerente ao objeto da concessão, na forma do art. 1369, pu.

Segue em sequência quadro esquematizando as diferenças entre os dois ordenamentos reguladores da superfície.

Norma legal	Área	Prazo	Objeto	Interesse tutelado	Normas transacionáveis
Lei 10257	Solo urbano	Determinado ou indeterminado	Solo e subsolo	Público	Não há possibilidade
Código Civil	Solo urbano e rural	Determinado	Não admite do subsolo	Privado	É possível

Art. 22. Em caso de **alienação** do terreno, ou do direito de superfície, o **superficiário e o proprietário**, respectivamente, **terão direito de preferência**, em igualdade de condições à oferta de terceiros.

1. **Semelhanças entre os regulamentos**. Tanto no Estatuto da Cidade como no Código Civil, há previsão do direito de preferência em favor das partes contratantes em caso de posterior alienação do direito real, seja da superfície, seja da propriedade.

   Em ambos os casos é possível a celebração de transferência do direito real na forma onerosa ou gratuita. Os dois regimentos também admitem a transferência da superfície *inter vivos* ou *causa mortis*.

   A superfície, tanto no Código Civil como no Estatuto da Cidade, transfere o direito de construir ou de plantar, mas não admite a transmissão da propriedade superficiária consistente na plantação ou construção. Não há autorização legal para a transferência tão somente da plantação ou da construção já realizada, ou seja, da propriedade superficiária. Nosso ordenamento, portanto, não admite a superfície por cisão.

   Por fim, em ambos há a previsão da transferência de tributos e encargos ao superficiário. Importante ressaltar que para que tal disposição seja oponível à Fazenda, é preciso que haja alteração na legislação tributária pertinente.

   Questão polêmica diz respeito à possibilidade de usucapião do direito de superfície. Como se trata de uma exceção à regra do princípio da acessão, só será possível a limitação da usucapião do direito real de superfície quando houver sido previamente determinada a separação da superfície da nua-propriedade pelo proprietário. Assim, a regra é que a posse com *animus domini* do imóvel determine a usucapião de sua propriedade. Só se reconhecerá a usucapião de superfície se o possuidor for superficiário e não o proprietário do bem.

Tal regra é de suma importância para os casos de usucapião de bem público, o que é expressamente vedado por nossa Carta Maior, no art. 183, CRFB. Nesse caso, o ocupante poderia alegar usucapião da superfície e não da propriedade plena, dado que só poderia ser admitido se previamente o Ente Público, proprietário do bem, houvesse alienado a superfície do imóvel. Caso contrário, não há que se falar em usucapião de superfície, mas sim de domínio, o que é juridicamente impossível pelo nosso ordenamento.

Aplicação em concurso

- *VUNESP - 2019 - Câmara de Mauá - SP - Procurador Legislativo*

  No que tange ao direito de superfície, nos termos da Lei no 10.257/2001, assinale a alternativa correta.

(a) O direito de superfície não pode ser transferido a terceiros.

(b) Por morte do superficiário, os seus direitos não se transmitem aos seus herdeiros.

(c) O direito de superfície abrange o direito de utilizar o solo e o subsolo, mas não o espaço aéreo relativo ao terreno.

(d) Em caso de alienação do terreno, ou do direito de superfície, o superficiário e o proprietário, respectivamente, terão direito de preferência, em igualdade de condições à oferta de terceiros.

(e) É vedada a concessão do direito de superfície de forma onerosa

Gabarito: letra D

- *16 Concurso – PGE-RJ*

  Austregésilo, proprietário de terreno urbano na cidade do Rio de Janeiro, contrata com Gildásio a outorga do direito real de superfície do referido terreno, por prazo indeterminado. O contrato foi realizado por escritura pública, devidamente registrada no cartório do registro de imóveis competente. Passados três anos e cinco meses da contratação, estando o contrato sendo cumprido regularmente, Gildásio vem a falecer. Seus herdeiros, Alberto, Luiza e Castanho, alienam o direito real de superfície para Frederico, sem que fosse concedido a Austragésilo o direito de preferência em igualdade de condições. Indaga-se: quais os direitos de Austregésilo?

  Gabarito: O candidato deve discorrer sobre o direito real de superfície, destacando a sua transmissibilidade inter vivos e causa mortis, como previsto no art. 21, §§ 4º e 5º. No caso concreto, Austregésilo, como proprietário do terreno, tem direito de preferência na aquisição da superfície e consequente reunião dos direitos reais na propriedade de um só titular. Logo, em relação a ele, a alienação da superfície é ineficaz, podendo notificar ambas as partes e executar sua preferência, adquirindo para si a superfície, desde que respeitadas as mesmas condições acordadas com Frederico.

- *TJ-RJ – XLII Concurso – Prova Específica.*

  "Quanto ao direito de superfície, explicitar, fundamentadamente:

  a) sua natureza jurídica

  b) a forma de sua constituição mediante concessão;

  c) a forma de sua constituição mediante cisão;

  d) a controvérsia relacionada à aquisição pela via da usucapião

  Todos os itens perguntados na questão foram abordados nos comentários aos artigos que tratam do direito de superfície na Lei 10257/01.

Art. 23. Extingue-se o direito de superfície:

I – pelo **advento do termo;**

II – pelo **descumprimento das obrigações contratuais** assumidas pelo superficiário.

1. Relação contratual. Assim como ocorre na transferência da propriedade, o direito real de superfície tem sua transferência efetivada com o registro público do contrato de compra e venda. Neste ajuste entre as partes deve haver previsão relativa aos valores a serem pagos, à responsabilidade pelos tributos, e à destinação a ser dada ao imóvel. Em geral, a superfície é transferida para uma finalidade específica e sua inobservância pelo superficiário enseja a resolução do contrato.

Por ser exceção ao princípio da acessão, a superfície não se presume; sua criação e transferência só ocorrerão por manifestação de vontade expressa. Por esta razão, só será possível a usucapião de superfície se, previamente, houver um documento destacando a propriedade superficiária. Sem um ajuste prévio, não se pode presumir a divisão da propriedade plena.

Aplicação em concurso

- *FEPESE - 2020 - Prefeitura de Itajaí - SC - Auditor Fiscal Municipal - Controle Urbano*

  Com base no Estatuto da Cidade, consubstanciado na Lei nº 10.257, de 10 de julho de 2001, analise as afirmativas abaixo sobre o direito de superfície.

1. O proprietário urbano poderá conceder a outrem o direito de superfície do seu terreno, apenas por tempo determinado, mediante instrumento particular.
2. A concessão do direito de superfície não poderá ser gratuita.
3. Extingue-se o direito de superfície pelo descumprimento das obrigações contratuais assumidas pelo superficiário.
4. Por morte do superficiário, os seus direitos não se transmitem a seus herdeiros.

Assinale a alternativa que indica todas as afirmativas corretas.

(a) É correta apenas a afirmativa 3.
(b) São corretas apenas as afirmativas 1 e 3.
(c) São corretas apenas as afirmativas 2 e 4.
(d) São corretas apenas as afirmativas 1, 2 e 3.
(e) São corretas apenas as afirmativas 2, 3 e 4.

Gabarito: letra A

- *MPE-SC – 2016 – Promotor de Justiça*

"Nos termos da Lei n. 10.257/01, o direito de superfície abrange o direito de utilizar o solo, o subsolo ou o espaço aéreo relativo ao terreno, na forma estabelecida no contrato respectivo, atendida a legislação urbanística. De acordo com a referida lei, extingue-se o direito de superfície pelo advento do termo e pelo descumprimento das obrigações assumidas pelo superficiário."

A afirmativa está correta.

Art. 24. Extinto o direito de superfície, o proprietário recuperará o pleno domínio do terreno, bem como das acessões e benfeitorias introduzidas no imóvel, **independentemente de indenização, se as partes não houverem estipulado o contrário** no respectivo contrato.

§ 1º Antes do termo final do contrato, **extinguir-se-á** o direito de superfície **se o superficiário der ao terreno destinação diversa** daquela para a qual for concedida.

§ 2º A **extinção** do direito de superfície **será averbada** no cartório de registro de imóveis.

1. Reunião da propriedade. Com a transferência da superfície, o imóvel passa a ter o proprietário e o superficiário, este titular do direito de superfície. Com a extinção da superfície, a propriedade plena se reúne na pessoa de seu titular. Por se tratar de direito real, é essencial que se faça o registro junto ao RGI.

Seção VIII
Do direito de preempção

Art. 25. O **direito de preempção** confere ao **Poder Público municipal preferência para aquisição de imóvel urbano** objeto de **alienação onerosa entre particulares.**

§ 1º **Lei municipal, baseada no plano diretor, delimitará as áreas** em que incidirá o direito de preempção e fixará **prazo de vigência**, não superior a cinco anos, renovável a partir de um ano após o decurso do prazo inicial de vigência.

§ 2º O **direito de preempção fica assegurado** durante o prazo de vigência fixado na forma do § 1º, **independentemente do número de alienações** referentes ao mesmo imóvel.

1. **Preferência**. A preempção é uma restrição ao poder de dispor do proprietário, consistente numa preferência estabelecida pela lei, em favor do Poder Público Municipal. É uma obrigação de fazer a ser observada pelo proprietário do imóvel que deve notificar o Ente Municipal caso pretenda alienar onerosamente seu bem.

   É importante distinguir a preempção aqui estudada da perempção, que significa a perda do direito.

   Como toda e qualquer preferência, o valor a ser pago pelo Ente Municipal será o mesmo oferecido pelo particular. A regulamentação deve visar evitar fraude entre particulares que pretendam simular a alienação de imóveis, forjando preços fora de mercado. As normas do Código Civil podem ser aplicadas subsidiariamente, como dispõe o art. 4º, § 1º do Estatuto da Cidade.

2. **Requisitos legais**. Para a incidência da preferência, mister se faz a previsão do instituto no plano diretor e sua regulamentação por meio de lei municipal, expressamente especificando as áreas de sua aplicação.

3. **Hipóteses de incidência**. A preempção ocorrerá nas hipóteses de transferência da propriedade de forma onerosa. Não incide, portanto, em alienação de domínio útil ou de superfície, tampouco em alienações gratuitas como doações e transmissão de herança. Destaque-se ainda não incidir a norma em casos de transferência da propriedade sem o elemento volitivo, como ocorre em casos de evicção, desapropriação e usucapião.

   A lei é clara ao prever a preferência em negócios celebrados entre particulares. Assim, não incide tal regra em alienações realizadas por pessoas jurídicas de direito público.

4. **Preponderância do interesse público**. Por envolver o interesse municipal em bem ordenar a ocupação do espaço urbano, a preferência aqui estudada prevalece sobre outras prelações privadas, como a do locatário em relação ao bem alugado e a do condômino sobre a coisa comum.

Aplicação em concurso

- *IBGP – Procurador Municipal – Pref. de Santa Luzia – MG/2018*

Sobre o Plano Diretor e os instrumentos de política urbana, disciplinados pelo Estatuto da Cidade, assinale a alternativa INCORRETA:

A) O plano diretor, a ser aprovado pela Câmara Municipal, é obrigatório para cidades com mais de vinte mil habitantes.

B) O valor da alíquota do IPTU progressivo no tempo, a ser aplicado a cada ano, será fixado em lei específica e não excederá duas vezes o valor referente ao ano anterior, respeitada a alíquota máxima de quinze por cento. Caso a obrigação de parcelar, edificar ou utilizar não esteja atendida no prazo de 5 anos, o município manterá a cobrança pela alíquota máxima, até que se cumpra a referida obrigação.

C) A Lei municipal definirá os empreendimentos e atividades privadas ou públicas em área urbana que dependerão de elaboração de Estudo Prévio de Impacto de Vizinhança (EIV) para obter as licenças ou autorizações de construção, ampliação ou funcionamento a cargo do poder público municipal, o qual não substitui a elaboração e a aprovação de Estudo Prévio de Impacto Ambiental (EIA), requeridas nos termos da legislação ambiental.

D) O direito de preempção confere ao poder público municipal preferência para aquisição de imóvel urbano objeto de alienação onerosa entre particulares, situado em área prevista em lei municipal, cujo prazo de vigência não será superior a 10 anos, devendo o proprietário notificar sua intenção de alienar o seu imóvel, para que o município, no prazo máximo de 30 dias, manifeste por escrito seu interesse em comprá-lo.

Gabarito: letra D

- *VUNESP – 2018 – PAULIPREV – SP – Procurador Autárquico*

"Assinale a alternativa correta, nos termos da Lei nº 10.257/2001.

a) O direito de superfície somente pode ser transferido por tempo determinado, mediante escritura registrada no cartório de registro de imóveis.

b) É vedado, ao plano diretor, fixar áreas nas quais o direito de construir possa ser exercido acima do coeficiente de aproveitamento básico adotado.

c) O usucapião especial de imóvel urbano pode ser reconhecido ao mesmo possuidor mais de uma vez, para o mesmo imóvel.

d) O autor da ação de usucapião especial urbana terá os benefícios da assistência judiciária gratuita, exceto perante o cartório de registro de imóveis.

e) O direito de preempção confere ao Poder Publico municipal preferência na aquisição de imóvel urbano objeto de alienação onerosa entre particulares."

Gabarito: letra E

- *MPE-BA – 2018 – MPE-BA – Promotor de Justiça Substituto*

"Acerca do Estatuto da Cidade (lei nº 10.257/2001), marque a alternativa correta:

a) Lei municipal específica autorizará a concessão de isenções ou de anistia relativas a aplicação do imposto sobre a propriedade predial e territorial urbana (IPTU) progressivo.

b) A usucapião especial de imóvel urbano poderá ser invocada como matéria de defesa, porém a sentença que a reconhecer não servirá como título para registro no cartório de registro de imóveis, devendo-se, para tanto, ser promovida demanda específica, a fim de se reconhecer este tipo de usucapião especial.

c) É possível afirmar que o direito de preempção municipal tem natureza jurídica de limitação administrativa (imposição legal).

d) O direito de superfície é a concessão para se construir ou plantar em solo alheio. Dado o seu matiz econômico, a constituição desse direito opera-se apenas por contrato oneroso, durante a sua vigência, e o detentor da propriedade superficiária poderá modificar unilateralmente a destinação da utilização do terreno, quando essa não beneficiar a propriedade economicamente.

e) A usucapião coletiva é permitida para áreas com mais de duzentos e cinquenta metros quadrados, ocupadas por população de baixa renda para sua moradia, de forma ininterrupta, por dez anos."

Gabarito: letra C

- *VUNESP – Assistente Jurídico e Procurador Jurídico – Município de Andradina – SP – 2017*

De acordo com a Lei no 10.257, de 10 de julho e 2001 (Estatuto da Cidade), assinale a alternativa correta:

a) Nos limites legais, o direito de preempção confere ao Poder Público municipal preferência para aquisição de imóvel urbano objeto de alienação onerosa entre particulares.

b) Antes do termo final do contrato não é possível extinguir-se o direito de superfície.

c) A concessão do direito de superfície não poderá ser realizada de forma gratuita.

d) O plano diretor não poderá, em nenhuma hipótese, fixar áreas nas quais o direito de construir possa ser exercido acima do coeficiente de aproveitamento básico adotado.

e) Decorridos cinco anos de cobrança do IPTU progressivo sem que o proprietário tenha cumprido a obrigação de parcelamento, edificação ou utilização, o Município poderá proceder à desapropriação do imóvel, mediante depósito prévio do valor do bem.

Gabarito: letra A

- *VUNESP – Procurador – Porto Ferreira – 2017*

"Acerca do que dispõe a Lei n. 10.257/01, é correto afirmar que:

a) o direito de preempção confere ao Poder Público municipal preferência para aquisição de imóvel urbano objeto de alienação onerosa entre particulares.

b) a concessão do direito de superfície deverá ser invariavelmente onerosa.

c) na pendência da ação de usucapião especial urbana, tramitam conjuntamente quaisquer outras ações, petitórias ou possessórias, que venham a ser propostas relativamente ao imóvel usucapiendo.

d) decorridos dez anos de cobrança do IPTU progressivo sem que o proprietário tenha cumprido a obrigação de parcelamento, edificação ou utilização, o Município poderá proceder à desapropriação do imóvel, com pagamento em dinheiro.

e) compete aos Municípios, entre outras atribuições de interesse da política urbana, legislar sobre normas gerais de direito urbanístico.

Gabarito: letra A

- *IBFC – Especialista em Regulação – AGERBA – 2017*

"Tomando por base as disposições da lei federal nº 10.257, de 10/07/2001, assinale a alternativa correta sobre o que constitui o direito conferido ao Poder Público municipal que implica na preferência para aquisição de imóvel urbano objeto de alienação onerosa entre particulares.

a) Direito de ofício

b) Direito de retenção

c) Direito de desapropriação

d) Direito de interdição

e) Direito de preempção"

Gabarito: letra E

- *PGR – 22 concurso.*

  "Propriedade urbanística. ... 2. Propriedade urbana e seu significado jurídico. 3. Uso do solo urbano: direito de superfície e direito de preempção. 4. Zoneamento urbano."

  Os temas perguntados já foram discorridos neste livro.

5. **Diferenças entre a perempção do Código Civil**. A preferência prevista no Estatuto da Cidade se distingue da regulada pela lei civil em vários aspectos. Primeiro, quanto à figura do preemptor. A norma administrativa prevê apenas o Ente Municipal como beneficiário, ou ainda o Distrito Federal (art. 32, § 1º), ao passo que no Código Civil não há restrições quanto o preferente.

   A preempção urbanística decorre de imposição legal, já na esfera privada a preferência decorre de ajuste entre as partes. O objeto é mais amplo na lei civil, abrangendo bens móveis e imóveis, incidindo apenas em imóveis na normativa do Estatuto da Cidade. A finalidade urbanística deve ser uma daquelas previstas no art. 26; já na lei civil dispensa-se a previsão de finalidade na aquisição do bem, bastando para tanto a vontade do preferente.

   Por fim, o aspecto temporal. O Estatuto da Cidade estabelece o prazo máximo de cinco anos para vigência da preferência, restrição que não existe no Código Civil, o que nos autoriza a admitir implicitamente a aplicação do pacto por prazo indeterminado. Insta destacar que o prazo previsto no Estatuto da Cidade, firmado para vigência da preempção, tem natureza decadencial.

   Esquematizamos abaixo as diferenças entre os tratamentos legais:

Norma	Nat. Jur.	Objeto	Finalidade	Preemptor	Prazo
Lei 10.257	Imposição legal	Bem imóvel	Art. 26	Município e DF	Art. 25, § 1º
C. Civil	Vontade das partes	Bem móvel e imóvel	Livre	Livre	Indeterminado

6. **Alienações diversas.** O Ente Municipal poderá exercer a preferência no prazo fixado em lei, mesmo que já tenham ocorrido algumas alienações. A norma não limita o número de negócios jurídicos a serem realizados no período. Em relação a todos eles o Município deve ser notificado, reabrindo oportunidade para exercer sua faculdade de aquisição do bem. A aquisição, *in casu*, não é precedida de certame licitatório, por força do art. 25, Lei 8666/93.

Art. 26. O **direito de preempção será exercido** sempre que o Poder Público necessitar de áreas **para**:

I – **regularização fundiária**;

II – execução de **programas e projetos habitacionais** de interesse social;

III – constituição de **reserva fundiária**;

IV – ordenamento e direcionamento da **expansão urbana**;

V – implantação de **equipamentos urbanos e comunitários**;

VI – **criação de espaços públicos** de lazer e áreas verdes;

VII – **criação de unidades de conservação** ou proteção de outras áreas de interesse ambiental;

VIII – **proteção de áreas de interesse histórico**, cultural ou paisagístico;

IX – (VETADO)

Parágrafo único. A **lei municipal** prevista no § 1º do art. 25 desta Lei deverá **enquadrar cada área em que incidirá o direito de preempção** em uma ou mais das finalidades enumeradas por este artigo.

1. **Finalidade do instrumento.** No intuito de evitar que o mecanismo seja utilizado para atender perseguições políticas e interesses pessoais, a lei exige que seja justificada a fixação da preferência entre um dos objetivos previstos neste artigo.

O inciso IX foi vetado justamente por trazer uma justificativa genérica, relativa a interesse social e utilidade pública. Expôs o Executivo não ser possível o uso da discricionariedade na restrição ao direito fundamental da propriedade. A destinação do imóvel fora da finalidade legal caracteriza improbidade administrativa, na forma do art. 52, III.

Aplicação em concurso

- *VUNESP - 2019 - Prefeitura de Francisco Morato - SP - Procurador*

O direito de preempção, previsto na Lei n° 10.257/01, confere ao Poder Público Municipal preferência para aquisição de imóvel urbano objeto de alienação onerosa entre particulares. Tal direito será exercido sempre que o Poder Público necessitar de áreas para

(a) regularização fundiária com mais de cinquenta mil metros quadrados

(b) execução de programas e projetos habitacionais de interesse social e pequenos comércios que favoreçam a região.

(c) ordenamento e direcionamento da expansão urbana.

(d) locação de imóveis ou de mobiliário urbano.

(e) criação de espaços públicos de lazer voltados exclusivamente para crianças e idosos.

Gabarito: letra C

- *FGV - 2019 - MPE-RJ - Analista do Ministério Público - Processual*

A Promotoria de Justiça de tutela coletiva da Comarca Alfa recebeu representação informando que os interessados em adquirir imóveis urbanos, de modo oneroso, em determinada área do Município Alfa, estavam sendo preteridos pelo Poder Público municipal, que alegava a existência da Lei Municipal nº XX/2018, a qual lhe daria preferência na respectiva aquisição, visando à implantação de espaços públicos de lazer e áreas verdes. Ao analisar o teor da representação à luz do denominado "Estatuto da Cidade", o órgão de execução concluiu que o referido direito de preferência era:

(a) ilícito, pois a medida equivale à desapropriação, exigindo prévia indenização ao proprietário;

(b) ilícito, pois afronta o direito de propriedade e a legítima expectativa dos potenciais compradores;

(c) lícito, desde que a lei municipal, baseada no plano diretor, tenha delimitado a área e fixado o prazo de vigência;

(d) lícito, desde que o proprietário e o potencial comprador anuíssem com a alienação ao Poder Público municipal;

(e) ilícito, pois somente o plano diretor, aprovado com maioria qualificada, poderia prever essa forma de intervenção.

Gabarito: letra C

- *MPE-BA – 2018- MPE-BA – Promotor de Justiça Substituto*

"Observe a assertiva abaixo e marque a alternativa incorreta acerca do quanto disposto no Estatuto da Cidade (lei nº 10.257/2001).

O direito de preempção será exercido sempre que o Poder Público necessitar de áreas para:

a) Regularização fundiária

b) Execução de programas e projetos habitacionais de interesse social.

c) Constituição de reserva fundiária.

d) Ordenamento e direcionamento da expansão rural.

e) Criação de espaços públicos de lazer e áreas verdes.

Gabarito: letra D

- *CESPE – Procurador do Município – Município de Fortaleza – CE – 2017*

  "A respeito de política urbana, responsabilidade e licenciamento ambiental, julgue o item subsecutivo.

  Caso tenha interesse em criar centro de saúde em imóvel urbano objeto de venda a título oneroso entre particulares, o município poderá exercer o direito de preempção

( ) Certo ( ) Errado"

  A afirmativa está correta, conforme o art. 26, V, Lei 10257/01.

- *40ª Exame da Ordem – Prova Específica de Direito Administrativo – CESPE*

  "José, proprietário de imóvel onde nasceu e viveu poeta de renome nacional, pretende aliená-lo a Lucas, que ofereceu a melhor proposta. Entretanto, nos termos do plano diretor do Município onde se localiza o imóvel, este deveria ser utilizado como museu da cidade, razão pela qual o Município pretende adquiri-lo. Em face desta situação hipotética, na condição de parecerista do Município, indique a providencia a ser tomada para que o município adquira o imóvel, caso não seja viável a realização de desapropriação."

  Poderá o município utilizar-se do direito de preempção, de acordo com o previsto no inciso VIII do art. 26 da Lei n.º 10.257/2001. No entanto, deverá haver lei municipal que, baseada no plano diretor do município, identifique o imóvel que será objeto da preempção, conforme determinação do parágrafo único do mesmo dispositivo e o art. 25, §1º.

Art. 27. O **proprietário** deverá **notificar sua intenção de alienar o imóvel**, para que o **Município**, no **prazo máximo de trinta dias, manifeste por escrito seu interesse** em comprá-lo.

§ 1º À notificação mencionada no caput será anexada **proposta de compra assinada por terceiro interessado** na aquisição do imóvel, da qual constarão preço, condições de pagamento e prazo de validade.

§ 2º O **Município fará publicar**, em órgão oficial e em pelo menos um jornal local ou regional de grande circulação, **edital de aviso da notificação recebida nos termos do caput e da intenção de aquisição do imóvel** nas condições da proposta apresentada.

§ 3º **Transcorrido o prazo mencionado no caput sem manifestação, fica o proprietário autorizado a realizar a alienação** para terceiros, nas condições da proposta apresentada.

§ 4º **Concretizada a venda a terceiro, o proprietário fica obrigado a apresentar** ao Município, no prazo de trinta dias, **cópia do instrumento público de alienação do imóvel.**

§ 5º A **alienação** processada **em condições diversas** da proposta apresentada **é nula de pleno direito**.

§ 6º Ocorrida a hipótese prevista no § 5º **o Município poderá adquirir o imóvel pelo valor da base de cálculo do IPTU** ou pelo valor indicado na proposta apresentada, se este for inferior àquele.

1. **Publicidade.** A lei prevê um procedimento que privilegia a publicidade dos atos, permitindo seu controle pelos administrados.

2. **Causa de nulidade**. A alienação do imóvel por condições diversas das informadas à municipalidade é causa de nulidade do negócio jurídico, possibilitando ao Ente Municipal a aquisição do bem pelo seu valor venal. A diversidade, por suposto, deve trazer condições benéficas ao preferente. Caso o preço tenha sido maior daquele ofertado ao município, a alienação, apesar de apresentar preço distinto, será válida e eficaz.

3. **Improbidade Administrativa**. Caso o Ente Municipal adquira o bem por valor acima do mercado, estará caracterizada a improbidade administrativa, na forma do art. 52, VIII.

4. **Desistência.** O Ente Municipal poderá desistir da aquisição do bem até o momento do pagamento, ressarcindo o proprietário, caso tal ato tenha lhe gerado algum prejuízo comprovado.

Aplicação em concurso

- *VUNESP - 2019 - Prefeitura de São José do Rio Preto - SP - Procurador do Município*

  Um dos institutos urbanísticos previstos no Estatuto das Cidades é o direito de preempção. A respeito desse instituto e seu regramento pela Lei n° 10.257/2001, assinale a alternativa correta.

(a) O direito de preempção confere ao Poder Público municipal preferência perpétua para aquisição de imóvel urbano objeto de alienação gratuita entre particulares, conforme delimitação geográfica contida em ato do Poder Executivo.

(b) O direito de preempção poderá será exercido, entre outras situações, quando o Poder Público necessitar de áreas para criação de unidades de conservação ou proteção de outras áreas de interesse ambiental.

(c) O proprietário do imóvel deverá notificar sua intenção de alienar o imóvel, para que o Município, no prazo máximo de 60 (sessenta) dias, manifeste por escrito seu interesse em comprá-lo.

(d) A alienação a particular processada em condições diversas da proposta apresentada ao Município será anulável no intervalo de 2 (dois) anos mediante ação judicial de iniciativa do Município.

(e) Em caso de exercício do direito de preempção pelo Município, determina a lei que o pagamento seja feito em títulos da dívida mobiliária com vencimento em prazo não inferior a 20 (vinte) anos

Gabarito: letra B

- *VUNESP – 2016 – Prefeitura de Rosana – SP – Procurador do Município*

"O direito de preempção confere ao Poder Público Municipal preferência para aquisição de imóvel urbano objeto de alienação onerosa entre particulares, de acordo com a Lei n° 10.257/2001, que regulamenta os arts. 182 e 183 da CF/88, traçando as diretrizes da Política Urbana Nacional. Assim, é correto afirmar que

a) tal direito será exercido pelo Poder Público para fins de constituição de reserva de capital.

b) a lei estadual, baseada no plano diretor de cada município, delimitará as áreas em que incidirá o direito de preempção e fixará prazo de vigência, não superior a cinco anos, renovável a partir de um ano após o decurso do prazo inicial de vigência.

c) o direito de preempção fica assegurado durante o prazo de vigência fixado em legislação municipal, independentemente do número de alienações referentes ao mesmo imóvel.

d) a alienação processada em condições diversas da proposta apresentada será considerada anulável.

e) o proprietário deverá notificar ao Município sua intenção de alienar o imóvel, para que qualquer ente público, no prazo máximo de trinta dias, manifeste por escrito seu interesse em comprá-lo."

Gabarito: letra C

- *UFMT – 2016 –.Pref. de Rondonópolis-MT.– Procurador Jurídico*

O direito de preempção no espaço urbano é regulado pelo Estatuto da Cidade, Lei n.º 10.257/2001. Sobre o instituto e seu regramento nessa condição, assinale a afirmativa correta

a) A notificação necessária ao cumprimento da lei municipal, quando da existência do direito de preempção por parte do Município, será realizada somente na iminência da primeira alienação do imóvel

b) O Município possui a preferência na alienação do imóvel em que incidirá o direito de preempção e, após ser notificado, deverá manifestar positiva ou negativamente seu interesse, devendo o proprietário aguardar uma decisão do Poder Público para o prosseguimento da alienação

c) A relação de compra e venda do imóvel entre proprietário e Município, em havendo interesse por parte deste no exercício do seu direito de preempção pré-estabelecido em lei, é de teor público, não havendo necessidade de publicação específica manifestando o interesse na aquisição

d) Baseada no plano diretor, a lei municipal estabelecerá áreas específicas onde incidirá o direito de preempção, com prazo de vigência, inclusive

Gabarito: letra D

Seção IX
Da outorga onerosa do direito de construir

Art. 28. O **plano diretor poderá fixar áreas** nas quais o **direito de construir poderá ser exercido acima do coeficiente de aproveitamento básico** adotado, **mediante contrapartida** a ser prestada pelo beneficiário.

§ 1º Para os efeitos desta Lei, **coeficiente de aproveitamento é a relação entre a área edificável e a área do terreno.**

§ 2º O **plano diretor poderá fixar coeficiente de aproveitamento básico único** para toda a zona urbana **ou diferenciado** para áreas específicas dentro da zona urbana.

§ 3º O **plano diretor definirá os limites máximos a serem atingidos pelos coeficientes de aproveitamento**, considerando a proporcionalidade entre a infra-estrutura existente e o aumento de densidade esperado em cada área.

1. **Nomenclatura**. O Estatuto da Cidade utilizou a expressão outorga onerosa do direito de construir para tratar do instituto conhecido pela doutrina como solo criado. Na verdade, a outorga gerará o solo criado, consistente na faculdade de exercer o direito de construir além do coeficiente de aproveitamento básico.

   O solo criado pode ser superior ou inferior, conforme ocupe o espaço aéreo ou o subsolo da propriedade. O solo criado é finito, correspondendo à faixa situada entre o coeficiente básico de aproveitamento e o limite máximo passível de ser aproveitado, este previsto pelo plano diretor.

2. **Requisitos**. Para a concessão da outorga, mister se faz a previsão das áreas onde poderá haver a faculdade no plano diretor. É possível e legítimo que em algumas áreas da cidade não seja possível a outorga onerosa, diante da situação fática constatada.

   Também se exige a existência de lei municipal que preveja o procedimento de concessão, as contrapartidas, os prazos e as isenções.

3. **Coeficiente de aproveitamento.** Sua definição vem no parágrafo primeiro e não se confunde com a taxa de ocupação que é a relação entre a área do terreno e a projeção da construção sobre o solo.

O coeficiente poderá ser variável, conforme a estrutura da região e sua ocupação populacional. Sua fixação deve atender aos princípios da impessoalidade, da proporcionalidade e da finalidade que se deseja dar ao imóvel, consistindo num instrumento de diálogo entre o direito de construir e o zoneamento.

O coeficiente é o limite entre o direito de construir inerente à propriedade, direito subjetivo do titular, e aquele que só poderá ser exercido mediante uma contraprestação a ser definida em lei.

Aplicação em concurso

- *COPS-UEL - 2019 - Prefeitura de Londrina - PR - Procurador do Município*

  Sobre a outorga onerosa do direito de construir, considere as afirmativas a seguir.

I. Constitui-se em um instrumento de arrecadação tributária.

II. Está diretamente relacionada à proporção entre a área do terreno e a área edificável e vai depender da definição dos coeficientes de aproveitamento básico e máximo para sua implementação.

III. Está diretamente relacionada com o processo de desenvolvimento urbano em atendimento à diretriz de justa distribuição dos benefícios e ônus decorrentes do processo de urbanização.

IV. Pode-se construir acima do coeficiente de aproveitamento básico onde a infraestrutura instalada ou prevista permita absorver o excedente construtivo, voltado a compensar os impactos da construção pretendida.

Assinale a alternativa correta.

(a) Somente as afirmativas I e II são corretas

(b) Somente as afirmativas I e IV são corretas

(c) Somente as afirmativas III e IV são corretas

(d) Somente as afirmativas I, II e III são corretas

(e) Somente as afirmativas II, III e IV são corretas.

Gabarito: letra E.

- *FUNDEP (Gestão de Concursos) - 2019 - Prefeitura de Contagem - MG - Procurador Municipal*

  Considerando os instrumentos de política urbana, utiliza(m) solo criado

(a) o parcelamento, a edificação e a utilização compulsórios

(b) o consórcio imobiliário.

(c) o estudo de impacto de vizinhança

(d) a outorga onerosa do direito de construir

Gabarito: letra D

- *(Cespe – Procurador Municipal – Pref. de Fortaleza – CE/2017)*

  Tendo como referência as normas do direito urbanístico, com destaque para as aplicáveis ao plano diretor, julgue os itens que se seguem.

  Apenas lei em sentido estrito pode limitar o direito de construir.

- Certo
- Errado

  Gabarito: Errado. Atos normativos oriundos do Executivo, como Decretos, podem restringir o direito de construir. No entanto, somente por meio de lei, ato legislativo é possível ampliar o direito de construir.

- *FGV – 2017 – Prefeitura de Salvador – BA – Técnico de Nível Superior II – Urbanismo*

  "De acordo com a Lei Federal nº 10.257/2001 (Estatuto da Cidade) com relação ao direito de construir, o Plano Diretor poderá

a) fixar áreas nas quais o direito de construir será exercido acima do coeficiente de aproveitamento básico adotado, desde que o beneficiário seja portador de necessidades especiais.

b) estabelecer coeficientes de aproveitamento diversificados, para áreas específicas dentro da zona urbana.

c) definir limites máximos para os coeficientes de aproveitamento, considerando a proporcionalidade entre o número de usuários e a área da zona urbana.

d) alterar o uso do solo, mediante o aumento da infraestrutura existente e do coeficiente de aproveitamento.

e) dispensar o emprego do coeficiente básico adotado nas áreas centrais urbanas, nas quais a valorização do solo é mais elevada."

Gabarito: letra B

- *IBFC – Especialista em Regulação – AGERBA – 2017*

  "Tomando por base as disposições da lei federal nº 10.257, de 10/07/2001, assinale a alternativa INCORRETA sobre o direito de construir.

a) O plano diretor poderá fixar áreas nas quais o direito de construir poderá ser exercido acima do coeficiente de aproveitamento básico adotado, mediante contrapartida a ser prestada pelo beneficiário

b) Para os efeitos da referida lei, coeficiente de aproveitamento é a relação entre a área edificável e a área do terreno

c) O plano diretor deverá fixar coeficiente de aproveitamento básico único para toda a zona urbana

d) O plano diretor definirá os limites máximos a serem atingidos pelos coeficientes de aproveitamento, considerando a proporcionalidade entre a infraestrutura existente e o aumento de densidade esperado em cada área

e) O plano diretor poderá fixar áreas nas quais poderá ser permitida alteração de uso do solo, mediante contrapartida a ser prestada pelo beneficiário."

Gabarito: letra C

- *FCC – 2016 – Prefeitura de Campinas – SP – Procurador*

"A Secretaria de Transportes de um município, no intuito de auferir novas receitas e otimizar a exploração de seus ativos, lançou edital de chamamento público para que eventuais interessados apresentassem modelos de exploração nesse sentido.

Dentre os modelos de negócio sugeridos, inclui-se a edificação no espaço aéreo dos terminais de transporte visando sua exploração para fins comerciais.

Dentre os modelos jurídicos possíveis, a Administração pública, inspirada na sugestão recebida, pode

a) outorgar diretamente ao concessionário de serviço público de transporte municipal o direito de exploração do espaço aéreo, para obtenção de receita acessória a ser compartilhada com o poder concedente, tendo em vista que inexiste disponibilidade jurídica para outorga a terceiros.

b) lançar edital de licitação para outorga onerosa de uso do direito de superfície dos referidos terminais de transporte, cabendo ao vencedor a edificação de um complexo de escritórios, comércio e serviços e a respectiva exploração pelo prazo de 30 anos.

c) alienar o direito de superfície existente para terceiros, mediante licitação, passando o equipamento público instalado a integrar o novo projeto, desde que não tenha sido objeto de concessão de serviço público. outorgar concessão de direito real de uso, onerosa, pelo prazo de 30 anos, não incidindo o regime de licitações para contratos dessa natureza.

d) outorgar concessão de direito real de uso, onerosa, pelo prazo de 30 anos, não incidindo o regime de licitações para contratos dessa natureza.

e) licitar uma concessão de uso onerosa, incluindo o equipamento público instalado, mas não o serviço objeto da delegação, que permanecerá explorado e prestado sob o mesmo regime jurídico anterior.

Gabarito: letra B

Art. 29. O **plano diretor poderá fixar áreas** nas quais poderá ser permitida **alteração de uso do solo, mediante contrapartida** a ser prestada pelo beneficiário.

1. **Outorga onerosa de alteração de uso do solo**. O título da seção da lei disse menos que deveria, já que há a previsão não apenas da outorga onerosa do direito de construir, mas também da mudança do zoneamento do imóvel, desde que a infraestrutura e a densidade de cada região assim aconselhem.

   ▶ **Aplicação pelo STJ**.
   Em recente julgado o STJ entendeu envolver análise de direito local a definição da legalidade da cobrança de outorga onerosa de alteração de uso. REsp 1673301/DF, Rel. Min. Herman Benjamin, DJe 13/09/2017.

> **Art. 30. Lei municipal** específica **estabelecerá as condições** a serem observadas para a **outorga onerosa do direito de construir** e de **alteração de uso**, determinando:
>
> I – a fórmula de **cálculo para a cobrança**;
>
> II – os **casos passíveis de isenção** do pagamento da outorga;
>
> III – a **contrapartida do beneficiário**

1. **Legislação específica**. A lei trará a forma de cálculo das contrapartidas, as modalidades possíveis e o procedimento a ser observado pelo interessado em exercer a faculdade aqui comentada.

   A lei também deverá prever se somente o proprietário ou possuidor poderá adquirir o potencial construtivo do seu imóvel ou se será possível a aquisição do solo criado para utilização em outro imóvel, destacando-se o direito de construir da propriedade. Neste último caso, a doutrina sugere a adoção de um processo licitatório simplificado, como o leilão, para que se dê tratamento isonômico ao interesse particular (art. 2º, IX) da forma mais benéfica ao interesse municipal.

   Por tratar de norma de caráter local, o STJ já negou conhecimento a recurso especial interposto questionando a legalidade de cobrança de tal valor - AgRg no AREsp 41384/DF, Rel. Min. Humberto Martins.

2. **Contrapartida**. O interessado pode realizar o pagamento do solo criado em dinheiro, por meio de transferência de imóveis, ou ainda construindo infraestrutura urbana ou habitação para programas de interesse social. Tal definição competirá ao Município, conforme a orientação urbanística que se apresente mais adequada.

3. **Isenções**. A dispensa de pagamento da outorga pode se dar por força de situações objetivas, como localização do imóvel ou alguma característica

física da região, ou em razão de situações subjetivas. Esta seria a hipótese de se outorgar gratuitamente o solo criado a uma entidade sem fins lucrativos, ou para outro ente federativo. Este tema também deverá ser tratado pela legislação municipal.

4. **Natureza jurídica do valor pago**. A doutrina discute se o montante a ser pago pelo interessado teria natureza jurídica tributária ou consistiria em preço público. Entendemos seja uma contraprestação à aquisição do solo criado, que onerará a estrutura urbana já existente. Se tributo fosse, estaria previsto no art. 4º, IV e não no inciso V. Trata-se de uma prestação decorrente de ajuste contratual, da manifestação de vontade das partes, um ônus a ser observado pelo interessado para adquirir o solo criado desejado.

O STF já teve oportunidade de enfrentar a questão e, por unanimidade, entendeu se tratar de um ônus a ser suportado pelo interessado que queira exercer o direito de construir além do coeficiente básico de aproveitamento.

► **Aplicação pelo STF.**

RECURSO EXTRAORDINÁRIO. LEI N. 3.338/89 DO MUNICÍPIO DE FLORIANÓPOLIS/SC. SOLO CRIADO. NÃO CONFIGURAÇÃO COMO TRIBUTO. OUTORGA ONEROSA DO DIREITO DE CRIAR SOLO. DISTINÇÃO ENTRE ÔNUS, DEVER E OBRIGAÇÃO. FUNÇÃO SOCIAL DA PROPRIEDADE. ARTIGOS 182 E 170, III DA CONSTITUIÇÃO DO BRASIL. 1. **Solo criado é o solo artificialmente criado pelo homem [sobre ou sob o solo natural], resultado da construção praticada em volume superior ao permitido nos limites de um coeficiente único de aproveitamento.** 2. **OUTORGA ONEROSA DO DIREITO DE CRIAR SOLO. PRESTAÇÃO DE DAR CUJA SATISFAÇÃO AFASTA OBSTÁCULO AO EXERCÍCIO, POR QUEM A PRESTA, DE DETERMINADA FACULDADE. ATO NECESSÁRIO. ÔNUS**. Não há, na hipótese, obrigação. **Não se trata de tributo**. Não se trata de imposto. **Faculdade atribuível ao proprietário de imóvel, mercê da qual se lhe permite o exercício do direito de construir acima do coeficiente único de aproveitamento adotado em determinada área, desde que satisfeita prestação de dar que consubstancia ônus**. Onde não há obrigação não pode haver tributo. **Distinção entre ônus, dever e obrigação e entre ato devido e ato necessário**. 3. ÔNUS DO PROPRIETÁRIO DE IMÓVEL URBANO. Instrumento próprio à política de desenvolvimento urbano, cuja execução incumbe ao Poder Público municipal, nos termos do disposto no artigo 182 da Constituição do Brasil. Instrumento voltado à correção de distorções que o crescimento urbano desordenado acarreta, à promoção do pleno desenvolvimento das funções da cidade e a dar concreção ao princípio da função social da propriedade [art. 170, III da CB]. 4. Recurso extraordinário conhecido, mas não provido." (STF, RExtra 387047/SC, Rel. Min. Eros Grau, DJ 02/05/2008)

> **Art. 31.** Os **recursos** auferidos com a adoção da outorga onerosa do direito de construir e de alteração de uso **serão aplicados com as finalidades** previstas nos **incisos I a IX do art. 26** desta Lei.

1. **Destinação da verba.** Privilegiando a natureza urbanística do instrumento, a lei restringe as destinações a que deve ser dada a quantia recebida pelo solo criado. A violação deste artigo importa e improbidade administrativa, na forma do art. 52, IV, desta lei.

Aplicação em concurso

- *FUNDATEC - 2019 - Prefeitura de Coronel Bicaco - RS - Procurador*

  A conduta do Prefeito que aplicar os recursos auferidos com a outorga onerosa do direito de construir e de alteração de uso de forma diversa da indicada no Estatuto da Cidade:

(a) Representa ato de gestão inadequada, implicando em responsabilidade pessoal do Prefeito, sem representar, no entanto, ato de improbidade.
(b) Constitui ato de improbidade administrativa.
(c) Constitui crime tipificado no Estatuto da Cidade, punível com detenção.
(d) Constitui crime tipificado no Estatuto da Cidade, punível com multa.
(e) Constitui mera irregularidade administrativa, que deve ser corrigida de ofício pelo prefeito.

Gabarito: letra B

- *FUNDATEC – 2016 – Prefeitura de Porto Alegre – RS – Procurador Municipal*

  "Em relação ao instituto da outorga onerosa do direito de construir (solo criado), previsto no Art. 28 do Estatuto da Cidade (Lei nº 10.257/2001), analise as seguintes assertivas:

I. A concessão da outorga onerosa do direito de construir depende da previsão, no Plano Diretor, de áreas nas quais o direito de construir possa ser exercido acima do coeficiente máximo de aproveitamento adotado, mediante contrapartida em dinheiro a ser prestada pelo beneficiário.
II. A cobrança da contrapartida ampara-se no princípio da justa distribuição dos benefícios e ônus decorrentes do processo de urbanização.
III. Os recursos da contrapartida obtida devem ser aplicados, dentre outras finalidades, em regularização fundiária e proteção de áreas de interesse histórico, cultural ou paisagístico."

Quais estão corretas?

a) Apenas I
b) Apenas II

c) Apenas I e II.

d) Apenas I e III.

e) Apenas II e III.

Gabarito: letra E

- *FUNDATEC – 2016 – Prefeitura de Porto Alegre – RS – Procurador Municipal*

"De acordo com a Lei nº 10.257/01 – Estatuto da Cidade, analise as assertivas abaixo:

I. O Poder Público Municipal tem preferência para aquisição de imóvel urbano objeto de alienação onerosa entre particulares, em razão do direito de preempção, segundo diretrizes fixadas em lei municipal e no Estatuto da Cidade.

II. O plano diretor definirá os limites mínimos a serem atingidos pelos coeficientes de aproveitamento, considerando a proporcionalidade entre a infraestrutura existente e o aumento de densidade esperado em cada área.

III. Os recursos auferidos com a adoção da outorga onerosa do direito de construir e de alteração de uso serão aplicados com as finalidades de regularização e constituição de reserva fundiária, bem como proteção de áreas de interesse histórico, cultural ou paisagístico, entre outros definidos no Estatuto da Cidade.

Quais estão corretas?

a) Apenas I.

b) Apenas I e II.

c) Apenas I e III.

d) Apenas II e III.

e) I, II e III.

Gabarito: letra C

Seção X
Das operações urbanas consorciadas

Art. 32. Lei municipal específica, baseada no plano diretor, poderá **delimitar área para aplicação de operações consorciadas**.

§ 1º Considera-se operação urbana consorciada o **conjunto de intervenções** e medidas **coordenadas pelo Poder Público** municipal, com a participação dos proprietários, moradores, usuários permanentes e investidores privados, com o **objetivo de alcançar em uma área transformações urbanísticas estruturais, melhorias sociais e a valorização ambiental**.

§ 2º Poderão ser previstas nas operações urbanas consorciadas, entre outras medidas:

I – a **modificação de índices e características de parcelamento, uso e ocupação do solo e subsolo**, bem como **alterações das normas edilícias**, considerado o impacto ambiental delas decorrente;

II – a **regularização de construções, reformas ou ampliações executadas** em desacordo com a legislação vigente.

III– a **concessão de incentivos a operações urbanas que utilizam tecnologias visando a redução de impactos ambientais**, e que comprovem a utilização, nas construções e uso de edificações urbanas, de tecnologias que reduzam os impactos ambientais e economizem recursos naturais, especificadas as modalidades de design e de obras a serem contempladas." (Incluído pela Lei nº 12836, de 2013)

1. **Requisitos legais**. Para o Município promover operação urbana consorciada, é preciso que o plano diretor estabeleça a área de atuação e lei municipal especifique os procedimentos, as possíveis alterações nas normas edilícias, no uso e ocupação do solo. Sem a previsão do plano diretor, a operação se macula de inconstitucionalidade.

2. **Finalidades**. Seu objetivo é alcançar cumulativamente a valorização ambiental, melhorias sociais e promover transformações urbanísticas estruturais. As melhorias sociais importam em mais serviços de saúde, educação e moradia à população de baixa renda. A infraestrutura urbana engloba sistema de coleta de águas pluviais, de esgotamento, asfalto, iluminação pública, calçamento, dentre outros.

   A valorização ambiental abrange a preservação do patrimônio histórico-cultural e o meio ambiente natural. Esse foi tutelado pela Lei 12836/2013 que inseriu dentre as medidas possíveis na operação urbana consorciada, a possibilidade de concessão de incentivos à adoção de tecnologias que economizem recursos naturais.

3. **Polo multilateral.** A operação consorciada envolve vários interessados, todos sob a coordenação do Poder Público Municipal. Participam proprietários, moradores, investidores e usuários em geral. Ë a concretização da cooperação entre governos e iniciativa privada, plasmada no art. 2º, II e III, visando à justa distribuição de ônus decorrentes da urbanização, objetivo previsto no art. 2º, IX.

4. **Operação interligada.** A operação integrada/consorciada difere da operação interligada que se destina a resolver problemas das favelas e ocupações de população de baixa renda, envolvendo apenas o Poder Público e os proprietários das áreas. Na operação interligada há alteração do parcelamento do solo, dos índices de construção e em contrapartida, o proprietário doa alguma outra área ou contribui na construção de casas populares ou na implantação de outros serviços públicos.

   Tanto a operação interligada como a consorciada devem apresentar um plano de viabilidade urbanística.

5. **Medidas integrantes da operação.** O rol previsto no parágrafo segundo é exemplificativo, podendo ser inseridas novas medidas no conjunto da operação consorciada.

Aplicação em concurso

- *CONSULPLAN – 2018 – Câmara de Belo Horizonte – Procurador*

  "De acordo com o Estatuto da Cidade, considera-se operação urbana consorciada o conjunto de intervenções e medidas coordenadas pelo Poder Público municipal, com a participação dos proprietários, moradores, usuários permanentes e investidores privados, com o objetivo de alcançar em uma área transformações urbanísticas estruturais, melhorias sociais e valorização ambiental. Poderão ser previstas nas operações urbanas consorciadas, entre outras medidas:

  I. A modificação de índices e características de parcelamento, uso e ocupação do solo e subsolo, bem como alterações das normas edilícias, considerado o impacto ambiental delas decorrente.

  II. A regularização de construções, reformas ou ampliações executadas em desacordo com a legislação vigente.

  III. A concessão de incentivos a operações urbanas que utilizam tecnologias visando a redução de impactos ambientais, e que comprovem a utilização, nas construções e uso de edificações urbanas, de tecnologias que reduzam os impactos ambientais e economizem recursos naturais, especificadas as modalidades de *design* e de obras a serem contempladas.

  Estão corretas as afirmativas

  a) I, II e III

  b) I e III, apenas.

  c) I e II, apenas.

  d) II e III, apenas.

  Gabarito: letra A

- *FGV – Procurador – ALERJ – 2017*

"Com o objetivo de desenvolver urbanisticamente a área portuária da cidade e promover melhorias sociais e ambientais, o Município XYZ planeja concretizar uma operação urbana consorciada.

Sobre a situação apresentada, é correto afirmar que:

a) a União, o Estado e o Município XYZ deverão aprovar a operação urbana consorciada, por meio de consórcio interfederativo, após ratificação de protocolo de intenções por todos os entes;

b) para administrar a operação urbana consorciada, o Município deve constituir associação pública ou pessoa jurídica de direito privado sem fins econômicos, que será responsável pela programa básico de ocupação da área;

c) o Decreto Municipal que cria a operação urbana consorciada conterá, no mínimo, a definição da área a ser atingida e o estudo prévio de impacto de vizinhança, o qual substituirá o estudo prévio de impacto ambiental;

d) a operação urbana consorciada deve contar com a participação de proprietários, moradores, usuários permanentes e investidores privados, e ser aprovada por lei municipal específica, contendo estudo prévio de impacto de vizinhança;

e) a edição de plano diretor pelo Município implicará revogação da operação urbana consorciada, ainda que esta tenha sido aprovada por lei municipal específica.

Gabarito: letra D

- *IBFC – Especialista em Regulação – AGERBA – 2017*

"Tomando por base as disposições da lei federal nº 10.257, de 10/07/2001, assinale a alternativa correta sobre as operações urbanas consorciadas.

a) Considera-se operação urbana consorciada o conjunto de intervenções e medidas coordenadas pelo Poder Público estadual, com a participação dos proprietários, moradores, usuários permanentes e investidores privados, com o objetivo de alcançar em uma área transformações urbanísticas estruturais, melhorias sociais e a valorização ambiental

b) Considera-se operação urbana consorciada o conjunto de intervenções e medidas coordenadas pelo Poder Público municipal, com a participação dos proprietários, moradores, usuários permanentes e investidores privados, com o objetivo de alcançar em uma área transformações urbanísticas estruturais, melhorias sociais e a valorização ambiental

c) Considera-se operação urbana consorciada o conjunto de intervenções e medidas coordenadas pelo Poder Público federal, com a participação dos proprietários, moradores, usuários permanentes e investidores privados, com o objetivo de alcançar em uma área transformações urbanísticas estruturais, melhorias sociais e a valorização ambiental

d) Considera-se operação urbana consorciada o conjunto de intervenções e medidas coordenadas pelo Poder Público municipal, com a participação dos proprietários, moradores, usuários permanentes e investidores privados, com o objetivo de evitar em uma área transformações urbanísticas conjunturais

e) Considera-se operação urbana consorciada o conjunto de intervenções e medidas coordenadas pelo Poder Público federal, com a participação dos proprietários, moradores, usuários permanentes e investidores privados, com o objetivo de evitar em uma área transformações urbanísticas conjunturais"

Gabarito: letra B

- *FUNDATEC – 2016 – Pref. de Porto Alegre-RS.Procurador Municipal*

Com base na Lei na 10.257/01 – Estatuto da Cidade, analise as assertivas abaixo:

I. Poderão ser previstas nas operações urbanas consorciadas, entre outras medidas, a regularização de construções, reformas ou ampliações executadas em desacordo com a legislação vigente.

II. A operação urbana consorciada não necessita de aprovação de lei específica.

III. Os certificados de potencial adicional de construção serão livremente negociados, mas conversíveis em direito de construir unicamente na área objeto da operação.

Quais estão corretas?

a) Apenas I

b) Apenas II

c) Apenas III

d) Apenas I e III

e) Apenas II e III

Gabarito: letra D

Art. 33. Da **lei específica** que aprovar a operação urbana consorciada constará o **plano de operação urbana consorciada**, contendo, no mínimo:

I – definição da **área a ser atingida**;

II – **programa básico de ocupação** da área;

III – programa de **atendimento econômico e social** para a população diretamente afetada pela operação;

IV – **finalidades da operação**;

V – **estudo prévio de impacto de vizinhança**;

VI – **contrapartida** a ser exigida dos proprietários, usuários permanentes e investidores privados em função da utilização dos benefícios previstos nos incisos I e II e III do § 2º do art. 32 desta Lei; (Incluído pela Lei nº 12836, de 2013)

VII – forma de controle da operação, obrigatoriamente compartilhado com representação da sociedade civil.

VIII – **natureza dos incentivos** a serem concedidos aos proprietários, usuários permanentes e investidores privados, uma vez atendido o disposto no inciso III do § 2º do art. 32 desta Lei. (Incluído pela Lei nº 12836, de 2013)

1. **Requisitos da lei.** O conteúdo mínimo da lei específica é este previsto no art. 33, o que não impede que a norma traga novos elementos, todos atinentes à operação consorciada. A lei deverá conter o plano de operação, com a previsão da contrapartida arcada pela iniciativa privada. Deve esmiuçar os benefícios sociais e econômicos trazidos para a população atingida pelo projeto, bem como as finalidades primordiais da intervenção e o estudo de impacto de vizinhança, elucidando os efeitos colaterais trazidos pela operação, respeitando o previsto no art. 2º, XIII. Deve trazer também a forma de participação de representantes da sociedade civil.

   As construções a serem regularizadas, deverão sê-las conforme o plano da operação urbana. A operação deve promover uma melhoria não apenas física, mas também social, estimulando a permanência da população local e trazendo para ela as vantagens que uma cidade ordenada apresenta. Este instrumento não deve ser expulsório ou excludente da parcela da população que mais necessita da atuação do Poder Público.

   O art. 33 ganha novo inciso que determina a inclusão na lei que regular a operação urbana consorciada a discriminação dos incentivos dados àqueles que adotarem tecnologia ambiental.

2. **Parceria público-privada.** Embora não haja empecilho jurídico, entendemos não seja indicado à municipalidade dar à operação consorciada figura de PPP, possível *in casu* na modalidade concessão administrativa. Isto porque, a Lei 11079/2004 exige em seu art. 5º o prazo mínimo de cinco anos de prestação do serviço, tempo longo demais para o dinamismo do Direito Urbanístico. Ademais, o mesmo dispositivo exige que não se contrate especificamente obras ou fornecimento de equipamentos, devendo haver a combinação das prestações entregues pelo parceiro privado.

   Desde a quinta edição revemos nosso entendimento anterior no sentido da inadequação de uso da PPP para fins urbanísticos. O que se constata nas nossas cidades é a existência de várias áreas urbanas deficientes em infraestrutura que só seria plenamente instalada com a ajuda da iniciativa privada. Por sua vez, o montante dos investimentos envolvido recomenda a celebração de contratos de médio ou longo prazo de modo a captar o interesse do investidor privado, beneficiando a comunidade com as obras realizadas.

Esse modelo foi adotado na cidade do Rio de Janeiro na região portuária, havendo hoje ali investimento público e privado no intuito de resgatar uma área anteriormente degradada. A delegação será realizada mediante licitação e a remuneração do particular virá da exploração de espaços públicos ou privados que resultarem da obra. A empresa contratada será responsável pelas aquisições de terrenos que se fizerem necessárias, aplicando-se em todos os casos a Lei 8987/95.

§ 1º Os **recursos obtidos** pelo Poder Público municipal na forma do inciso VI deste artigo **serão aplicados exclusivamente na própria operação** urbana consorciada.

1. **Vinculação no destino da verba**. No intuito de afastar desvios indesejáveis, a lei exige que todo o montante angariado na operação seja nela investido, evitando que se destine a despesas ordinárias da Administração Pública, o que configura improbidade administrativa, na forma do art. 52, V.

Já as contrapartidas ofertadas pela iniciativa privada, parceira da operação, podem abranger outras áreas, como, por exemplo, a doação de terrenos em outra região ou a construção de escolas e postos de saúde em lugares a serem indicados pela Prefeitura.

§ 2º A **partir da aprovação da lei** específica de que trata o caput, **são nulas as licenças e autorizações** a cargo do Poder Público municipal expedidas **em desacordo com o plano de operação** urbana consorciada.

1. **Novo ordenamento**. Com a edição do plano de operação consorciada, todos os atos administrativos deverão observar o novo regime, sob pena de nulidade. As licenças já deferidas sob a égide do antigo ordenamento permanecem válidas, já que consistem ato jurídico perfeito. Caso a municipalidade pretenda cancelá-las, deverá fazê-lo mediante o pagamento de indenização.

Art. 34. A **lei específica** que aprovar a operação urbana consorciada **poderá prever a emissão** pelo Município de quantidade determinada de **certificados de potencial adicional de construção**, que serão **alienados em leilão ou utilizados diretamente no pagamento das obras** necessárias à própria operação.

§ 1º Os **certificados de potencial adicional de construção serão livremente negociados**, mas **conversíveis em direito de construir unicamente na área objeto da operação.**

§ 2º Apresentado pedido de licença para construir, o **certificado de potencial adicional será utilizado no pagamento da área de construção que supere os padrões estabelecidos pela legislação de uso e ocupação do solo**, até o limite fixado pela lei específica que aprovar a operação urbana consorciada.

1. **CEPAC`s.** No intuito de levantar fundos para a execução da operação consorciada, a lei permite a emissão de títulos de crédito representativos do potencial adicional de construção na região. Para tanto, é preciso que a edilidade proceda a um estudo do potencial construtivo existente na área acima do coeficiente básico de aproveitamento e dentro do limite máximo de construção na região.

   Cada certificado representa uma outorga onerosa e, em razão de seu valor pecuniário, poderá ser livremente negociado, utilizado, inclusive, como investimento financeiro, conforme seja a valorização da área ser urbanizada. Recomenda-se que sua alienação seja feita pela modalidade licitatória do leilão, de modo a garantir o respeito ao princípio da igualdade.

   A emissão de certificados não é requisito para a realização de uma operação consorciada. Se quiser fazê-lo, o Município deverá regulamentar sua expedição na lei específica.

Art. 34-A. Nas **regiões metropolitanas** ou nas aglomerações urbanas instituídas por **lei complementar estadual**, poderão ser realizadas **operações urbanas consorciadas** interfederativas, aprovadas por **leis estaduais específicas.** (Incluído pela Lei nº 13.089, de 2015)

Parágrafo único. **As disposições dos arts. 32 a 34 desta Lei aplicam-se** às operações urbanas consorciadas interfederativas previstas no **caput** deste artigo, no que couber. (Incluído pela Lei nº 13.089, de 2015)

1. **Região metropolitana**. A Lei 13089/2015 instituiu o Estatuto da Metrópole, visando a ordenar o planejamento, gestão e execução de funções públicas de interesse comum em regiões metropolitanas.

O artigo 34-A inserido no Estatuto da Cidade por essa lei autoriza a realização de operação urbana consorciada que abranja mais de um município, tendo por referência geográfica, a metrópole. Por ser de aplicação intermunicipal, a operação urbana consorciada aqui referida deverá ser aprovada por lei estadual.

Seção XI
Da transferência do direito de construir

Art. 35. Lei municipal, baseada no plano diretor, poderá **autorizar o proprietário** de imóvel urbano, privado ou público, **a exercer em outro local, ou alienar**, mediante escritura pública, **o direito de construir** previsto no plano diretor ou em legislação urbanística dele decorrente, **quando o referido imóvel for considerado necessário** para fins de:

I – **implantação de equipamentos** urbanos e comunitários;

II – **preservação**, quando o imóvel for considerado de interesse histórico, ambiental, paisagístico, social ou cultural;

III – **servir a programas de regularização fundiária**, urbanização de áreas ocupadas por população de baixa renda e habitação de interesse social.

§ 1º A mesma faculdade poderá ser concedida ao proprietário que doar ao Poder Público seu imóvel, ou parte dele, para os fins previstos nos incisos I a III do caput.

§ 2º A **lei municipal** referida no caput **estabelecerá as condições** relativas à aplicação da transferência do direito de construir.

1. **Requisitos legais**. Como ocorre com os demais instrumentos, para a aplicação da transferência do direito de construir é preciso que haja a previsão no plano diretor das áreas onde o direito de construir pode ser destacado da propriedade, bem como onde ele poderá ser exercido independentemente do domínio.

   Ademais, lei municipal regulamentará a concessão do direito de construir ou a autorização para sua alienação, estabelecendo os critérios para tanto, bem como o procedimento a ser observado pelo interessado. A transferência pode ocorrer entre terrenos de mesma titularidade, quando será objetiva, ou entre proprietários diversos, sendo nesta hipótese uma transferência subjetiva. Esse foi o entendimento firmado pelo STJ no AgRg no AREsp 179340/SP, Rel. Min. Mauro Campbell Marques, DJe 26/11/2012.

   De todo o modo, a norma federal já determina que a transferência só se dará quando houver a afetação do bem imóvel ao interesse público de tal modo que impeça total ou parcialmente o exercício do direito de construir.

2. **Pressuposto lógico**. Para que haja a transferência do direito de construir é preciso que o proprietário reúna os requisitos necessários ao exercício da edificação no terreno de sua propriedade. É bom ressaltar que a transferência não alterará a substância do potencial construtivo, que será exercido nos mesmos moldes que seria no terreno originário.

   A transferência do direito de construir pressupõe a admissibilidade na região do solo criado, já que a construção dentro do coeficiente básico de aproveitamento é inerente à toda propriedade. Dessa forma, só terá interesse em adquirir direito de construir ou transferir seu exercício o proprietário que tenha seu bem em zona prevista no plano diretor como de possível execução de solo criado.

   Outrossim, é fundamental que antes de autorizada a transferência, a municipalidade proceda a um estudo para verificar o limite máximo de absorção do potencial construtivo na região, de modo a não gerar uma sobrecarga na estrutura urbana.

3. **Finalidade**. O instituto de transferência do direito de construir permite que a municipalidade ingresse em imóveis que sejam do seu interesse sem que precise gastar quantias vultosas como ocorre na desapropriação. Neste caso, a moeda de troca é o potencial construtivo delimitado pela legislação urbanística.

   Há na doutrina justificável temor de que o instituto gere vários terrenos despidos de potencial construtivo, o que acarretaria no surgimento de vazios urbanos indesejáveis na cidade.

4. **Forma.** Como se trata de direito imobiliário, a lei exige a que sua alienação se dê por meio de escritura pública, com posterior registro, para que haja a necessária publicidade da alienação do direito de construir.

   No caso da alienação ser promovida por ente público, impor-se-á autorização legal específica.

5. **Hipóteses legais.** A transferência só será autorizada pela lei nos casos previstos no art. 35, todos eles de intenso interesse público a justificar forte intervenção municipal no bem.

6. **Contrapartida.** A lei também admite a transferência de potencial construtivo como contrapartida à doação realizada pelo proprietário de um bem de interesse público.

7. **Distinção com a outorga onerosa.** Na outorga onerosa a relação se dá entre Município e proprietário, recebendo o Município a contrapartida pelo exercício do direito de construir além do coeficiente básico de aproveitamento, providência de interesse do particular.

Já na transferência do direito de construir a relação pode se dar entre dois proprietários, sem a participação da municipalidade. Ademais, mesmo nas hipóteses em que o Ente Municipal promove a transferência há a distinção da outorga, já que neste caso quem recebe a contrapartida é o particular, sendo o interesse público determinante para a realização do negócio jurídico.

Aplicação em concurso

- *FUNDEP (Gestão de Concursos) - 2020 - Prefeitura de Barão de Cocais - MG - Arquiteto*

Considerando a Lei nº 10.257/2001, Estatuto das Cidades, que apresenta os instrumentos jurídicos e políticos que o município pode utilizar na política urbana, relacione a COLUNA II com a COLUNA I, associando o instrumento apresentado a sua respectiva definição.

COLUNA I

1. Outorga onerosa do direito de construir
2. Direito de superfície
3. Direito de preempção
4. Transferência do direito de construir
5. Operações urbanas consorciadas

COLUNA II

( ) Direito que o poder público municipal possui na preferência para aquisição de imóvel urbano objeto de alienação onerosa entre particulares.

( ) Autorização que o proprietário de imóvel urbano, privado ou público, poderá exercer em outro local, ou alienar, mediante escritura pública, quando o seu referido imóvel for considerado necessário para uso do poder público.

( ) Direito de construir acima do coeficiente de aproveitamento básico adotado, mediante contrapartida a ser prestada pelo beneficiário.

( ) Conjunto de intervenções e medidas coordenadas pelo poder público municipal com a participação dos proprietários, moradores, usuários permanentes e investidores privados, com o objetivo de alcançar em uma área transformações urbanísticas estruturais, melhorias sociais e valorização ambiental.

( ) Direito de conceder a outrem a utilização do solo, do subsolo ou do espaço aéreo relativo ao terreno, por tempo determinado ou indeterminado, mediante escritura pública registrada no cartório de registro de imóveis.

Assinale a sequência correta.

(a) 13542

(b) 25314

(c) 34152

(d) 53124

Gabarito: letra C

- *FCC – 2016 – Prefeitura de São Luiz – MA – Procurador do Município*

"Sobre o coeficiente de aproveitamento básico do direito de edificar, é correto afirmar que:

a) a outorga onerosa é o único instrumento possível para alterar coeficiente de aproveitamento.

b) a outorga onerosa e transferência de direito de construir possuem o mesmo resultado no que tange à edificação que os incorporará.

c) deve ser único para a cidade toda.

d) pode haver mais de um desde que seja diferenciando entre a área urbana e núcleos urbanos em áreas rurais.

e) o que for estabelecido em lei não poderá ser alterado durante a vigência do plano diretor. "

Gabarito: letra B

Seção XII

Do estudo de impacto de vizinhança

Art. 36. Lei municipal definirá os **empreendimentos e atividades** privados ou públicos em área urbana **que dependerão de elaboração de estudo prévio de impacto de vizinhança (EIV) para obter as licenças** ou autorizações de construção, ampliação ou funcionamento a cargo do Poder Público municipal.

1. **Condição**. A Lei 10257/01 inaugurou em nosso ordenamento a disciplina legal do estudo de impacto de vizinhança. Para sua exigência municipal, é preciso que lei seja promulgada trazendo os aspectos que devam ser pesquisados pelos técnicos para fins de concessão da licença de construção e funcionamento do empreendimento.

   No entanto, a par da exigibilidade da elaboração do estudo, permanece o Município com o poder-dever de exercer sua polícia edilícia e de zoneamento.

2. **Natureza jurídica**. O EIV visa a prevenir a área urbana de danos que venham a ser causados pelo novo empreendimento. O estudo revela uma política urbana de harmonização dos interesses envolvidos, consistindo numa limitação administrativa imposta ao proprietário, seja ele público

ou privado. O objetivo final é obrigar o empreendedor a adotar medidas preventivas que afastem o desequilíbrio urbano.

3. **Objeto**. O EIV será exigido não apenas nas construções, mas também na promoção de atividades que venham a perturbar a ordem urbana. A avaliação, portanto, passa pelo direito de construir e pelo zoneamento, definidor das possíveis destinações dadas ao imóvel.

4. **Hipóteses de incidência.** O EIV não será exigido apenas na criação de novos estabelecimentos, mas também em suas ampliações e nas alterações das atividades desenvolvidas.

   Não obstante o artigo fale em área urbana, é de boa cautela que se exija o comentado estudo em situações onde o empreendimento seja fora do perímetro urbano, mas gere repercussões nos limites da cidade.

Art. 37. O **EIV** será executado de forma a **contemplar os efeitos positivos e negativos** do empreendimento ou atividade quanto à qualidade de vida da população residente na área e suas proximidades, **incluindo a análise, no mínimo**, das seguintes questões:

I – **adensamento populacional**;

II – **equipamentos urbanos e comunitários**;

III – **uso e ocupação do solo**;

IV – **valorização imobiliária**;

V – **geração de tráfego** e demanda por transporte público;

VI – **ventilação e iluminação**;

VII – **paisagem urbana e patrimônio natural** e cultural.

1. **Âmbito de estudo.** O EIV deve sopesar os interesses dos usuários da região onde se estabelecerá a nova atividade ou construção. Para tanto, deve considerar não apenas os moradores da área, mas também aqueles que dela usufruem, como os que ali trabalham ou passeiam rotineiramente.

   A constatação de efeitos negativos por si só não obstaculiza a autorização da atividade. É preciso verificar se haverá necessidade de alguma compensação, de intervenção administrativa ou se o desgaste produzido será passível de tolerância pela comunidade.

2. **Rol exemplificativo**. O rol do art. 37 é exemplificativo, ou seja, traz o mínimo que deve ser abordado pelo estudo, podendo a lei municipal abranger outros aspectos a serem investigados.

3. **Adensamento populacional e estrutura urbana**. Consiste no contingente de pessoas que residem ou usam cotidianamente determinada região. É preciso que o EIV verifique se a nova atividade gerará adensamento populacional e se este será absorvido pela estrutura urbana existente no local.

   Paralelo a este estudo, devem ser levantados os equipamentos urbanos disponíveis na região, como rede de esgotos, saneamento básico e iluminação.

4. **Zoneamento e parcelamento**. O estudo deve elencar as destinações do imóvel, verificando se elas são compatíveis com a área, levando-se em consideração as metragens referentes à divisão do solo e a construção erigida.

5. **Valorização imobiliária**. O surgimento de um shopping, de um hospital, de um estádio de esportes pode trazer valorização ou desvalorização à área onde ele se situe. Uma pesquisa sobre os valores de mercado deve ser apresentada no EIV. Somente o empreendimento que gerar profunda desvalorização imobiliária deverá ser vedado pelo Poder Público Municipal. A valorização ou não do empreendimento faz parte do risco do negócio e por isso não deve ser considerado quando da expedição da licença de funcionamento.

6. **Impacto nas vias públicas**. Aspecto fundamental a ser pesquisado pelo estudo é a possível geração de trânsito nas redondezas da nova construção. É preciso que se estime a quantidade de veículos circulando e estacionados. Havendo um aumento significativo, cabe à edilidade exigir do empreendedor a previsão de estacionamento em seu projeto.

7. **Ventilação**. Na avaliação da construção, deve ser verificada a manutenção da circulação de ar e entrada de luz natural, medidas de saúde pública, vez que impeditivas da proliferação de doenças contagiosas.

8. **Paisagem urbana**. É preciso constatar se ocorrerá alteração na ambiência urbana com o advento da nova construção. Para tanto, leva-se em conta as construções vizinhas, o patrimônio cultural acaso existente na vizinhança.

Aplicação em concurso

- *FEPESE - 2020 - Prefeitura de Itajaí - SC - Auditor Fiscal Municipal - Controle Urbano*

  De acordo com a Lei nº 10.257, de 10 de julho de 2001, que trata do Estatuto da Cidade, o estudo de impacto de vizinhança será executado de modo a contemplar os efeitos positivos e negativos do empreendimento ou atividade quanto à qualidade de vida da população residente na área e suas proximidades, incluindo a análise das seguintes questões:

1. adensamento populacional. 2. valorização imobiliária. 3. uso e ocupação do solo. 4. ventilação e iluminação.

Assinale a alternativa que indica todas as afirmativas corretas.

(a) São corretas apenas as afirmativas 1, 2 e 3.
(b) São corretas apenas as afirmativas 1, 2 e 4.
(c) São corretas apenas as afirmativas 1, 3 e 4
(d) São corretas apenas as afirmativas 2, 3 e 4.
(e) São corretas as afirmativas 1, 2, 3 e 4.

Gabarito: letra E

- *MPE-SP - 2019 - MPE-SP - Promotor de Justiça Substituto*

O Estudo Prévio de Impacto de Vizinhança (EIV), que constitui um dos instrumentos da política urbana, deve contemplar os efeitos positivos e negativos do empreendimento ou atividade quanto à qualidade de vida da população residente na área e suas proximidades e deve contemplar a análise de várias questões indicadas na legislação específica. Dentre elas, não se inclui:

(a) equipamentos urbanos e comunitários.
(b) adensamento populacional.
(c) uso e ocupação do solo.
(d) desvalorização imobiliária
(e) geração de tráfego e demanda por transporte público

Gabarito: letra D

- *CESGRANRIO – 2018 - Transpetro – Advogado Júnior*

"Segundo a Lei n° 10.257/2001, o Estudo de Impacto de Vizinhança será executado de forma a contemplar os efeitos tanto positivos quanto negativos do empreendimento ou atividade no que se refere à qualidade de vida da população residente na área e suas proximidades, incluindo, ainda, a análise, no mínimo, de equipamento

a) comunitário
b) industrial
c) comercial
d) assistencial
e) preventivo "

Gabarito: letra A

- *FCC – 2018 – PGE-TO – Procurador- do Estado*

"Um projeto de loteamento em determinada região de um Município foi objeto de questionamento por parte dos moradores da região, sob o argumento de que não teria sido elaborado Estudo de Impacto de Vizinhança (EIV). A exigência, considerando o disposto no Estatuto da Cidade,

a) será procedente se o empreendimento de loteamento em questão for pertencente a particular, tendo em vista que a apresentação fica dispensada quando a responsabilidade for de entes públicos ou de entes integrantes da Administração indireta.

b) é descabida, tendo em vista que o parcelamento do solo, sob a modalidade de loteamento, pressupõe a localização em área rural ou de expansão urbana, o que é incompatível com a elaboração do EIV.

c) será devida caso a legislação municipal assim preveja, considerando que os projetos de loteamento pressupõem a inserção em área urbana, requisito constante do Estatuto da Cidade para ser obrigatória a elaboração do EIV.

d) é obrigatória somente no caso do projeto de parcelamento estar inserido em área urbana ou área de expansão urbana, não sendo cabível caso o loteamento tenha sido registrado às margens de matrícula de área rural.

e) somente é cabida no caso de não haver licenciamento ambiental para a área, tendo em vista a identidade de finalidade com o EIV.

Gabarito: letra C

- *CESPE- Prefeitura de Fortaleza – CE – Procurador do Município – 2017*

"A respeito de parcelamento do solo, impacto de vizinhança, regularização fundiária de interesse social, desapropriação e tombamento, julgue o item a seguir com base na legislação urbanística.

De acordo com o Estatuto da Cidade, o estudo prévio do impacto ambiental é peça obrigatória do estudo de impacto de vizinhança e as análises de uso e ocupação do solo e de adensamento populacional somente são obrigatórias para imóveis com área superior a um hectare.

( ) Certo ( ) Errado

A afirmativa está errada. O EIA não integra o EIV. Além disso, o as análises de uso e ocupação do solo e de adensamento populacional são obrigatórias em qualquer modalidade de EIV.

- *CESPE – MPE-PR – Promotor de Justiça Substituto – 2017*

"Com relação ao EIV, previsto na Lei n.º 10.257/2001 (Estatuto da Cidade), julgue os itens a seguir.

I. A definição dos empreendimentos e das atividades para cuja construção, ampliação e funcionamento deverá ser elaborado EIV é de competência municipal, seja em área urbana ou rural.

II. O EIV deve contemplar os efeitos positivos e negativos do empreendimento ou da atividade para a qualidade de vida da população residente na área e em suas proximidades.

III. O EIV inclui a análise do uso e da ocupação do solo, bem como da geração de tráfego e da demanda por transporte público.

IV. Realizado o EIV, dispensam-se a elaboração e a aprovação de EIA.

Estão certos apenas os itens

a) *I e II.*

b) *I e IV.*

c) *II e III*

d) *III e IV.*

Gabarito: letra C

Parágrafo único. Dar-se-á **publicidade aos documentos integrantes do EIV**, que ficarão disponíveis para consulta, no órgão competente do Poder Público municipal, por qualquer interessado.

1. **Participação popular**. Por envolver o interesse da coletividade, a lei exige que se dê publicidade ao EIV, permitindo que os moradores deem sugestões e façam questionamentos quanto aos aspectos levantados, concretizando a diretriz prevista no art. 2º, II.

Art. 38. **A elaboração do EIV não substitui a elaboração e a aprovação de estudo prévio de impacto ambiental (EIA)**, requeridas nos termos da legislação ambiental.

1. **Instrumentos complementares**. O estudo de vizinhança não substitui o estudo de impacto ambiental, embora este preveja dentre seus requisitos a avaliação da paisagem urbana. É importante ressaltar que o EIV é de competência exclusiva municipal, enquanto que o EIA se insere na competência concorrente de União, estados e municípios para promover a proteção ao meio ambiente natural.

Aplicação em concurso

- *GUALIMP - 2019 - Prefeitura de Areal - RJ - Gestor Ambiental*

  O Estatuto da Cidade estabelece normas de ordem pública e interesse social que regulam o uso da propriedade urbana em prol do bem coletivo, da segurança e do bem-estar dos cidadãos, bem como do equilíbrio ambiental. Uma seção deste documento é voltada para apresentar o Estudo de Impacto de Vizinhança (EIV).

São corretas as afirmações a respeito do EIV, EXCETO:

(a) A legislação municipal definirá os empreendimentos e atividades privados ou públicos em área urbana que dependerão de elaboração de estudo prévio de impacto de vizinhança (EIV) para obter as licenças ou autorizações de construção, ampliação ou funcionamento a cargo do Poder Público municipal.

(b) A elaboração do EIV substitui a elaboração e a aprovação de estudo prévio de impacto ambiental (EIA) requeridas nos termos da legislação ambiental.

(c) O EIV será executado de forma a contemplar os efeitos positivos e negativos do empreendimento ou atividade quanto à qualidade de vida da população residente na área e suas proximidades.

(d) Deverá ser dada publicidade aos documentos integrantes do EIV, que ficarão disponíveis para consulta, no órgão competente do Poder Público municipal, por qualquer interessado.

Gabarito: letra B

- *IBFC – Especialista em Regulação – AGERBA – 2017*

"Tomando por base as disposições da lei federal nº 10.257, de 10/07/2001, assinale a alternativa correta sobre o estudo prévio de impacto de vizinhança (EIV).

a) Lei estadual definirá os empreendimentos e atividades privados ou públicos em área urbana que dependerão de elaboração de estudo prévio de impacto de vizinhança (EIV) para obter as licenças ou autorizações de construção, ampliação ou funcionamento a cargo do Poder Público municipal, sendo que a elaboração do EIV não substitui a elaboração e a aprovação de estudo prévio de impacto ambiental (EIA), requeridas nos termos da legislação ambiental

b) Lei federal definirá os empreendimentos e atividades privados ou públicos em área urbana que dependerão de elaboração de estudo prévio de impacto de vizinhança (EIV) para obter as licenças ou autorizações de construção, ampliação ou funcionamento a cargo do Poder Público municipal, sendo que a elaboração do EIV substitui a elaboração e a aprovação de estudo prévio de impacto ambiental (EIA), requeridas nos termos da legislação ambiental

c) Lei municipal definirá os empreendimentos e atividades privados ou públicos em área urbana que dependerão de elaboração de estudo prévio de impacto de vizinhança (EIV) para obter as licenças ou autorizações de construção, ampliação ou funcionamento a cargo do Poder Público municipal, sendo que a elaboração do EIV torna desnecessária a elaboração e a aprovação de estudo prévio de impacto ambiental (EIA), requeridas nos termos da legislação ambiental

d) Lei municipal definirá os empreendimentos e atividades privados ou públicos em área urbana que dependerão de elaboração de estudo prévio de impacto de vizinhança (EIV) para obter as licenças ou autorizações de construção, ampliação ou funcionamento a cargo do Poder Público municipal, sendo que a elaboração do EIV não substitui a elaboração e a aprovação de estudo prévio de impacto ambiental (EIA), requeridas nos termos da legislação ambiental

e) Lei estadual definirá os empreendimentos e atividades privados ou públicos em área urbana que dependerão de elaboração de estudo prévio de impacto de vizinhança (EIV) para obter as licenças ou autorizações de construção, ampliação ou funcionamento a cargo do Poder Público municipal, sendo que a elaboração do EIV substitui a elaboração e a aprovação de estudo prévio de impacto ambiental (EIA), requeridas nos termos da legislação ambiental

Gabarito: letra D

• *COPESE – UFT – 2016 – Prefeitura de Palmas – TO – Procurador Municipal*

"A Lei Federal de nº 10.257/2001, conhecida como Estatuto da Cidade, apresenta vários instrumentos de Planejamento e Tributários. Analise as afirmativas a seguir.

I. A competência da desapropriação-sanção aplicada ao contribuinte, decorridos cinco anos de aplicação do Imposto Predial Territorial Urbano Progressivo no tempo é discricionária.

II. A norma geral estabelece que a elaboração do Estudo de Impacto de Vizinhança (EIV) substitua a elaboração e aprovação de estudo prévio de impacto ambiental.

III. As Operações Urbanas Consorciadas exigem Lei especifica e a contrapartida dos proprietários, usuários permanentes e investidores privados, pela fruição dos benefícios decorrentes de modificações que poderão ser executadas em desconformidade com a lei vigente.

IV. O Direito de Preempção confere ao Poder Público preferência para aquisição de imóvel urbano objeto de alienação onerosa entre particulares e será exercido sempre que necessitar de áreas, entre outras demandas, para a criação de espaços públicos de lazer e áreas verdes. "

Indique a alternativa **CORRETA**:

a) Todos os itens estão incorretos.

b) Somente o item II está incorreto.

c) Somente os itens I e IV estão incorretos.

d) Somente os itens II e III estão incorretos.

Gabarito: letra B

Capítulo III
Do Plano Diretor

Art. 39. **A propriedade urbana cumpre sua função social quando atende às exigências** fundamentais de ordenação da cidade expressas **no plano diretor**, assegurando o **atendimento das necessidades** dos cidadãos quanto à **qualidade de vida, à justiça social e ao desenvolvimento das atividades econômicas**, respeitadas as diretrizes previstas no art. 2º desta Lei.

1. **Conteúdo do plano diretor**. O plano diretor visa a organizar os espaços habitáveis. Para isso, vai dizer de forma concreta qual é a função social do imóvel urbano, potencializando as funções da cidade. A elaboração do plano diretor deve ter por base as diretrizes previstas no art. 2º. Seu assento constitucional está expresso no art. 182, § 1º.

Por ser a ferramenta principal do planejamento urbanístico municipal, o plano diretor apresentará aspectos físicos, econômicos, sociais e administrativos. É um instrumento norteador das ações urbanísticas municipais e não um projeto de obras; por isso mesmo não deve apresentar plantas nem memoriais descritivos.

Aplicação em concurso

- *CESPE – 2017 – Prefeitura de Fortaleza – CE – Procurador Municipal*

  "Tendo como referência as normas do direito urbanístico, com destaque para as aplicáveis ao plano diretor, julgue o item que se segue.

  O cumprimento da função social de propriedade urbana é verificado pelo atendimento às exigências fundamentais de ordenação da cidade, as quais são expressas no plano diretor, quando existir"

  Resposta; A afirmativa está correta

2. **Forma**. O Estatuto da Cidade não exige forma qualificada de lei para editar o plano diretor, bastando, assim, a edição de lei ordinária, salvo previsão diversa da lei orgânica municipal. Por envolver gastos públicos e apresentar forte caráter técnico, é de cautela que a lei seja da iniciativa do Chefe do Executivo.

Art. 40. O **plano diretor, aprovado por lei municipal**, é o **instrumento básico da política de desenvolvimento e expansão urbana**.

1. **Forma**. O Estatuto da Cidade não exige forma qualificada de lei para editar o plano diretor, bastando, assim, a edição de lei ordinária, salvo previsão diversa da lei orgânica municipal. Por envolver gastos públicos e apresentar forte caráter técnico, é de cautela que a lei seja da iniciativa do Chefe do Executivo.

2. **Pressuposto lógico**. O plano diretor é a base de toda a legislação urbanística que deve ser produzida pelos municípios. A lei municipal concretizará os parâmetros e objetivos definidos no plano geral. Diversos instrumentos previstos no Estatuto da Cidade só poderão ser implantados se tratados pelo plano diretor, razão pela qual se entende o plano diretor como ato-condição.

Aplicação em concurso

- *FGV – 2017 – Prefeitura de Salvador – BA – Engenharia Ambiental*

  "Segundo o Estatuto das Cidades, Lei Federal nº 10.257/01, diversos instrumentos podem ser utilizados para o planejamento e aplicação da política urbana municipal: plano diretor; disciplina do parcelamento, do uso e da ocupação do solo; zoneamento ambiental; plano plurianual; gestão orçamentária participativa; dentre outros.

  O instrumento básico da política de desenvolvimento e expansão urbana, aprovado por lei municipal, é

a) o plano diretor.
b) a disciplina do parcelamento, do uso e da ocupação do solo.
c) o zoneamento ambiental.
d) o plano plurianual.
e) a gestão orçamentária participativa"

Gabarito: letra A

► Aplicação pelo STF.

A Suprema Corte reafirmou o protagonismo dos Municípios na concepção e execução de políticas urbanas ao declarar inconstitucional norma de Constituição Estadual que buscava restringir o alcance dos instrumentos de ordenamento urbano a cargo dos Municípios. No caso concreto, se pretendia retirar do Executivo Municipal a possibilidade verificação de requisitos para a concessão de alvarás e licenciamentos para funcionamento de templos religiosos. ADI 5696/MG, Rel. Min. Alexandre de Moraes, DJe 11/11/2019.

§ 1º O **plano diretor** é parte **integrante** do processo de **planejamento municipal**, devendo o plano plurianual, as diretrizes orçamentárias e o orçamento anual incorporar as diretrizes e as prioridades nele contidas.

§ 2º O **plano diretor deverá englobar o território do Município como um todo**.

1. **Coordenação**. Por englobar diversos projetos importantes para a cidade, o plano diretor deve ter suas metas elencadas nos outros instrumentos de planejamento como o plano plurianual e a lei de diretrizes orçamentárias.

2. **Abrangência**. O plano diretor considera todo o território municipal, inclusive áreas rurais eventualmente existentes em seu perímetro. A abordagem municipal, no entanto, será sempre urbanística, tratando das áreas de expansão urbana ou de serviços públicos, não podendo legislar sobre direito agrário, matéria de competência legislativa federal.

   A qualificação do território como urbano não exclui a possibilidade de existirem áreas agrícolas ou com restrições ambientais, situações que podem determinar a restrição da ocupação da região.

Aplicação em concurso

- *VUNESP- 2017 – Prefeitura de São José dos Campos – Procurador "Quanto ao direito urbanístico, assinale a alternativa correta:*

a) A lei que instituir o plano diretor deverá ser revista, pelo menos, a cada vinte anos.

b) O plano diretor é obrigatório para todas as cidades.

c) O plano diretor é parte integrante do processo de planejamento regional e municipal.

d) Não é possível aos municípios ampliar o seu perímetro urbano após a edição da Lei n° 10.257/2001 (Estatuto da Cidade).

e) O plano diretor, aprovado por lei municipal, é o instrumento básico da política de desenvolvimento e expansão urbana.

Gabarito: letra E

§ 3º A **lei** que instituir o plano diretor deverá ser **revista, pelo menos, a cada dez anos.**

1. **Revisão**. Como pedra angular da política urbana da cidade, é salutar que se revise o plano diretor no prazo máximo de dez anos, acompanhando, assim, o dinamismo próprio do direito urbanístico.

Aplicação em concurso

- *FUNDATEC - 2019 - Prefeitura de São Borja - RS - Arquiteto Urbanista*

  O Estatuto da Cidade estabelece normas de ordem pública e interesse social que regulam o uso da propriedade urbana em prol do bem coletivo, da segurança e do bem-estar dos cidadãos, bem como do equilíbrio ambiental. De acordo com essa Lei, é INCORRETO afirmar que:

(a) Decorridos cinco anos de cobrança do IPTU progressivo sem que o proprietário tenha cumprido a obrigação de parcelamento, edificação ou utilização, o Município poderá proceder à desapropriação do imóvel, com pagamento em títulos da dívida pública.

(b) Extinto o direito de superfície, o proprietário recuperará o pleno domínio do terreno, bem como das acessões e benfeitorias introduzidas no imóvel, independentemente de indenização, se as partes não houverem estipulado o contrário no respectivo contrato.

(c) O Plano Diretor é parte integrante do processo de planejamento municipal, devendo o plano plurianual, as diretrizes orçamentárias e o orçamento anual incorporar as diretrizes e as prioridades nele contidas. O Plano Diretor deverá englobar o território do Município como um todo e a lei que o instituir deverá ser revista, pelo menos, a cada cinco anos.

(d) O direito de preempção confere ao Poder Público municipal preferência para aquisição de imóvel urbano objeto de alienação onerosa entre particulares.

(e) O Plano Diretor poderá fixar áreas nas quais o direito de construir poderá ser exercido acima do coeficiente de aproveitamento básico adotado, mediante contrapartida a ser prestada pelo beneficiário.

Gabarito: letra C

§ 4º No **processo de elaboração do plano diretor** e na fiscalização de sua implementação, os **Poderes Legislativo e Executivo municipais garantirão**:

I – a **promoção de audiências públicas** e debates com a participação da população e de associações representativas dos vários segmentos da comunidade;

II – a **publicidade quanto aos documentos** e informações produzidos;

III – o **acesso** de qualquer interessado **aos documentos e informações** produzidos.

1. **Aspectos processuais**. O dispositivo trata do processo legislativo garantindo o respeito aos princípios da publicidade e da transparência. Ë preciso que, antes da celebração das audiências, o Poder Público divulgue em tempo hábil a pauta dos temas a serem debatidos e a documentação pertinente à matéria.

   Os documentos devem estar expostos em locais de fácil acesso à população, cabendo ainda à Administração atender às consultas formuladas em prazo pré-estabelecido. A inobservância destas regras procedimentais importa em improbidade administrativa, com base no art. 52, VI.

Aplicação em concurso

- *UFPR - 2020 - Câmara de Curitiba - PR - Procurador Jurídico*

  A propriedade urbana cumpre sua função social quando atende às exigências fundamentais de ordenação da cidade expressas no plano diretor. Sobre o plano diretor e sua elaboração, assinale a alternativa correta.

(a) O plano diretor deverá englobar a zona urbana do Município, sendo dispensada a abordagem da zona rural.

(b) O plano diretor é obrigatório para cidades com pelo menos dez mil habitantes.

(c) A lei que instituir o plano diretor deverá ser revista, pelo menos, a cada dez anos.

(d) O plano diretor deverá ser veiculado por meio de Lei Complementar municipal.

(e) No processo de elaboração do plano diretor, as moções aprovadas em audiências públicas terão caráter vinculativo para o Poder Legislativo municipal.

Gabarito: letra C

- *FAFIPA - 2019 - Prefeitura de Foz do Iguaçu - PR - Procurador do Município Júnior*

  A Lei 10.257/2001 instituiu o Plano Diretor como instrumento de gestão da política urbana. Quanto ao processo de elaboração do Plano Diretor, podemos afirmar que são garantias previstas no Art. 40 e seguintes:

(a) Participação da sociedade por intermédio de associações de bairros e organizações não governamentais.

(b) Realização de audiências entre o Poder Público e associações representantes da sociedade civil.

(c) Transparência, acesso e publicidade aos documentos e informações mediante participação popular irrestrita.

(d) Acesso e publicidade aos documentos e informações por intermédio de associações ou representantes legais.

(e) Lei municipal que determine a revisão do Plano Diretor a cada oito anos.

Gabarito: letra C

► Aplicação pelo STJ.

O STJ já decidiu que a legitimidade para arguir em ação civil pública a desobediência pelos Poderes Legislativo e Executivo Municipais aos requisitos previstos no art. 40, Lei 10257/01 é do Ministério Público Estadual e não do Ministério Público Federal, independentemente da União figurar no pólo passivo da relação processual. REsp 1687821, Rel. Min. Sérgio Kukina, DJe 21/11/2017.

§ 5º (VETADO)

1. **Justificativa de veto.** Este dispositivo cominava de nulidade o plano diretor que não observasse o processo legislativo previsto no art. 40. A norma foi vetada, pois não cabe à União estabelecer regras do processo legislativo municipal, tema a ser tratado pela Constituição Brasileira e pela Lei Orgânica de cada município.

Art. 41. O plano diretor é obrigatório para **cidades**:

I – com **mais de vinte mil habitantes**;

II – **integrantes de regiões metropolitanas** e aglomerações urbanas;

III – onde o **Poder Público municipal pretenda utilizar os instrumentos** previstos no § 4º do art. 182 da Constituição Federal;

IV – **integrantes de áreas de especial interesse turístico**;

V – **inseridas na área de influência de empreendimentos** ou atividades **com significativo impacto ambiental** de âmbito regional ou nacional.

VI– incluídas no cadastro nacional de Municípios **com áreas suscetíveis à ocorrência de deslizamentos de grande impacto**, inundações bruscas ou processos geológicos ou hidrológicos correlatos. (Incluído pela Lei nº 12.608, de 2012)

§ 1º No caso da realização de empreendimentos ou atividades enquadrados no inciso V do caput, **os recursos técnicos e financeiros para a elaboração do plano diretor estarão inseridos entre as medidas de compensação adotadas.**

§ 2º No caso de **cidades com mais de quinhentos mil habitantes**, deverá ser elaborado um **plano de transporte urbano integrado**, compatível com o plano diretor ou nele inserido.

§ 3º As cidades de que trata o **caput** deste artigo devem elaborar **plano de rotas** acessíveis, compatível com o plano diretor no qual está inserido, que disponha sobre os passeios públicos a serem implantados ou reformados pelo poder público, com vistas a garantir **acessibilidade da pessoa com deficiência ou com mobilidade reduzida** a todas as rotas e vias existentes, inclusive as que concentrem os **focos geradores de maior circulação** de pedestres, como os órgãos públicos e os locais de prestação de serviços públicos e privados de saúde, educação, assistência social, esporte, cultura, correios e telégrafos, bancos, entre outros, sempre que possível de maneira integrada com os sistemas de transporte coletivo de passageiros. (Incluído pela Lei nº 13.146, de 2015)

1. **Hipóteses de obrigatoriedade do plano diretor**. O art. 41 ampliou as hipóteses em que a elaboração do plano diretor é obrigatória. O art. 182 § 1º estabelecia a obrigação legislativa apenas para as cidades com mais de vinte mil habitantes. A doutrina diverge quanto à constitucionalidade de tal ampliação.

   Há quem defenda que a Carta Maior, ao prever a obrigatoriedade para as cidades com mais de vinte mil habitantes, estabeleceu o limite mínimo. Pode, portanto, a União, no exercício de sua competência para legislar normas gerais (art. 24, § 1º, CRFB), ampliar as hipóteses em que a elaboração do plano é obrigatória.

   Outros, no entanto, identificam vício de inconstitucionalidade na norma, já que lei não poderia estabelecer obrigações onde a Constituição não o fez.

   A Lei 12608/2012 inseriu no rol das hipóteses de obrigatoriedade do plano diretor as cidades situadas em áreas suscetíveis a deslizamentos ou inundações de grandes impactos. Como já referido, tal norma decorreu das fortes chuvas que assolaram a região serrana do Estado do Rio de Janeiro no verão de 2011. É mais uma expressão da necessidade do Direito Ambiental andar de mãos dadas com o Direito Urbanístico.

2. **Empreendimentos de impacto regional.** A lei exige a elaboração do plano diretor quando houver a criação de empreendimento ou atividade de impacto regional. As atividades de impacto local exigirão apenas o EIV.

3. **Plano de desenvolvimento urbano integrado.** A Lei 13089/2015, Estatuto da Metrópole, estabelece em seu art. 10 a necessidade de elaboração

pelas regiões metropolitanas e aglomerações urbanas do plano de desenvolvimento urbano integrado a ser aprovado por lei estadual.

O art. 10, §2º, Lei 13089/2015 esclarece que a elaboração do plano de desenvolvimento urbano integrado não exime o Município de aprovar seu plano diretor.

4. **Ausência de prazo.** No caso de o município não elaborar seu plano diretor, ficará privado de lançar mão de diversos instrumentos urbanísticos previstos nesta lei. Ademais, as autoridades responsáveis serão penalizadas, tipificadas em hipóteses de improbidade administrativa, na forma do art. 52, VI desta lei.

5. **Mobilidade urbana e acessibilidade universal.** A Lei 13146/2015 alterou alguns dispositivos do Estatuto da Cidade para inserir dentre as diretrizes e objetivos a serem alcançados com o planejamento urbano a oferta de acesso a todos, inclusive às pessoas com deficiência. Nesse sentido, exige-se maior cuidado com as calçadas e vias de circulação em geral.

Aplicação em concurso

- *Cespe – Procurador Municipal – Pref. de João Pessoa – PB/2018*

  Foi requerido ao órgão ambiental do estado da Paraíba o licenciamento de um empreendimento de mineração que envolve as cidades de João Pessoa e de Cabedelo. Na fase dos estudos ambientais, percebeu-se que o plano diretor da cidade de João Pessoa não permitia a instalação de empreendimentos desse porte para explorar mineração. Diante da importância econômica do empreendimento para o estado, a Assembleia Legislativa da Paraíba estuda a viabilidade de editar uma lei que autorize a mineração na área, independentemente do porte do empreendimento.

  Considerando-se essa situação hipotética, é correto afirmar que, com a edição da lei estadual, o empreendimento

  A) poderá tornar-se viável, não havendo impedimentos para a expedição de licença de instalação.

  B) poderá vir a ser viável, não existindo óbices para a expedição de licença prévia.

  C) poderá ser viável, não restando empecilhos para a expedição da licença de operação.

  D) poderá ser inviabilizado, pois somente a edição de uma lei federal que alterasse o plano diretor de João Pessoa superaria a dificuldade legal.

  E) poderá permanecer inviável, pois somente a edição de uma lei municipal que alterasse o plano diretor de João Pessoa poderia superar o óbice.

  Gabarito: letra E

- *VUNESP – 2018 – Prefeitura de Bauru – SP – Procurador Jurídico*

  "O plano diretor, aprovado pela Câmara Municipal, é o instrumento básico da política de desenvolvimento e de expansão urbana, sendo obrigatório para cidades com mais de

a) 1 (um) mil habitantes

b) 5 (cinco) mil habitantes

c) 10 (dez) mil habitantes.

d) 15 (quinze) mil habitantes

e) 20 (vinte) mil habitantes

Gabarito: letra E

- *CESPE – 2017 – Prefeitura de Fortaleza – Procurador*

  "Considerando a jurisprudência majoritária e atual dos tribunais superiores, julgue o item subsequente.

  Segundo o STF, a competência normativa municipal para a ocupação de espaços urbanos é mais ampla que o conteúdo aprovado no seu plano diretor. Assim, municípios com mais de vinte mil habitantes podem legislar sobre ordenamento urbano em outras leis, desde que compatíveis com diretrizes estabelecidas no plano diretor."

  A afirmativa está correta. Esse entendimento veio exposto na análise do tema 348, fruto do julgamento do RExtra 607940, Rel. Min. Teori Zavascki, DJ 26/02/2016

  Tese Aprovada: Os municípios com mais de vinte mil habitantes e o Distrito Federal podem legislar sobre programas e projetos específicos de ordenamento do espaço urbano por meio de leis que sejam compatíveis com as diretrizes fixadas no plano diretor.

- *FUNDEP (Gestão de Concursos) – 2016 – Prefeitura de São Lourenço – MG – Advogado*

  "O artigo 182 da Constituição Federal estabelece a competência do Poder Público Municipal na execução da política de desenvolvimento urbano, almejando a ordenação do pleno desenvolvimento das funções sociais da cidade e a garantia do bem-estar dos seus habitantes.

  Sobre os instrumentos da política urbana, trazidos na Lei Nº 10.257 de 10 de julho de 2001, que instituiu o Estatuto da Cidade, é **INCORRETO** afirmar que:

a) somente se for descumprida a determinação de parcelamento, edificação ou utilização compulsória, o Município poderá iniciar a cobrança de IPTU progressivo no tempo, mediante majoração da alíquota pelo prazo máximo de cinco anos consecutivos.

b) o plano diretor, aprovado por lei municipal, é obrigatório apenas para as cidades com mais de vinte mil habitantes e deve restringir-se à zona urbana do Município, uma vez que se trata de instrumento básico da política de desenvolvimento e expansão urbana.

c) operações urbanas consorciadas são um conjunto de intervenções e medidas coordenadas pelo Poder Público municipal, com a participação dos proprietários, moradores, usuários permanentes e investidores privados, com o objetivo de alcançar em uma área transformações urbanísticas estruturais, melhorias sociais e a valorização ambiental.

d) o direito de preempção, previsto no Estatuto da Cidade, concede ao Poder Público municipal a preferência para aquisição de imóvel urbano objeto de alienação onerosa entre particulares, inserido nas áreas delimitadas nos termos de lei municipal, baseada no Plano Diretor. "

Gabarito: letra B

- *FUNDATEC. 2016 Pref. de Porto Alegre-RS.Procurador Municipal.*

"Em relação à competência legislativa municipal e ao conteúdo das normas urbanísticas municipais, analise as seguintes assertivas:

I. É inconstitucional a lei municipal que permita a implantação de loteamento habitacional em área rural, por se tratar de matéria de competência legislativa concorrente entre União e Estado, devendo o Município respeitar as limitações previstas em legislação federal geral sobre direito urbanístico.

II. O Município pode, em seu Plano Diretor, instituir áreas especiais de interesse cultural, com o objetivo de assegurar a proteção de ambiências dotadas de valor ambiental e paisagístico.

III. É condição de validade do processo legislativo de elaboração de leis que alteram o Plano Diretor a observância da efetiva participação da população e de associações representativas dos vários segmentos da comunidade.

Quais estão corretas?

a) Apenas I

b) Apenas III

c) Apenas I e II

d) Apenas I Ie III

e) I, II e III

Gabarito: letra E

- *FGV.OAB.– 2016– Exame XX.OAB.*

"O prefeito do Município Alfa, que conta hoje com 30 (trinta) mil habitantes e tem mais de 30% de sua área constituída por cobertura vegetal, consulta o Procurador Geral do Município para verificar a necessidade de edição de Plano Diretor, em atendimento às disposições constitucionais e ao Estatuto da Cidade (Lei nº 10.257/01).

Sobre o caso, assinale a afirmativa correta:

a) O Plano Diretor não é necessário, tendo em vista a área de cobertura vegetal existente no Município Alfa, devendo este ser substituído por Estudo Prévio de Impacto Ambiental (EIA)

b) O Plano Diretor não será necessário, tendo em vista que todos os municípios com mais de 20 (vinte) mil habitantes estão automaticamente inseridos em "aglomerações urbanas", que, por previsão legal, são excluídas da necessidade de elaboração de Plano Diretor

c) Será necessária a edição de Plano Diretor, aprovado por lei municipal, que abrangerá todo o território do Município Alfa, em razão do seu número de habitantes

d) O Plano Diretor será necessário na abrangência da região urbana do município, regendo, no que tange à área de cobertura vegetal, as normas da Política Nacional do Meio Ambiente"

Gabarito: letra C

- *PGR – 24 Concurso.*

  "Em um Município de dezoito mil habitantes vive uma importante comunidade indígena há muito tempo. A área de ocupação indígena foi indevidamente reduzida ao longo do tempo e é insuficiente. Existe a pretensão de instalar alguns empreendimentos nas redondezas. É necessário plano diretor para este Município? E estudo prévio de impacto de vizinhança para esses empreendimentos?"

  Abordar as correntes relativas à constitucionalidade do art. 41 da lei. Quanto ao estudo prévio, ressaltar que ele será necessário nos empreendimentos que, mesmo situados fora da cidade, gerem impacto no município.

▶ Aplicação pelo STF.

A Suprema Corte editou tema admitindo a elaboração de normas urbanísticas por meio de leis distintas do plano diretor, desde que observem suas diretrizes. - RExtra 607940, Rel. Min. Teori Zavascki, DJ 26/02/2016

"CONSTITUCIONAL. ORDEM URBANÍSTICA. COMPETÊNCIAS LEGISLATIVAS. PODER NORMATIVO MUNICIPAL. ART. 30, VIII, E ART. 182, CAPUT, DA CONSTITUIÇÃO FEDERAL. PLANO DIRETOR. DIRETRIZES BÁSICAS DE ORDENAMENTO TERRITORIAL. COMPREENSÃO.(...)). Portanto, **nem toda a competência normativa municipal (ou distrital) sobre ocupação dos espaços urbanos se esgota na aprovação de Plano Diretor**. 2. **É legítima, sob o aspecto formal e material, a Lei Complementar Distrital 710/2005, que dispôs sobre uma forma diferenciada de ocupação e parcelamento do solo**

urbano em loteamentos fechados, tratando da disciplina interna desses espaços e dos requisitos urbanísticos mínimos a serem neles observados. A edição de leis dessa espécie, que visa, entre outras finalidades, inibir a consolidação de situações irregulares de ocupação do solo, está inserida na competência normativa conferida pela Constituição Federal aos Municípios e ao Distrito Federal, e **nada impede que a matéria seja disciplinada em ato normativo separado do que disciplina o Plano Diretor**. 3. Aprovada, por deliberação majoritária do Plenário, tese com repercussão geral no sentido de que "Os municípios com mais de vinte mil habitantes e o Distrito Federal podem legislar sobre programas e projetos específicos de ordenamento do espaço urbano por meio de leis que sejam compatíveis com as diretrizes fixadas no plano diretor". 4. Recurso extraordinário a que se nega provimento." (STF, RExtra 607940, Rel. Min. Teori Zavascki, DJ 26/02/2016).

Tema 385 – Os municípios com mais de vinte mil habitantes e o Distrito Federal podem legislar sobre programas e projetos específicos de ordenamento do espaço urbano por meio de leis que sejam compatíveis com as diretrizes fixadas no plano diretor.

Aplicação em concurso

- *FUNDEP - 2019 - Prefeitura de Contagem - MG - Procurador Municipal*

Analise as afirmativas a seguir sobre a aplicação de institutos do direito urbanístico, considerando a atuação do Supremo Tribunal Federal (STF).

I. A usucapião especial urbana, mesmo que preenchidos os requisitos previstos no Art. 183, só poderá ser aplicada se o imóvel atender à área mínima definida pela legislação específica do Município.

II. Desde que compatíveis com as diretrizes do Plano Diretor, os municípios com mais de vinte mil habitantes e o Distrito Federal podem legislar sobre programas e projetos específicos de ordenamento do espaço urbano.

III. A aplicação extrafiscal do IPTU, para o cumprimento da função social da propriedade, independe da Emenda Constitucional nº 29, de 2000.

Estão corretas as afirmativas:

(a) I e II, apenas.

(b) I e III, apenas.

(c) II e III, apenas.

(d) I, II e III.

Gabarito: letra C

Art. 42. O **plano diretor deverá conter no mínimo**:

I – a **delimitação das áreas urbanas** onde poderá ser aplicado o parcelamento, edificação ou utilização compulsórios, considerando a existência de infra-estrutura e de demanda para utilização, na forma do art. 5º desta Lei;

II – **disposições requeridas pelos arts. 25, 28, 29, 32 e 35** desta Lei;

III – **sistema de acompanhamento e controle.**

1. **Conteúdo mínimo**. O artigo sistematizou as normas legais que exigem a previsão no plano diretor dos instrumentos aqui regulados, bem como as áreas de sua aplicação, privilegiando, assim, a segurança jurídica. Também deve o plano diretor tratar das normas de fiscalização e acompanhamento dos projetos urbanísticos nele previstos.

Aplicação em concurso

- *CONCURSO PARA PROCURADOR DE SÃO PAULO*

  1ª Questão

  O Plano Diretor como Instrumento básico de tutela do meio ambiente artificial, constante no Estatuto da Cidade (Lei n.º 10.257/01). O candidato deverá abordar em sua dissertação os seguintes tópicos:

  1. definição do plano diretor enquanto instrumento básico da política de desenvolvimento e expansão urbana no âmbito do meio ambiente artificial e do plano constitucional;

  1.1 conteúdo mínimo que deve conter, decorrente do Estatuto da Cidade.

  2. função social da propriedade urbana;

  3. pressupostos constitucionais do Plano Diretor.

- *45º CONCURSO PARA INGRESSO NA MAGISTRATURA DE CARREIRA DO TRIBUNAL DE JUSTIÇA DO RIO DE JANEIRO (2013)*

  1ª Questão

  O plano diretor é o instrumento básico da política de desenvolvimento e expansão urbana e, como tal, demanda, para a sua existência e validade, o preenchimento de alguns requisitos. Fale sobre esses requisitos, como elementos de formação do plano diretor, procurando abordar o maior número possível deles.

  Gabarito para ambas as questões: A questão exige do candidato conhecimento dos art. 39 a 42 da Lei 10257, a par do art. 182, CRFB. Importante destacar os aspectos formais do plano diretor – uno, unitário, abrangente de toda a área da municipalidade, sendo sempre lei municipal, podendo ou não ser lei complementar, conforme previsão na lei orgânica municipal. Abordar também aspectos materiais, quanto a conteúdo mínimo, seus instrumentos urbanísticos. O plano diretor que define a função social da propriedade urbana. No que toca ao seu procedimento, registrar a necessária publicidade tanto com a realização de audiências públicas, como de divulgação de estudos técnicos.

- *ESES.TJ-PA.– 2016 – Titular de Serviços de Notas e de Registros-Remoção*

  "O plano diretor, aprovado por lei municipal, é um instrumento básico da política de desenvolvimento e expansão urbana. De acordo com o Estatuto da Cidade é correto afirmar:

I. O plano diretor deverá englobar o território do Município como um todo.

II. No processo de elaboração do plano diretor e na fiscalização de sua implementação, os Poderes Legislativo e Executivo municipais garantirão a promoção de audiências públicas e debates com a participação da população e de associações representativas dos vários segmentos da comunidade; a publicidade quanto aos documentos e informações produzidos e o acesso de qualquer interessado aos documentos e informações produzidos.

III. O plano diretor é parte integrante do processo de planejamento municipal, devendo o plano plurianual, as diretrizes orçamentárias e o orçamento anual incorporar as diretrizes e as prioridades nele contidas.

IV. A lei que instituir o plano diretor deverá ser revista, pelo menos, a cada quinze anos.

A sequência correta é

a) Apenas as assertivas I, II e III estão corretas.
b) As assertivas I, II, III e IV estão corretas.
c) Apenas a assertiva III é correta.
d) Apenas as assertivas I e IV estão corretas.

Gabarito: letra A

- *FUNDATEC – 2016 – .Pref. de Porto Alegre-RS – .Procurador Municipal.*

  " Sobre o regime constitucional da política urbana, analise as seguintes assertivas e assinale V, se verdadeiras, ou F, se falsas.

( ) A função social da propriedade urbana é atendida quando esta cumpre as exigências fundamentais de ordenação da cidade expressas no plano diretor.

( ) A Constituição Federal de 1988 estabelece uma lista exemplificativa de sanções a serem aplicadas, conforme previsão em lei municipal específica, para o proprietário do solo urbano não edificado, subutilizado ou não utilizado.

( ) O usucapião-urbano para fins de moradia própria ou da família aplica-se àquele que possuir como sua uma área urbana de até 250 metros quadrados, pelo prazo mínimo de 5 anos ininterruptos e sem oposição, desde que não seja proprietário de outro imóvel rural ou urbano.

( ) O plano diretor deve indicar as áreas onde poderão ser utilizadas as medidas de exigência do parcelamento, da edificação e da utilização compulsórios.

( ) O plano diretor, obrigatório para cidades com mais de vinte mil habitantes e instrumento básico da política e do desenvolvimento e de expansão urbana, pode ser alterado por meio de decreto."

A ordem correta de preenchimento dos parênteses, de cima para baixo, é

a) V-F-F-V-F

b) V-F-V-V-F

c) F-V-F-F-V

d) F-V-V-F-F

e) V-V-F-V-V

Gabarito: letra B

Art. 42-A. Além do conteúdo previsto no art. 42, **o plano diretor dos Municípios** incluídos no cadastro nacional de municípios **com áreas suscetíveis à ocorrência de deslizamentos de grande impacto**, inundações bruscas ou processos geológicos ou hidrológicos correlatos **deverá conter**: (Incluído pela Lei nº 12.608, de 2012)

I – **parâmetros de parcelamento, uso e ocupação do solo**, de modo a promover a diversidade de usos e a contribuir para a geração de emprego e renda; (Incluído pela Lei nº 12.608, de 2012)

II – **mapeamento** contendo as áreas suscetíveis à ocorrência de deslizamentos de grande impacto, inundações bruscas ou processos geológicos ou hidrológicos correlatos; (Incluído pela Lei nº 12.608, de 2012)

III – **planejamento de ações de intervenção preventiva e realocação de população de áreas de risco** de desastre; (Incluído pela Lei nº 12.608, de 2012)

IV – **medidas de drenagem urbana** necessárias à prevenção e à mitigação de impactos de desastres; e (Incluído pela Lei nº 12.608, de 2012)

V – **diretrizes para a regularização fundiária** de assentamentos urbanos irregulares, se houver, observadas a Lei nº 11.977, de 7 de julho de 2009, e demais normas federais e estaduais pertinentes, e previsão de áreas para habitação de interesse social por meio da demarcação de zonas especiais de interesse social e de outros instrumentos de política urbana, onde o uso habitacional for permitido. (Incluído pela Lei nº 12.608, de 2012)

VI – identificação e diretrizes para a preservação e ocupação das áreas verdes municipais, quando for o caso, com vistas à redução da impermeabilização das cidades. (Incluído pela Lei nº 12.983, de 2014)

§ 1º A **identificação e o mapeamento de áreas de risco levarão em conta as cartas geotécnicas**. (Incluído pela Lei nº 12.608, de 2012)

§ 2º O **conteúdo do plano diretor deverá ser compatível** com as disposições insertas nos **planos de recursos hídricos**, formulados consoante a Lei nº 9.433, de 8 de janeiro de 1997. (Incluído pela Lei nº 12.608, de 2012)

§ 3º Os **Municípios adequarão o plano diretor às disposições deste artigo, por ocasião de sua revisão**, observados os prazos legais. (Incluído pela Lei nº 12.608, de 2012)

§ 4º Os **Municípios enquadrados no inciso VI** do art. 41 desta Lei e que não tenham plano diretor aprovado **terão o prazo de 5 (cinco) anos para o seu encaminhamento para aprovação pela Câmara Municipal**. (Incluído pela Lei nº 12.608, de 2012)

1. **Lei 12608/2012.** O art. 42-A se dirige especialmente aos municípios situados em áreas de risco de desastres naturais, exigindo conteúdo obrigatório para seus planos diretores. Nestas cidades, é imperiosa a uniformização entre a norma urbanística aqui estudada e os levantamentos geotécnicos e hídricos.
2. **Prazo para adequação**. O parágrafo 3º traz norma de direito intertemporal esclarecendo quc tal adequação deverá ocorrer quando da revisão do plano diretor em vigor. No caso de cidades ainda sem plano, concede-se o prazo de 5 anos para o encaminhamento de projeto de lei nesse sentido.

Aplicação em concurso

- *COPESE.UFT.Pref. De Palmas-TO.Procurador Municipal.2016*

"O Plano Diretor participativo se constitui no mais importante instrumento básico da política de desenvolvimento e expansão urbana.

Analise as afirmativas a seguir em relação ao que determina o Estatuto da Cidade.

I. O Plano diretor tem sua natureza jurídica de plano indicativo. Por este motivo se torna lei que impõe comportamentos tanto para a sociedade como para o Poder Público. Entretanto, difere das demais leis em razão de que para ser modificada depende da realização de audiências públicas.

II. O processo de condução na elaboração ou revisão do Plano Diretor é de responsabilidade do Executivo municipal a partir da instalação do Núcleo

Gestor, composto unicamente por representantes do Poder Público. Caberá, portanto, ao Núcleo Gestor, entre outras atribuições, compatibilizar o trabalho técnico com a leitura comunitária ao final do processo.

III. O Plano Diretor, aprovado por Lei, estabelece as linhas gerais do processo de Planejamento Urbano e garante a aplicação dos instrumentos do Estatuto da Cidade, portanto, não engloba a atuação na área rural. A Lei que o instituir deverá ser revista a cada dez anos, devendo o Plano Plurianual neste período incorporar as diretrizes nele contidas.

IV. O Plano Diretor de entes municipais incluídos no Cadastro Nacional de Municípios com áreas suscetíveis de deslizamentos de grande impacto, inundações bruscas ou processos geológicos ou hidrológicos correlatos deverá conter planejamento de ações de intervenção preventivas e relocação de população de áreas de risco de desastre."

Indique a alternativa CORRETA:

a) Todos os itens são incorretos

b) Os itens I, II e IV são incorretos

c) Os itens I, II e III são incorretos

d) Os itens II e IV são incorretos

Gabarito: letra C

Art. 42-B. Os **Municípios que pretendam ampliar o seu perímetro urbano** após a data de publicação desta Lei deverão **elaborar projeto específico que contenha**, no mínimo: (Incluído pela Lei nº 12.608, de 2012)

I – **demarcação do novo perímetro** urbano; (Incluído pela Lei nº 12.608, de 2012)

II – **delimitação dos trechos com restrições à urbanização e dos** trechos sujeitos a **controle especial em função de ameaça de desastres naturais;** (Incluído pela Lei nº 12.608, de 2012)

III – definição de diretrizes específicas e de **áreas que serão utilizadas para infraestrutura, sistema viário, equipamentos e instalações públicas**, urbanas e sociais; (Incluído pela Lei nº 12.608, de 2012)

IV – **definição de parâmetros de parcelamento, uso e ocupação do solo**, de modo a promover a diversidade de usos e contribuir para a geração de emprego e renda; (Incluído pela Lei nº 12.608, de 2012)

V – a **previsão de áreas para habitação de interesse social** por meio da demarcação de zonas especiais de interesse social e de outros instrumentos de política urbana, quando o uso habitacional for permitido; (Incluído pela Lei nº 12.608, de 2012)

VI – definição de diretrizes e **instrumentos específicos para proteção ambiental e do patrimônio histórico e cultural**; e (Incluído pela Lei nº 12.608, de 2012)

VII – definição de **mecanismos para garantir a justa distribuição dos ônus e benefícios decorrentes do processo de urbanização** do território de expansão urbana e a recuperação para a coletividade da valorização imobiliária resultante da ação do poder público.

§ 1º O **projeto específico** de que trata o caput deste artigo deverá ser **instituído por lei municipal** e atender às diretrizes do plano diretor, quando houver. (Incluído pela Lei nº 12.608, de 2012)

§ 2º **Quando o plano diretor contemplar as exigências estabelecidas no caput, o Município ficará dispensado da elaboração do projeto específico** de que trata o caput deste artigo (Incluído pela Lei nº 12.608, de 2012)

§ 3º **A aprovação de projetos de parcelamento do solo no novo perímetro urbano ficará condicionada à existência do projeto específico** e deverá obedecer às suas disposições. (Incluído pela Lei nº 12.608, de 2012)

1. **Alteração legal**. O Art. 42-B trata do tema antes regulado pelo antigo art. 42-A, utilizando, no entanto, redação distinta. Não se trabalha mais com a figura do plano de expansão urbana, referindo-se a lei genericamente a projeto urbanístico a ser veiculado por ato normativo, conforme redação do §1º. A leitura da norma em vigor revela a preocupação do legislador em simplificar o aparato legal necessário para a efetivação de medidas necessárias ao ordenamento urbano, visando, precipuamente as cidades de pequeno e médio porte.

2. **Plano de expansão urbana.** Função precípua do planejamento, a prevenção é mais uma vez destacada pela inserção deste artigo. As diretrizes e planos urbanísticos devem abranger não só as áreas já urbanizadas, mas também as de futura ocupação, de modo a evitar aglomerações indesejadas em áreas de preservação ambiental e cultural. Os estudos dessas áreas podem estar previstos no plano diretor ou em um plano de expansão urbana.

Aplicação em concurso

- *FUNDEP (Gestão de Concursos) – MPE-MG – Promotor de Justiça Substituto – 2017*

  Assinale a alternativa **CORRETA:**

a) Todos os municípios que pretendam ampliar ou diminuir seu perímetro urbano ou rural necessitam, obrigatoriamente, do Plano Diretor para tal finalidade.

b) O Plano Diretor é obrigatório para todos os municípios brasileiros, uma vez que se trata de instrumento de política urbana e sua ausência pode, em tese, ensejar ato de improbidade administrativa para o gestor público municipal.

c) O município que, por força de lei, possua Plano Diretor poderá ampliar seu perímetro urbano, desde que elabore projeto específico que contemple, dentre outras situações, a inclusão de diretrizes e instrumentos específicos para proteção ambiental e do patrimônio histórico e cultural.

d) Nenhuma das anteriores.

Gabarito: letra C.

- *FUNDATEC – 2016 – Prefeitura de Porto Alegre – RS – Procurador Municipal*

"Em relação à competência legislativa municipal e ao conteúdo das normas urbanísticas municipais, analise as seguintes assertivas:

I. É inconstitucional a lei municipal que permita a implantação de loteamento habitacional em área rural, por se tratar de matéria de competência legislativa concorrente entre União e Estado, devendo o Município respeitar as limitações previstas em legislação federal geral sobre direito urbanístico.

II. O Município pode, em seu Plano Diretor, instituir áreas especiais de interesse cultural, com o objetivo de assegurar a proteção de ambiências dotadas de valor ambiental e paisagístico.

III. É condição de validade do processo legislativo de elaboração de leis que alteram o Plano Diretor a observância da efetiva participação da população e de associações representativas dos vários segmentos da comunidade.

Quais estão corretas?

a) Apenas I.

b) Apenas III.

c) Apenas I e II.

d) Apenas II e III.

e) I, II e III.

Gabarito: letra E

Capítulo IV
Da Gestão Democrática Da Cidade

Art. 43. Para **garantir a gestão democrática da cidade**, deverão ser utilizados, entre outros, os seguintes instrumentos:

I – **órgãos colegiados de política urbana**, nos níveis nacional, estadual e municipal;

II – **debates, audiências e consultas públicas**;

III – **conferências** sobre assuntos de interesse urbano, nos níveis nacional, estadual e municipal;

IV – **iniciativa popular de projeto de lei** e de planos, programas e projetos de desenvolvimento urbano;

V – (VETADO)

1. **Norma processual.** Os instrumentos que concretizam a gestão democrática da cidade têm todos faceta processual, devendo ser observados quando da realização de leis e atos administrativos urbanísticos. As garantias previstas neste capítulo devem estar presentes durante o processo administrativo, político, legislativo e orçamentário da gestão urbana.

2. **Conceito.** A gestão democrática consiste na consulta à sociedade na execução cotidiana das tarefas e serviços da administração urbana.

3. **Conselhos.** São órgãos colegiados cada vez mais presentes na Administração Pública, integrados por representantes do Poder Público e da sociedade, ambos os setores com representantes, preferencialmente, paritários. Ademais, os três níveis da federação devem estar presentes nos Conselhos.

   Os conselhos são criados por lei de iniciativa do Chefe do Executivo (art. 61, parágrafo primeiro, II) e regidos por regulamento referendado pelo Executivo que dispõe sobre seus componentes, a duração dos mandatos, as atribuições e seu poder consultivo ou deliberativo. Os conselhos têm assento constitucional no art. 29, XII, CRFB. Para que apresentem um bom funcionamento é importante que tenham pessoal com capacidade técnica.

4. **Audiências e consultas.** Consistem no contraditório a ser instaurado no processo administrativo. A consulta é realizada por meio de documentos, pedidos e esclarecimentos escritos, dispensando a realização de um encontro entre os interessados. Já a audiência é eminentemente oral e se dá numa reunião com os envolvidos, não se exigindo destes um vínculo específico com a matéria a ser debatida.

   Ambas traduzem os princípios da publicidade (art, 37, CRFB), do devido processo legal (art. 5º, LIV, CRFB), da ampla defesa (art. 5º, LV, CRFB) e o direito à informação, previsto no art. 5º, XXXIII, CRFB.

   Cada município deverá estabelecer os casos onde a realização de tais instrumentos será obrigatória, sob pena de nulidade. O Estatuto da Cidade já previu uma hipótese em que a consulta será compulsória, como se vê do art. 37, parágrafo único.

5. **Conferências.** Este é mais um mecanismo na formação da cultura participativa da população em temas urbanos, temas que invariavelmente afe-

tam diretamente a vida das pessoas. Neste capítulo, visa-se a efetivação da diretriz plasmada no art. 2º, II desta lei, criando uma oportunidade para que se façam esclarecimentos técnicos quanto ao assunto discutido.

6. **Iniciativa popular**. Será possível a apresentação à Câmara Municipal dos assuntos não afetos à iniciativa privativa do Chefe do Executivo, aplicando-se aqui o art. 61, parágrafo segundo. A iniciativa popular é um direito político previsto no art. 14, III, CRFB.

7. **Veto**. O inciso V tratava do plebiscito e do referendo e foi vetado por questão de forma. Entendeu o Chefe do Executivo que o tema já estava devidamente regulado pela Lei 9709/98, não devendo o Estatuto da Cidade trazer previsões específicas da aplicação dos institutos em matéria urbanística.

   Assim, por se tratar de técnica legislativa, o veto não representa óbice à aplicação desses institutos nos processos administrativos que envolvam matéria urbanística.

Aplicação em concurso

- *Itame - 2020 - Prefeitura de Edéia - GO - Arquiteto*

  Segundo a Lei 10.257/01 para garantir a gestão democrática da cidade, deverão ser utilizados, entre outros, os seguintes instrumentos:

  (I) iniciativa popular de projeto de lei e de planos, programas e projetos de desenvolvimento urbano;

  (II) debates, audiências e consultas públicas;

  (III) conferências sobre assuntos de interesse urbano, nos níveis nacional, estadual e municipal; (IV) órgãos colegiados de política urbana, exclusivamente de níveis estadual e municipal.

(a) todas as afirmativas são corretas.
(b) apenas duas afirmativas são corretas.
(c) apenas uma afirmativa é incorreta
(d) apenas duas afirmativas são incorretas.

  Gabarito: letra C

- *MÁXIMA – 2016 – Pref. de Fronteira-MG.Advogado.2016*

  "De acordo com o Estatuto das Cidades (Lei 10.257/2001) são instrumentos necessários para garantir a gestão democrática da cidade, EXCETO

a) Debates, audiências e consultas públicas
b) Conferências sobre assuntos de interesse urbano, nos níveis nacional, estadual e municipal

c) Órgãos colegiados de política urbana, nos níveis nacional, estadual e municipal
d) Projeto de lei de iniciativa do Prefeito Municipal e de planos, programas e projetos de desenvolvimento urbano"

Gabarito: letra D

Art. 44. No âmbito municipal, a **gestão orçamentária** participativa de que trata a alínea f do inciso III do art. 4º desta Lei **incluirá a realização de debates, audiências e consultas públicas sobre as propostas do plano plurianual, da lei de diretrizes orçamentárias e do orçamento anual**, como condição obrigatória para sua aprovação pela Câmara Municipal.

1. **Gestão orçamentária.** A participação popular também se dará na elaboração das leis orçamentárias e nas definições dos gastos e investimentos públicos, tudo observando a Lei de Responsabilidade Fiscal, LC 101/2000.

Art. 45. Os **organismos gestores das regiões metropolitanas** e aglomerações urbanas **incluirão** obrigatória e **significativa participação da população e de associações representativas** dos vários segmentos da comunidade, de modo a garantir o controle direto de suas atividades e o pleno exercício da cidadania.

1. **Gestão metropolitana.** Os projetos que envolvam interesses de mais de um município poderão ser acompanhados pela população, que exercerá o controle social, plasmado no art. 4º, § 3º.

Capítulo V
Disposições Gerais

Art. 46. O **poder público municipal** poderá **facultar** ao **proprietário da área** atingida pela obrigação de que trata o caput do art. 5o desta Lei, ou **objeto de regularização fundiária urbana** para fins de regularização fundiária, o **estabelecimento de consórcio imobiliário** como forma de viabilização financeira do aproveitamento do imóvel. (Redação dada pela lei nº 13.465, de 2017).

§ 1º Considera-se **consórcio imobiliário** a forma de **viabilização de planos de urbanização, de regularização fundiária ou de reforma, conservação ou construção de edificação** por meio da qual o **proprietário transfere ao poder público municipal seu imóvel** e, após a realização das obras, **rece-**

be, como pagamento, unidades imobiliárias devidamente urbanizadas ou edificadas, ficando as demais unidades incorporadas ao patrimônio público. (Redação dada pela lei nº 13.465, de 2017) § 2º O **valor das unidades** imobiliárias a serem entregues ao proprietário **será correspondente ao valor do imóvel antes da execução das obras**. (Redação dada pela lei nº 13.465, de 2017)

§ 3o A **instauração do consórcio imobiliário** por proprietários que tenham dado causa à formação de núcleos urbanos informais, ou por seus sucessores, **não os eximirá das responsabilidades administrativa, civil ou criminal** (incluído pela lei nº 13.465, de 2017)

1. **Faculdade**. A lei prevê uma faculdade ao particular que tenha seu imóvel submetido ao parcelamento, uso e edificação compulsórios ou que seja objeto de regularização fundiária urbana e não tenha condições financeiras de dar uso adequado ao seu bem, conforme a nova redação dada ao art. 46 pela Lei 13.465/2017.

   Para ser estabelecido o consórcio, a lei não exige mais que o particular faça requerimento junto à administração municipal. A análise pelo Poder Público é discricionária, cabendo ao administrador avaliar a conveniência e oportunidade em celebrar o referido acordo e viabilizar plano de urbanização, de regularização fundiária ou de reforma de edificação.

2. **Permuta**. Por meio do consórcio, o dono do terreno o transfere ao Poder Público Municipal que, em momento posterior, o pagará através de unidades imobiliárias. Consiste, na verdade em uma permuta, já que a alienação do imóvel é paga com a transferência de outros bens, tudo realizado no bojo da execução de um projeto urbanístico. Incide aqui o art. 533, Código Civil.

   A nova redação do parágrafo segundo não remete mais ao art. 8º, §2º, de modo que o valor do imóvel deve ser o de mercado, e não o valor venal do terreno. No entanto, se o mesmo estiver ocupado informalmente, tal circunstância deverá ser levada em consideração na avaliação do bem.

   Finalizado o projeto urbanístico, caso o Ente Municipal não cumpra o acordo, deverá o particular buscar seu direito nas vias judiciais.

3. **Responsabilidade Legal**. A entrega do imóvel para execução de consórcio pelo Ente Municipal não exime o proprietário de sua responsabilidade administrativa, civil ou criminal, como prevê o parágrafo terceiro inserido pela Lei 13.465/17.

Aplicação em concurso

- *MPE-RS– 2016.Promotor de Justiça Substituto*

Assinale com V (verdadeiro) ou com F (falso) as seguintes afirmações sobre o conteúdo do Estatuto da Cidade (Lei n° 10.257, de 10 de julho de 2001).

( ) Lei municipal específica para área incluída no plano diretor poderá determinar o parcelamento, a edificação ou a utilização compulsórios do solo urbano não edificado, subutilizado ou não utilizado, devendo fixar as condições e os prazos para implementação da referida obrigação.

( ) O direito de preempção será exercido sempre que o Poder Público necessitar de áreas para constituição de reserva fundiária, entre outras hipóteses.

( ) Poderão ser previstas nas operações urbanas consorciadas, entre outras medidas, a modificação de índices e características de parcelamento, uso e ocupação do solo e subsolo, bem como alterações das normas edilícias, considerado o impacto ambiental delas decorrente.

( ) Considera-se consórcio imobiliário a forma de viabilização de planos de urbanização ou edificação por meio da qual o proprietário transfere ao Poder Público municipal seu imóvel e, após a realização das obras, recebe, como pagamento, uma compensação pecuniária definida.

A sequência correta de preenchimento dos parênteses, de cima para baixo, é

a) V – F – F – F
b) F – V – V – F
c) V – V – V – F
d) F – F – V – V
e) F – V – F – V

Gabarito: letra C

Art. 47. Os **tributos** sobre imóveis urbanos, assim como as tarifas relativas a serviços públicos urbanos, **serão diferenciados em função do interesse social.**

1. **Caráter extrafiscal.** A norma genericamente reafirma a possibilidade de utilizar mecanismos tributários no intuito de alcançar o bom uso do imóvel urbano. O dispositivo abrange não apenas impostos, mas taxas e contribuições, todas aquelas inseridas na competência tributária municipal.

Art. 48. Nos casos de **programas e projetos habitacionais de interesse social**, desenvolvidos por órgãos ou entidades da Administração Pública com atuação específica nessa área, **os contratos de concessão de direito real de uso de imóveis públicos:**

I – terão, para todos os fins de direito, **caráter de escritura pública**, não se aplicando o disposto no inciso II do art. 134 do Código Civil;

II – **constituirão título de aceitação obrigatória** em garantia de contratos de financiamentos habitacionais.

1. **Acesso à moradia**. No intuito de facilitar a aquisição de moradia por meio da concessão especial de uso, a lei afasta a solenidade prevista no art. 108, Código Civil de 2002, referente à forma, tomando como válidos os contratos celebrados de modo privado.
2. **Garantia**. A admissão da concessão de uso para fins de moradia como garantia também está prevista no art. 22, § 1º, II, Lei 9514/97 e no art. 13, Lei 11481/2007.
3. **Dispensa de licitação**. O art. 17, I, i, Lei 8666/93, com redação dada pela Lei nº 13465/2017, previu como hipóteses de licitação dispensada a alienação e concessão de direito real de uso de terras federais rurais destinadas a regularização fundiária.

Art. 49. Os Estados e **Municípios terão o prazo de noventa dias**, a partir da entrada em vigor desta Lei, **para fixar prazos, por lei, para a expedição de diretrizes de empreendimentos urbanísticos**, aprovação de projetos de parcelamento e de edificação, realização de vistorias e expedição de termo de verificação e conclusão de obras.

Parágrafo único. Não sendo cumprida a determinação do caput, fica estabelecido o **prazo de sessenta dias para a realização de cada um dos referidos atos administrativos**, que valerá até que os Estados e Municípios disponham em lei de forma diversa.

1. **Processo administrativo**. A fixação de prazos para a prática de atos administrativos integrantes a processos é tema de competência de cada ente federativo. Assim, transborda a esfera de norma geral a previsão de prazos processuais que devem ser definidos por estados e municípios no âmbito de sua autonomia.

   Tal dispositivo, portanto, não vale nem como norma subsidiária na hipótese de eventual omissão legislativa do ente competente.

Art. 50. Os **Municípios que estejam enquadrados** na obrigação prevista nos incisos I e II do caput do art. 41 desta Lei e que **não tenham plano diretor** aprovado na data de entrada em vigor desta Lei **deverão aprová-lo até 30 de junho de 2008**. (Redação dada pela Lei nº 11.673, 2008).

1. **Prazo diferenciado.** O art. 50 desta lei trouxe prazo específico para elaboração do plano na hipótese dos incisos I e II deste artigo. Nas demais hipóteses, a elaboração do plano diretor passa por uma decisão política de implantar instrumentos urbanísticos, ou criar área de especial interesse turístico ou sediar grandes empreendimentos. Nestes casos, uma vez tomada a decisão, deve o Município elaborar a norma legal aqui estudada.

   A Lei 11673/2008 prorrogou o prazo para elaboração do plano diretor até junho de 2008.

Art. 51. Para os efeitos desta Lei, **aplicam-se ao Distrito Federal e ao Governador do Distrito Federal as disposições relativas, respectivamente, a Município e a Prefeito.**

1. **Assento constitucional.** O Distrito Federal exerce em seu território as competências municipais, na forma do art. 32, § 1º, CRFB. Por força deste artigo, aplica-se ao Governador e aos deputados do Distrito Federal as normas referentes às condutas de improbidade administrativa, previstas no art. 52.

Art. 52. Sem prejuízo da punição de outros agentes públicos envolvidos e da aplicação de outras sanções cabíveis, **o Prefeito incorre em improbidade administrativa**, nos termos da Lei nº 8.429, de 2 de junho de 1992, quando:

I – (VETADO)

II – **deixar de proceder**, no prazo de cinco anos, **o adequado aproveitamento do imóvel incorporado ao patrimônio público**, conforme o disposto no § 4º do art. 8º desta Lei;

III – **utilizar áreas obtidas por meio do direito de preempção em desacordo com o disposto no art. 26 desta Lei;**

IV – **aplicar os recursos auferidos com a outorga onerosa do direito de construir e de alteração de uso em desacordo com o previsto no art. 31** desta Lei;

V – **aplicar os recursos auferidos com operações consorciadas em desacordo com o previsto no § 1º do art. 33** desta Lei;

VI – **impedir ou deixar de garantir os requisitos contidos nos incisos I a III do § 4º do art. 40** desta Lei;

VII – **deixar de tomar as providências necessárias para garantir a observância do disposto no § 3º do art. 40** e no art. 50 desta Lei;

VIII – adquirir imóvel objeto de direito de preempção, nos termos dos arts. 25 a 27 desta Lei, pelo valor da proposta apresentada, se este for, comprovadamente, superior ao de mercado.

1. **Sujeito ativo**. Embora se destaque usualmente a possibilidade do Prefeito cometer atos ímprobos, o *caput* do art. 52 é claro ao admitir como sujeito ativo outros agentes públicos, como secretários e vereadores, que contribuam para a prática dos tipos aqui previstos.

   Caso o particular colabore para a ação ímproba será responsabilizado por meio de ação civil pública.

2. **Dever de probidade**. É probo aquele que age honestamente na condução de suas funções e obrigações diante da Administração Pública, zelando pela correção da atividade administrativa, bem jurídico tutelado pelas normas de improbidade.

3. **Norma não autônoma.** Os dispositivos do art. 52 não podem ser aplicados autonomamente já que não prescrevem a sanção aos que incidirem em suas hipóteses. Para a aplicabilidade da norma, será preciso verificar se houve enriquecimento ilícito, prejuízo ao erário ou atentado aos princípios da Administração para se enquadrar entre os arts. 9º, 10 e 11 da Lei 8429/92.

4. **Veto.** O dispositivo previa como conduta ímproba o impedimento pelo agente público da participação de comunidades e entidades da sociedade civil no controle social, na forma prevista no art. 4º, § 3º.

   O veto se fundamentou na dificuldade de verificação da tipicidade da conduta a ser analisada, diante da amplitude dos conceitos envolvidos, tais como controle social e participação das comunidades. A norma, por sua natureza, feriria a segurança jurídica necessária à sua aplicação.

   Aduziu-se ainda, ser a questão de cunho político e não administrativo, de modo a recomendar ausência da aplicação das normas da Lei 8429/92.

5. **Hipóteses legais**. Os tipos foram analisados nos institutos a que se referem.

Aplicação em concurso

- *CESPE – Prefeitura de Belo Horizonte-MG – 2017-Procurador Municipal*

  O Estatuto da Cidade

  a) tipifica novas condutas que poderão caracterizar improbidade administrativa na execução da política urbana.

  b) não dispõe sobre plano diretor, o qual é lei reservada à competência municipal.

  c) regulamenta a forma de realização de consultas públicas como instrumento de gestão democrática das cidades.

  d) inclui, de forma taxativa, a lista dos instrumentos para a execução da política urbana.

  Gabarito: letra A

► Aplicação pelo STF.

Em julgamento de reclamação, o STF entendeu não haver concorrência entre o regime da Lei 1079/1950 e da Lei 8429/92. Assim, os agentes públicos submetidos ao regime fixado no art. 102, I, c, CRFB não se sujeitam às normas da lei de improbidade administrativa. STF, Rcl. 2138, Rel. Min. Nelson Jobim, DJ 17/04/2008. Este entendimento foi seguido pelo STJ - REsp 949.452-SP, Rel. Min. Francisco Falcão, julgado em 24/3/2009.

Art. 53. Revogado pela Medida Provisória 2180–35/2001.

1. **Tutela coletiva à ordem urbanística**. O art. 53 alterava o art. 1º da Lei 7347/85 incluindo como bem jurídico a ser tutelado pela ação civil pública a ordem urbanística. A Medida Provisória revogou tal dispositivo, mas em seu art. 6º determinou a alteração da Lei 7347/85, inserindo outros bens jurídicos tutelados coletivamente, dentre eles a ordem urbanística.

   Desta forma, houve a mudança do fundamento legal, mas a tutela coletiva da ordem urbana restou assegurada.

Art. 54. O art. 4º da Lei nº 7.347, de 1985, passa a vigorar com a seguinte redação:

"Art. 4º Poderá ser **ajuizada ação cautelar** para os fins desta Lei, objetivando, inclusive, **evitar o dano ao meio ambiente, ao consumidor, à ordem urbanística** ou aos bens e direitos de valor artístico, estético, histórico, turístico e paisagístico (VETADO)." (NR)

1. **Tutela coletiva**. A lei que regulamenta a ação civil pública previu a possibilidade de tutelar a ordem urbanística em sede cautelar. Tal iniciativa é louvável, já que reconhece a natureza transindividual da ordem urbana, que deve por todos ser cuidada.

A natureza coletiva do bem aqui tratado é revelada também na previsão de instrumentos como o estudo de impacto de vizinhança, a gestão democrática e a forma coletiva da usucapião.

Art. 55. O art. 167, inciso I, item 28, da Lei nº 6.015, de 31 de dezembro de 1973, alterado pela Lei nº 6.216, de 30 de junho de 1975, passa a vigorar com a seguinte redação:

"Art. 167..

I – ....

28) das **sentenças declaratórias de usucapião, independente da regularidade do parcelamento do solo ou da edificação**;

...." (NR)

1. **Vigência efêmera**. A alteração na Lei 6015 pretendeu possibilitar a realização do registro da sentença de usucapião independentemente da regularização fundiária da região onde se situa o imóvel. Ocorre que o afastamento de tal exigência teve pouquíssimo tempo de vigência, vez que o texto da Medida Provisória 2220/01 revogou a redação em comento.

Art. 56. O art. 167, inciso I, da Lei nº 6.015, de 1973, passa a vigorar acrescido dos seguintes itens 37, 38 e 39:

"Art. 167..

I – ....

37) dos **termos administrativos ou das sentenças declaratórias da concessão de uso especial para fins de moradia, independente da regularidade do parcelamento do solo ou da edificação**;

38) (VETADO)

39) da **constituição do direito de superfície** de imóvel urbano;" (NR)

1. **Natureza jurídica**. Embora tenha seu regulamento vetado nesta lei, a concessão de uso para fins de moradia ingressou em nosso ordenamento através da Medida Provisória 2220/01, sendo elencada como direito real no art. 1225, XI, Código Civil com redação dada pela Lei 11481/2007. O veto à alínea 38 é consequência do veto aos arts. 15 a 20 deste Estatuto.

O registro do termo de concessão de uso para fins de moradia dá publicidade do gravame que incide sobre o imóvel, de modo a informar a todos que o proprietário não dispõe livremente do seu bem.

2. **Direito real**. Para a constituição do direito real, mister se faz seu assento público no registro imobiliário. Por tal motivo, em boa hora a previsão da alínea 39 que determina o registro da constituição do direito de superfície.

Art. 57. O art. 167, inciso II, da Lei nº 6.015, de 1973, passa a vigorar acrescido dos seguintes itens 18, 19 e 20:

"Art. 167. ....

II – ....

18) da **notificação para parcelamento, edificação ou utilização compulsórios de imóvel urbano;**

19) da **extinção da concessão de uso especial para fins de moradia**;

20) da **extinção do direito de superfície do imóvel urbano**." (NR)

1. **Continuidade**. As averbações permitem o acompanhamento por qualquer interessado do histórico do imóvel, com todas as mutações por ele sofridas. É um consectário lógico dos princípios da publicidade e da continuidade, base de todo o sistema registral brasileiro.

Art. 58. Esta **Lei entra em vigor após decorridos noventa dias** de sua publicação.

1. ***Vacatio legis***. A Lei 10257/01 teve período de vacância superior ao da maioria dos atos legislativos para possibilitar aos proprietários urbanos ciência e organização em relação às diversas obrigações e ônus incidentes sobre o solo urbano.

Concessão de uso para fins de moradia – Medida Provisória nº 2.220, de 4 de setembro de 2001

Capítulo I
Da Concessão De Uso Especial

Art. 1º. Aquele que, **até 22 de dezembro de 2016**, **possuiu** como seu, por **cinco anos**, ininterruptamente e sem oposição, **até duzentos e cinquenta metros quadrados de imóvel público** situado em área com características e finalidade urbana, e que o utilize para **sua moradia** ou de sua família, **tem o direito à concessão de uso** especial para fins de moradia em relação ao bem objeto da posse, desde que **não seja proprietário ou concessionário**, a qualquer título, **de outro imóvel** urbano ou rural. (Redação dada pela lei nº 13465, de 2017)

§ 1º A **concessão** de uso especial para fins de moradia **será conferida de forma gratuita ao homem ou à mulher**, ou a ambos, independentemente do estado civil.

§ 2º O **direito** de que trata este artigo **não será reconhecido ao mesmo concessionário mais de uma vez.**

§ 3º Para os efeitos deste artigo, **o herdeiro legítimo continua,** de pleno direito, **na posse de seu antecessor, desde que já resida no imóvel** por ocasião da **abertura da sucessão.**

1. **Destinação específica**. Este diploma legal regula a concessão de uso, tal como prevista no DL 271/67, com a finalidade específica de criação de moradia, direito fundamental social, na forma do art. 6º, CRFB, com redação dada pela Emenda Constitucional 26.

2. **Limite temporal. Lei 13.465/2017**. A redação dada pela Lei 13.465/2017 alterou de junho de 2001 para dezembro de 2016 a data-limite para a reunião dos requisitos legais, mantendo a transitoriedade do direito aqui regulado. A perenidade do instituto tal como previsto originalmente pela Lei 10257/01 foi um dos motivos plasmados no veto presidencial à lei.

3. **Requisitos legais**. Os requisitos para a configuração do direito em muito se assemelham aos estabelecidos para a usucapião, diferindo-se por aqui tratar de imóvel público. Trata-se de mais uma hipótese de direito real, sendo necessário para sua formação o registro público do título competente.

   O texto legal vetado previa a possibilidade de concessão de uso de edificação, sem referência à metragem mínima. O Chefe do Executivo, em suas razões de veto, expôs não ser possível a previsão de edificações sem limites objetivos, o que dificultaria a concessão coletiva do direito real.

   A concessão de uso para fins de moradia também pode se dar em imóveis remanescentes de desapropriação que tenham sido transferidos para empresa pública ou sociedade de economia mista, na forma do art. 25, Lei 11481/2007.

4. **Concessão gratuita.** A outorga do uso é reconhecida de forma gratuita aos seus ocupantes independentemente do estado civil. A estabilidade da moradia não passa, portanto, pela formação de família. A gratuidade na outorga não impede que a Administração Pública fixe contribuição de melhoria na hipótese de urbanização do local.

5. **Soma de posses**. A norma previu a soma de períodos de ocupação apenas na hipótese de falecimento do antecessor, não admitindo a *acessio possessionis*. Para que seja possível a continuidade dos períodos, exige-se que o herdeiro já more no local à época do falecimento do autor da herança, não bastando a posse decorrente da *saisine*.

Aplicação em concurso

- *VUNESP - 2018 - Câmara de Orlândia - SP - Procurador Jurídico*

  Têm direito à concessão especial para fins de moradia aqueles que, até 22 de dezembro de 2016, possuírem como seu, ininterruptamente e sem oposição, pelo prazo de 5 (cinco) anos,

(a) imóvel público, situado em área com finalidade urbana ou rural, que o utilize para sua moradia ou de sua família, desde que não seja proprietário ou concessionário, a qualquer título, de outro imóvel urbano ou rural.

(b) imóvel público, de até duzentos e cinquenta metros quadrados, situado em área com finalidade urbana, que o utilize para sua moradia ou de sua família, desde que não seja proprietário ou concessionário, a qualquer título, de outro imóvel urbano ou rural.

(c) imóvel público ou privado, situado em área com finalidade urbana ou rural, que o utilize para sua moradia ou de sua família, desde que não seja proprietário ou concessionário, a qualquer título, de outro imóvel urbano ou rural.

(d) imóvel privado, de até duzentos e cinquenta metros quadrados, situado em área com finalidade rural, desde que não seja proprietário ou concessionário, a qualquer título, de outro imóvel rural.

(e) imóvel privado, situado em área com finalidade urbana ou rural, que o utilize para sua moradia ou de sua família, desde que não seja proprietário ou concessionário, a qualquer título, de outro imóvel urbano ou rural.

Gabarito: letra B

- *VUNESP – 2017 – Prefeitura de Marília – SP – Procurador Jurídico*

"A Prefeitura de determinado Município do Estado de São Paulo, em janeiro de 1995, desapropriou um terreno de 1000 m² para a construção de um Hospital. Contudo, quando do início das obras, verificou-se que o solo estava contaminado com produtos prejudiciais à saúde, razão pela qual a obra foi abandonada. No mês de maio do mesmo ano (1995), 4 (quatro) famílias carentes vindas de outro Estado, que não possuíam outro imóvel de sua propriedade, invadiram o terreno e construíram suas moradias no local, sem qualquer oposição. No ano de 2017, o novo Prefeito, alertado da situação, pretende promover a desocupação do terreno.

Assinale a alternativa correta.

a) O terreno não poderá ser desocupado, tendo em vista que as famílias adquiriram a propriedade do imóvel pela usucapião extraordinária, em razão do princípio da função social da propriedade pública.

b) O terreno poderá ser desocupado, tendo em vista que é de propriedade do Município, incidindo o princípio da imprescritibilidade dos bens públicos, não havendo qualquer direito dos possuidores decorrente da longa ocupação.

c) O terreno não pode ser desocupado, tendo em vista que as famílias atenderam aos requisitos para a aquisição da concessão de uso especial para fins de moradia, não podendo ser removidas, salvo se forem desapropriadas de seu direito.

d) O terreno deverá ser desocupado, tendo em vista o risco à saúde, devendo a Municipalidade garantir aos possuidores o direito à concessão de uso especial para fins de moradia em outro local.

e) A Municipalidade deverá distribuir passagens de ônibus para que as famílias que ocupam o imóvel possam retornar ao seu Estado de origem e assim desocupem a área, tendo em vista o princípio da melhor alocação dos cidadãos."

Gabarito: letra D

- *Cespe/Câmara Deputados/Analista Legislativo/2014*

A usucapião especial de imóvel urbano se aplica apenas a imóveis públicos, e a concessão de uso especial para fins de moradia se aplica a imóveis privados.

A afirmativa está errada. A usucapião se aplica aos bens privados e a concessão de uso especial para fins de moradia, aos bens públicos.

- *MP/RJ – Prova Preliminar*

  "É juridicamente possível que o possuidor de terreno público tenha direito adquirido à outorga de concessão de uso especial para fins de moradia ? É cabível esse tipo de concessão no que concerne a imóveis funcionais no âmbito da administração federal ?"

  Sim, basta reunir os requisitos previstos no art. 1, MP 2220/01. No caso de imóveis funcionais, este instituto não se aplica, vez que não há posse com animus domini, mas sim mera detenção. O servidor ocupa o imóvel com o consentimento da Administração Pública.

► **Aplicação pelo STJ.**

A limitação da área diz respeito ao espaço onde a pessoa exerce a posse e não aos limites totais do imóvel, na forma do fixado pelo STJ no AgRg no AREsp 333647 / RS, Rel. Min. Antonio Carlos Ferreira, DJ 19/02/2015.

Art. 2º. Nos imóveis de que trata o art. 1º, **com mais de duzentos e cinquenta metros quadrados, ocupados até 22 de dezembro de 2016**, por **população de baixa renda** para sua moradia, por **cinco anos,** ininterruptamente e sem oposição, cuja área total dividida pelo número de possuidores **seja inferior a duzentos e cinquenta metros quadrados por possuidor**, a concessão de uso especial para fins de moradia será conferida de forma coletiva, desde que os possuidores não sejam proprietários ou concessionários, a qualquer título, de outro imóvel urbano ou rural. (Redação dada pela lei nº 13.465, de 2017)

§ 1º O possuidor pode**, para o fim de contar o prazo** exigido por este artigo, **acrescentar sua posse à de seu antecessor, contanto que ambas sejam contínuas.**

§ 2º Na concessão de uso especial de que trata este artigo, **será atribuída igual fração ideal de terreno a cada possuidor**, independentemente da dimensão do terreno que cada um ocupe, **salvo hipótese de acordo escrito entre os ocupantes**, estabelecendo frações ideais diferenciadas.

§ 3º A **fração ideal** atribuída a cada possuidor **não poderá ser superior a duzentos e cinquenta metros quadrados.**

1. **Modalidade coletiva**. A Lei 13.465/17 alterou a redação do art. 2º, retirando a exigência de não ser possível a identificação da posse individual para a concessão coletiva de uso. A delimitação da área será constatada com a divisão entre a metragem ocupada e o número de possuidores, devendo o resultado ser menor que duzentos e cinquenta metros quadrados.

Curioso destacar que, diferentemente do que ocorreu na usucapião coletiva, aqui o legislador manteve o conceito de população de baixa renda na norma. Também foi mantida a exigência do exercício da ocupação sem oposição e de forma ininterrupta, pelo prazo de cinco anos, e do ocupante não ser proprietário ou concessionário de outro imóvel rural ou urbano.

Neste caso, ocorrerá a cotitularidade entre os ocupantes. A lei é omissa quanto à administração desta coletividade, devendo ser aplicadas as normas civis referentes ao condomínio.

Também aqui nessa modalidade a Lei 13.465/17 alterou a data limite para dezembro de 2016, viabilizando a regularização de diversas ocupações já consolidadas.

2. **Soma de posses.** Diversamente do que ocorre com a espécie individual, a lei admite a soma de posses entre pessoas vivas na forma coletiva, não exigindo que se mantenha o mesmo número de possuidores, mas apenas o estado de impossibilidade de individualização das posses.

3. **Frações do imóvel**. Na concessão coletiva do uso, serão definidas frações ideais idênticas para cada ocupante, salvo se houver acordo estabelecendo de modo contrário. O limite do tamanho da fração ideal é de duzentos e cinquenta metros quadrados, metragem máxima na aquisição da forma individual.

Aplicação em concurso

- *VUNESP - 2019 - Prefeitura de Francisco Morato - SP - Procurador*

  A Municipalidade é proprietária de um terreno de 6000 metros quadrados. No ano de 2010, um grupo de 50 famílias invadiu o terreno e lá construíram suas moradias. No ano de 2019, o Prefeito informou a necessidade de desocupação do terreno para a construção de uma nova sede da Prefeitura. Como Procurador do Município, em razão da legislação vigente, deve-se informar que

  (a) é possível a desocupação, tendo em vista que, em razão da imprescritibilidade dos bens públicos, não houve a aquisição da propriedade pela usucapião.

  (b) não se torna mais possível a desocupação, tendo em vista que, como a área dividida pelo número de moradores é inferior a 250 metros quadrados, houve a aquisição das áreas pela usucapião constitucional urbana.

  (c) não se torna mais possível a desocupação, tendo em vista que, como a área dividida pelo número de moradores é inferior a 250 metros quadrados, houve a aquisição das áreas pela usucapião coletiva prevista no Estatuto da Cidade.

(d) não se torna mais possível a desocupação, tendo em vista que, como a área dividida pelo número de moradores é inferior a 250 metros quadrados, houve a aquisição do direito à concessão de uso especial para fins de moradia coletiva.

(e) é possível o deslocamento dos moradores para que a estes seja deferida a concessão de uso especial para fins de moradia em outro imóvel de propriedade do município, tendo em vista a necessidade do terreno para uma obra de interesse público.

Gabarito: letra D

- *MPE-SC – 2016 – Promotor de Justiça*
  "Segundo a Lei n. 10.257/01 (Estatuto da Cidade), nos casos de programas e projetos habitacionais de interesse social, desenvolvidos por órgãos ou entidades da Administração Pública com atuação específica nessa área, a concessão de direito real de uso de imóveis públicos deverá ser contratada coletivamente."

  A afirmativa está errada. A concessão pode ser individual ou coletiva.

> **Art. 3º. Será garantida a opção de exercer os direitos** de que tratam os arts. 1º e 2º também **aos ocupantes**, regularmente inscritos, **de imóveis públicos, com até duzentos e cinquenta metros quadrados, da União, dos Estados, do Distrito Federal e dos Municípios**, que estejam situados em área urbana, na forma do regulamento.

1. **Inconstitucionalidade da norma**. A concessão de uso de bens públicos tem seu assento constitucional no art. 183, § 1º, CRFB. No entanto, a Carta Maior deixou para a legislação infraconstitucional sua regulamentação.

   Alguns autores refutam a previsão constitucional citada, ao argumento de que o art. 183 trata de aquisição de propriedade, não podendo prever sobre direito real em bem público.

   De todo o modo, a Medida Provisória 2220/01 é norma federal que trata da gestão de bens públicos. Assim, não poderia onerar bens estaduais e municipais, cuja gestão compete a cada ente federativo.

   Segundo grande parte da doutrina, ao prever o direito real oponível a Estados-Membros e Municípios, a norma federal violou o pacto federativo que reconhece a cada nível da federação autonomia no uso de seu patrimônio.

Há ainda quem interprete a concessão de uso para fins de moradia não como um direito subjetivo público do ocupante, mas como uma faculdade da Administração que poderá outorgá-la ou não. Com esta interpretação, afastar-se-ia o vício de inconstitucionalidade acima comentado, preservando-se a independência de cada ente na gerência de seu patrimônio.

Além do vício de inconstitucionalidade, identifica-se vício de legalidade já que a norma, ao estabelecer a oneração do patrimônio público, não prevendo a receita correspondente, violou a Lei de Responsabilidade Fiscal.

Aplicação em concurso

- *PGE/RJ – Prova Específica de Direito Civil*

  "João e Maria, companheiros, vivendo sob o mesmo teto desde janeiro de 1995, têm dois filhos e ocupam imóvel público que invadiram no início da convivência. O imóvel está situado em área urbana da Cidade do Rio de Janeiro e mede 232 metros quadrados. João e Maria não são titulares de outro imóvel urbano ou rural. O poder público notifica-os estabelecendo prazo de sessenta dias para a desocupação do referido bem. Pergunta-se: quais os direitos de João e Maria?

  O candidato deve discorrer sobre a concessão especial de uso para fins de moradia, abordando seus requisitos, natureza jurídica e a discutida constitucionalidade da norma em face de bens estaduais e municipais. Deve ainda citar os artigos da Medida Provisória 2220/01.

Art. 4º. No caso de a **ocupação acarretar risco à vida** ou à saúde dos ocupantes, o **Poder Público garantirá ao possuidor o exercício do direito** de que tratam os arts. 1º e 2º em outro local.

1. **Áreas de risco**. A ocupação em área sujeita a desabamento ou que enseje qualquer outro risco à saúde dos moradores dá aos particulares o direito de moradia em novo local, onde haja a necessária segurança.

Art. 5º.É facultado ao Poder Público assegurar o exercício do direito de que tratam os arts. 1º e 2º **em outro local na hipótese de ocupação de imóvel:**

I – de **uso comum** do povo;

II – destinado a **projeto de urbanização**;

III – de **interesse da defesa nacional**, da preservação ambiental e da proteção dos ecossistemas naturais;

IV – reservado à **construção de represas** e obras congêneres; ou

V – **situado em via de comunicação**.

1. **Transferência de local**. O artigo elenca as hipóteses em que o Poder Público tem a faculdade de conceder o uso em local distinto do ocupado pelo particular. Esta situação difere da tratada no art. 4º onde o Poder Público tem o dever de transferir o morador do local habitado, diante do risco à saúde.

A falta de previsão desta nova hipótese de transferência do local de concessão de uso foi também citada nos motivos do veto presidencial à previsão legal deste direito real no Estatuto da Cidade. Em regra, as áreas de preservação ambiental e destinadas ao uso comum devem ser preservadas de ocupação privada, cabendo ao Executivo a análise do caso concreto.

Art. 6º. O **título de concessão de uso** especial para fins de moradia será **obtido pela via administrativa** perante o órgão competente da Administração Pública ou, **em caso de recusa ou omissão deste, pela via judicial**.

§ 1º A **Administração Pública** terá o **prazo máximo de doze meses** para decidir o pedido, contado da data de seu protocolo.

§ 2º Na hipótese de **bem imóvel da União ou dos Estados**, o interessado deverá **instruir o requerimento** de concessão de uso especial para fins de moradia **com certidão** expedida pelo Poder Público municipal, **que ateste a localização do imóvel em área urbana** e a sua destinação para moradia do ocupante ou de sua família.

§ 3º Em caso de ação judicial, **a concessão de uso especial para fins de moradia será declarada pelo juiz, mediante sentença**.

§ 4º O **título** conferido por via administrativa ou por sentença judicial **servirá para efeito de registro** no cartório de registro de imóveis.

1. **Manifestação expressa**. A norma exige para a constituição do direito a expressa manifestação da Administração Pública, não bastando sua omissão para caracterização da outorga de uso. Caso haja recusa administrativa, o interessado poderá recorrer às vias judiciais por meio de ação declaratória.

A previsão de prazo para a emissão de parecer do Poder Público é inovação do texto da Medida Provisória, já que a lei nada dizia a respeito, omissão que propiciou críticas do Executivo em sua mensagem de veto.

A declaração da outorga de uso, seja administrativa, seja judicial, será documento hábil para ser levado a registro público.

2. **Documento municipal.** No caso de o imóvel ser federal ou estadual, caberá ao particular apresentar certidão municipal atestando a natureza urbana do bem, além de sua destinação residencial. A concessão de uso não abrange imóveis rurais, nem bens com uso distinto de moradia.

Art. 7º. O **direito de concessão de uso** especial para fins de moradia é **transferível por ato *inter vivos* ou *causa mortis*.**

1. **Direito patrimonial**. Uma vez reconhecida a concessão de uso, poderá o particular transferi-la a terceiros. Não se trata, portanto, de direito personalíssimo, tal como ocorre com o usufruto.

   A alienabilidade da concessão revela a dificuldade do Poder Público em resgatar o uso do imóvel, uma vez reconhecido o direito real do ocupante. O novo adquirente deve manter a destinação de moradia do bem, sob pena de extinguir o direito.

Aplicação em concurso

- *(Cespe – Procurador Municipal – Pref. de Fortaleza – CE/2017)*

  Tendo como referência as normas do direito urbanístico, com destaque para as aplicáveis ao plano diretor, julgue os itens que se seguem.

  Conforme a medida provisória que dispõe sobre a concessão de uso especial, o direito de concessão de uso especial para fins de moradia pode ser transferido para terceiros.

- Certo
- Errado

  A afirmativa está correta.

- *FCC– 2016 – DPE-ES – Defensor Público*

  "Disciplinada na Medida Provisória nº 2.220/2001, a concessão de uso especial para fins de moradia

  a) é espécie de ato administrativo discricionário, não sujeito à obtenção pela via judicial.

  b) pode ser concedida àquele que, até 30 de junho de 2001, possuiu como seu, por cinco anos, ininterruptamente e sem oposição, até duzentos e cinquenta metros quadrados de imóvel público situado em área urbana, utilizando-o para fins comerciais.

c) constitui direito que não está sujeito a transmissão por sucessão *causa mortis*.
d) será conferida de forma gratuita ao homem ou à mulher, ou a ambos, independentemente do estado civil.
e) beneficia todo aquele que, até 30 de junho de 2001, possuiu como seu, por no mínimo dez anos, ininterruptamente e sem oposição, até duzentos e cinquenta metros quadrados de imóvel público situado em área urbana, utilizando-o para sua moradia ou de sua família".

Gabarito: letra D

Art. 8º. O direito à concessão de uso especial para fins de moradia extingue-se no caso de:

I – o concessionário dar ao imóvel destinação diversa da moradia para si ou para sua família; ou

II – o concessionário adquirir a propriedade ou a concessão de uso de outro imóvel urbano ou rural.

Parágrafo único. A extinção de que trata este artigo será averbada no cartório de registro de imóveis, por meio de declaração do Poder Público concedente.

1. **Finalidade social**. As modalidades de extinção do direito real dão bem a dimensão do aspecto social do instituto. Só serão beneficiários da norma aqueles que usem o imóvel para fins de moradia e não tenham outro bem seja em propriedade, seja em concessão.

Art. 9º. É facultado ao Poder Público competente conceder **autorização de uso** àquele que, **até 22 de dezembro de 2016**, possuiu como seu, **por cinco anos**, ininterruptamente e sem oposição, **até duzentos e cinquenta metros quadrados** de imóvel público situado em área características e finalidade urbana para **fins comerciais.** (Redação dada pela lei nº 13465, de 2017).

§ 1º A autorização de uso de que trata este artigo **será conferida de forma gratuita.**

§ 2º O **possuidor pode**, para o fim de contar o prazo exigido por este artigo, **acrescentar sua posse à de seu antecessor**, contanto que **ambas sejam contínuas.**

§ 3º **Aplica-se à autorização de uso** prevista no caput deste artigo, no que couber, o disposto nos **arts. 4º e 5º** desta Medida Provisória.

1. **Autorização de uso**. Instituto de natureza mais precária que a concessão, a autorização é destinada aos imóveis comerciais. A administração pública tem a faculdade de autorizar o uso ao particular que reunir os requisitos da lei, estes semelhantes aos da concessão. Aqui também é permitida a soma de posses entre vivos.

2. **Lei 13.465/17**. O prazo definido na autorização de uso também foi alterado pela Lei 13.465/17, passando a viger a data de 22 de dezembro de 2016.

   Em razão da precariedade do vínculo estabelecido, não se aplica à autorização os artigos 7º e 8º deste texto. A autorização será dada em outro imóvel quando ocorrer as hipóteses dos artigos 4º e 5º desta norma legal.

Aplicação em concurso

- *FCC-2016– DPE-ES– Defensor Público*

  "A concessão de uso especial, prevista na Medida Provisória nº 2.220/2001, é um instituto jurídico muito utilizado pelo público alvo da Defensoria Pública, especialmente por tratar do direito à moradia. Seu fundamento constitucional é o parágrafo 1º do artigo 183 da Constituição Federal. Disciplina a referida medida:

a) Em hipótese alguma a pessoa que for a beneficiária da concessão de uso especial para moradia poderá fazer uso comercial da propriedade da qual possua.

b) Aquele que possuiu como seu, por cinco anos, ininterruptamente com ou sem oposição, até duzentos e cinquenta metros quadrados de imóvel público situado em área urbana, utilizando-o para sua moradia ou de sua família, tem o direito à concessão de uso especial para fins de moradia em relação ao bem objeto da posse, desde que não seja proprietário ou concessionário, a qualquer título, de outro imóvel urbano ou rural.

c) Os imóveis que tiverem mais de duzentos e cinquenta metros quadrados, que, até 30 de junho de 2001, estavam ocupados por população de baixa renda para sua moradia, por cinco anos, ininterruptamente e sem oposição, onde não for possível identificar os terrenos ocupados por possuidor, a concessão de uso especial para fins de moradia será conferida de forma coletiva, apenas aos interessados que comprovarem insuficiência de recursos.

d) É facultado ao Poder Público assegurar o exercício do direito da concessão de uso especial para fins de moradia em outro local sempre que referido direito atingir um bem de uso dominical.

e) O direito de concessão de uso especial para fins de moradia é transferível por ato *inter vivos*."

Gabarito: letra E

Capítulo II
Do Conselho Nacional de Desenvolvimento Urbano

Art. 10. Fica criado o Conselho Nacional de Desenvolvimento Urbano – CNDU, órgão deliberativo e consultivo, integrante da estrutura da Presidência da República, com as seguintes competências:

I – propor diretrizes, instrumentos, normas e prioridades da política nacional de desenvolvimento urbano;

II – acompanhar e avaliar a implementação da política nacional de desenvolvimento urbano, em especial as políticas de habitação, de saneamento básico e de transportes urbanos, e recomendar as providências necessárias ao cumprimento de seus objetivos;

III – propor a edição de normas gerais de direito urbanístico e manifestar-se sobre propostas de alteração da legislação pertinente ao desenvolvimento urbano;

IV – emitir orientações e recomendações sobre a aplicação da Lei n° 10.257, de 10 de julho de 2001, e dos demais atos normativos relacionados ao desenvolvimento urbano;

V – promover a cooperação entre os governos da União, dos Estados, do Distrito Federal e dos Municípios e a sociedade civil na formulação e execução da política nacional de desenvolvimento urbano; e

VI – elaborar o regimento interno.

1. **Execução da política urbana**. No exercício de sua competência comum, a União cria um órgão colegiado para orientar a implementação da política urbana, viabilizando a eficácia do Estatuto da Cidade.

Art. 11. O **CNDU é composto por seu Presidente**, pelo Plenário e por uma Secretaria-Executiva, cujas atribuições serão definidas em decreto.

Parágrafo único. O CNDU poderá instituir comitês técnicos de assessoramento, na forma do regimento interno.

Art. 12. O **Presidente da República disporá sobre a estrutura do CNDU**, a composição do seu Plenário e a designação dos membros e suplentes do Conselho e dos seus comitês técnicos.

Art. 13. A participação no CNDU e nos comitês técnicos **não será remunerada.**

Art. 14. As **funções** de membro do CNDU e dos comitês técnicos **serão consideradas prestação de relevante interesse público** e a ausência ao trabalho delas decorrente será abonada e computada como jornada efetiva de trabalho, para todos os efeitos legais.

1. **Quadro administrativo**. Os artigos tratam da estrutura e funcionamento do CNDU, abordando questões como remuneração, jornada de trabalho e integrantes.

Capítulo III
Das Disposições Finais

Art. 15. O inciso I do art. 167 da Lei nº 6.015, de 31 de dezembro de 1973, passa a vigorar com as seguintes alterações:

"I–..

28) das **sentenças declaratórias de usucapião;**

....

37) dos **termos administrativos ou das sentenças declaratórias da concessão de uso especial para fins de moradia;**

....

40) do contrato de **concessão de direito real de uso** de imóvel público."

1. **Nova redação**. A Medida Provisória 2220/01 mudou a redação da Lei 10.257/01, retirando a expressão "independente da regularidade do parcelamento do solo ou da edificação". Assim, hoje, para se obter o registro público da sentença de usucapião ou do título da concessão especial de uso para fins de moradia, é preciso que sejam observadas as normas urbanísticas da área onde se situa o imóvel. O registro da sentença permite a livre disposição do bem pelo seu titular.

Art. 16. Esta **Medida Provisória entra em vigor na data de sua publicação.**

EDITORA *Jus*PODIVM
www.editorajuspodivm.com.br

Impressão e Acabamento
PlenaPrint
Indústria Gráfica